경복궁
시대를 세우다

경복궁, 시대를 세우다
새 권력은 왜 새 수도를 요구하였나

2018년 2월 23일 제1판 1쇄 발행
2022년 10월 21일 제1판 2쇄 발행

지은이   장지연
펴낸이   이재민, 김상미

편집   최일규
디자인   달뜸창작실, 정희정

종이   다올페이퍼
인쇄   천일문화사
제본   길훈문화

펴낸곳   너머북스
주소   서울시 종로구 자하문로24길 32-12 2층
전화   02) 335-3366, 336-5131 팩스 02) 335-5848
홈페이지 www.nermerbooks.com
등록번호 제313-2007-232호

ISBN 978-89-94606-49-1 03900

너머북스와 너머학교는 좋은 서가와 학교를 꿈꾸는 출판사입니다.

장지연 지음

경복궁
시대를 세우다

새 권력은
왜
새 수도를
요구하였나

너머북스

프롤로그 :

보이는 공간에서
보이지 않는 권력과
시대를 읽어내기

먼저 이 책은 답사에 관한 정보를 주기 위해 저술된 것이 아니라는 이야기를 해야겠다. 이 책에서 다루고 있는 장소들은, 한때 존재하였고 지금도 그 흔적을 남기고 있기는 하지만 더 이상 존재하지 않는다. 지금 우리가 보고 있는 경복궁과 옛 수도 한성은 모두 이후 600여 년 세월의 흐름에 따라 여러 가지 모습들이 두텁게 축적되어 조성된 공간이다. 이 책에서 다룬 것은 그 두터운 레이어 가장 밑에 있는, 이 공간이 조선의 수도로 처음 시작되었을 무렵의 레이어이다. 그런 점에서 이 장소들의 현재 모습을 이해하는 데에 이 책은 분명한 한계를 가진다.

    이 책에서는 이 새 수도 한성이 건설되고 제 모습을 갖춰 가던 시기, 경복궁이라는 법궁이 어떠한 기획 아래 만들어졌는지를 다루었다. 지금은 남아 있지 않은 경복궁의 출발 당시 모습을 그려내고자 한 것은 이들 공간을 만들어 간 사람들의 기획을 이해하려는 의도에서였다.

여기에서 다루고 있는 시기는 고려 공양왕대부터 조선 세종대 무렵까지이다. 길게 잡아도 반백 년이 안 되지만, 많은 변화가 일어났던 시기였다. 국제질서가 바뀌었고, 근 500년을 이어 왔던 왕조가 망하고 새로운 인물이 임금 자리에 올랐다. 새 왕조의 건국자들은 성리학이라는 새로운 이념을 들이대며 새로운 기틀을 구축하려고 하였으며, 개경에서 한양으로 수도를 옮기기에 이르렀다. 그런 점에서 이 시기는 그 어느 시기 못지않게 역동적이었다.

한편 이 시기를 다르게 보는 이들도 있다. 임금의 성씨만 바뀌었을 뿐, 정치를 하던 인물 대부분은 이전 왕조에서 대대로 관료 생활을 해 온 사람들이었다. 성리학을 전면에 내세웠다고는 하지만, 실제 삶과 정치는 여전히 이전의 관성대로 굴러가고 있었다. 새 수도 한양이라는 곳도 기실 고려에서 개발한 도시였지 어디 새롭게 개척한 땅도 아니었다. 기본 지형 자체가 개경과 다르지 않은 것은 물론, 입지적으로도 큰 차이가 나지 않는다. 생각보다 변화는 별로 없었다.

어느 쪽도 틀리지 않는 이야기이다. 시간의 뭉텅이에서 이 시대 부분을 뚝 잘라내 그 단면을 보면, 변화되었다고 지적할 만한 구멍만큼이나 지속되었다고 지적할 만한 구멍이 빼곡하기 때문이다. 그렇기에 자기가 원하는 결론에 맞추어 이 시대상을 구성할 단서들은 넘쳐난다. 아니, 역사 대부분은 그렇다. 원하는 결론에 역사상을 맞추는 것만큼 쉬운 일도 없다. 그렇다면 도대체 이 시대를 어떻게 평가해야 한단 말인가?

그런 점에서 이 글에서 조선이 건국되던 시기의 레이어를 탐구한다는 것은 단순히 이 시대의 단면을 평평하게 늘어놓겠다는 의미는 아니다. 그보다는 새로운 권력이 성립하던 그 시대의 기획을 이해함으로써 변화의 방향과 이를 추동한 힘을 읽어 내고, 그것이 현실에 부닥치며 어떻게 조율되는지를 살펴보려고 하는 것이다. 이 글에서 다룰 궁궐과 수도는 늘 권력의 핵심 장소였다는 점에서, 그 권력의 성격과 기획을 가장 잘 드러내는 지점이다. 이렇듯 가시적인 공간을 통해 비가시적인 권력을 드러내고, 기획과 현실의 변증법을 통해 이 시대를 종합적으로 보려는 것, 이것이 이 책을 통해 독자들과 나누고 싶은 부분이다.

왕조를 개창하는 것은 새 왕조 깃발만 꼽고 새 인물이 용포만 입으면 되는 것이 아니다. 어차피 다스리는 자와 다스림을 받는 자 모두를 갈아치울 수도 없는 일이다. 옛 틀이 한순간에 다 무너질 리도 없다. 중요한 것은 권력 자체가 새로운 권력으로 탄생한 이후에도 그에 부합하게 성장해갈 수 있느냐는 지점일 것이다.

진정 새로운 정치권력으로 거듭나기 위해서는 구체제와 질서를 해체하고, 그 체제를 지탱하고 있는 전통적 권위를 해체해야 한다. 조선을 건국한 이들이 맞닥뜨린 구체제와 그를 지탱하는 전통적 권위는 장장 475년의 역사를 지닌 것이었다. 현재 우리 사회에서 흔히 거론되는 구체제란 것이 불과 십수 년, 길게 늘여 잡아 봐도 반세기 정도밖에 되지 않은 것임을 생각해볼 때 조선인들이 맞닥뜨렸던 구체제의 두께가 얼마나 두꺼웠는지 익히 상상할 수 있을 것이다. 그런 점에서 조선인들이 구체제를 청산하며 새로운 권위를 세워 나간 과정은 현재의 우리에게 여러 시사점을 줄 수 있다.

새로운 정치권력을 만들고자 하는 사람들은, 자신들의 정치적 정당성을 설득력 있게 구성하여 사람들의 지지를 이끌어 내야 한다. 사람은 무력에 쉽게 굴복하기도 하지만, 그 굴복은 결코 오래 지속되지 않는다. 말 위에서 얻은 권력을 말 위에서 유지할 수 없다는 오랜 격언은 이러한 교훈을 절실하게 보여 준다. 때로는 옛 권력에 대한 비난을 통해 손쉽게 자신들의 정당성을 확보하고자 하는 세력도 있다. 그러나 이 역시 오래가지는 못한다. 비난으로 옛 권위를 어느 정도 해체할 수는 있을지 모르나 새로운 전망을 전해 주지 않기 때문이다. 사람은 이런 류의 비난에 쉽게 질린다.

조선을 건국한 이들은 이러한 과제들을 해결해야 했다. 전통적 권위를 해체하고 비판하는 것뿐만 아니라, 자신들의 이념이 더욱 우월하다는 점을 입증해야 했다. 또 우월할 뿐만 아니라, 그것이 궁극적으로 어떠한 형태의 권력을 지향하고 있는지도 설명할 수 있어야 새로운 프레임을 짤 수 있었다. 이들은 이러한 일들을 비교적 성공적으로 수행하였다. 그리고 이 글은 바로 궁궐이라는 공간을 통해 이들이 어떻게 전통적 권위를 해체하고 새로운 정치권력의 상을 그려내었는지 설명하기 위해 시도되었다.

그런 점에서 이 책의 1장과 3장은 흥미로운 대조가 될 것이다. 1장이 고려 말 공양왕대 조선의 건국자들이 기존의 구체제와 옛 권위를 어떻게 해체했는가를 다룬 것이라면, 3장은 정도전이 지은 경복궁의 전각명을 통해 그들이 지향했던 새로운 정치권력의 상을 그리고 있다. 정도전은 이 전각명을 통해 다양한 질문을 던졌다. 역사 속의 이상적인 군주는 누구인가? 그러한 군주가 되기 위해서 현재의 임금은 어떠한 노력을 해야 하는가? 권력은 어떻게 배분되어야 하는가? 이에 대한 그의 답변은 바로 조선인들이 지향한 새로운 체제를 보여 준다.

그러나 구체제의 청산과 신체제의 정립은 1장과 3장의 대조만큼 단칼에 정리되지 않는다. 현실은 훨씬 엉망진창이다. 2장과 4장은 바로 태조대의 한양 천도와 정종대 개경 천도, 그리고 다시 태종대 한양으로 재천도하게 되는 현실의 이야기들을 다루었다. 현실의 예측 불가능성, 관성과 제약, 굴절 들이 이 두 장의 사건들에서 드러난다. 구체제는 단번에 해체되지도 않을 뿐더러, 나라가 바뀌었다고 해서 사람이 한순간에 고려인에서 조선인으로 탈바꿈하지는 않는다. 어떤 때에는 상황이 사람을 매우 구차하고 교활한 변명꾼으로 만들기도 한다. 2장과 4장에서는 태조 왕건을 무척이나 의식했던 또 다른 태조 이성계와, 목적을 위해 수단을 가리지 않은 태종을 통해 이러한 지점들을 살펴볼 것이다. 그리고 기획은 기획일 뿐, 그대로 관철되지는 않는다는 점을 확인할 것이다. 현실은 늘 그렇게 강력하다.

마지막 5장은 그러나, 다시금 기획의 힘을 확인하는 편이 될 것이다. 수많은 굴절과 왜곡에도 불구하고, 첫 기획의 지향은 큰 틀에서 유지되었다. 새 체제가 가진 장점은 여러 현실의 어려움에도 불구하고 바로 이 기획을 지속시킨 힘, 유토피아에 대한 확신에 있을 것이다. 경복궁의 안과 밖에 여러 관서 공간들이 갖추어져 갈 때, 새 체제에서 지향한 권력에 대한 생각은 이들 공간에도 그대로 적용되었다. 여기에서 다시금 조선인들의 권력에 대한 생각, 그 권력이 행사되는 공간에 대한 고민을 짚어 보는 시간을 가질 수 있을 것이다.

조선의 권력공간은 조선의 것이다. 21세기를 살아가는 우리에게 재현될 수 있지도 않을 뿐더러 그 방식 그대로 재현되어서도 안 되는 공간이다. 만약 그러려고 한다면, 그것은 시대착오적일 수밖에 없다. 어떻게든 역사를 '이용해 먹거나', 무작정 '유비해서 현재에 갖다 붙이는' 각종 시도에 대응하여 이 지점은 좀 확실히 짚고 싶다.

다만 이 글에서 생각해 보려는 것은, 권력과 공간의 관계에는 시대와 장소를 막론한 보편성이 있기에 그들이 그 권력공간에 담은 생각에도 보편적인 울림이 있다는 점이다. 구질서와 권위는 어느 선까지 청산되어야 하는가? 새로운 권력의 정당성을 확보하기 위해서는 어떠한 방법을 취해야 하는가? 부패하지 않는 권력을 만들기 위해 투명성과 공정성은 어떻게 담보해야 하는가? 이렇게 정립한 권력을, 어떻게 세대가 바뀌어도 그 건전성을 유시하며 계승시킬 수 있을까? 그들은 당면한 현실에 대한 치열한 문제의식을 바탕으로 이러한 지점들을 섬세하게 고민하였다.

한 시대 새로운 나라를 만든 정치인들이 던진 이러한 질문들과 그에 대한 답이, 비슷한 고민을 하고 있는 우리의 생각을 좀 더 두터우면서도 폭넓게 할 수 있으면 좋겠다는 바람을 이 책에 담았다. 지금의 경복궁은 초기의 기획과 달라졌지만, 당시의 고민들을 이해하고 다시 본다면 분명 이전과는 다르게 보이지 않을까. 그렇게 된다면 아마도 이 책이 답사를 하는 데에 그렇게 무용하지도 않을 것이다.

2018년 2월
장지연

차례

프롤로그: 보이는 공간에서 보이지 않는 권력과 시대를 읽어내기 __ 4

1. 고려의 마지막 몸부림

사라졌다 찾은 연복사탑 중창비 __ 17

공양왕과 정몽주, 반전을 꾀하다 __ 21

태조유훈, 고려의 미란다와 크레덴다 __ 27

・훈요십조 __ 33

한양 순주와 연복사 중수 __ 38

구언교서, 무너지는 선왕성헌 __ 47

왕건의 재해석 __ 59

2. 새 왕조 새 수도 정하기의 여정

한양은 정말 무학대사가 고른 땅일까 __ 71

설화에 담긴 시대성 __ 75

왕건이 되고 싶었던 이성계의 꿈 __ 81

유교 군주 이성계의 독실한 불교 신앙 __ 89

계룡산에라도 천도하겠다 __ 99

천도지 답사, 마침내 한양으로 __ 106

전통의 영향과 퇴조, 그리고 수도의 조건 __ 114

3. 정도전이 경복궁에 담은 뜻

한양의 밑그림: 종묘와 사직, 궁궐, 시장과 도로 __ 123

경복궁은 어떻게 구성되었나 __ 132

임금의 큰 복은 무엇인가: 경복 __ 140

침전은 편안한 공간인가: 강녕전, 연생전, 경성전 __ 145

투명한 정치에 대한 갈망: 사정전 __ 153

'부지런함'의 근거: 훈요십조와 근정전의 차이 __ 159

임금의 부지런함은 어떠해야 하는가 __ 168

政과 正, 德과 得: 정문 __ 172

4. 굴절, 그러나 연속

왕자의 난, 개경으로의 복귀 __ 179

다시 한양으로 갈 수 있을까 __ 187

500년 수도, 개경의 관성 __ 193

공간의 전환, 그리고 구질서의 해체 __ 200

아버지의 죽음과 태종의 새로운 공사 __ 205

• 태종에 의해 재탄생한 한양 __ 211

버릴 수 없는 법궁 __ 215

새로운 위상을 더하다: 경회루 __ 222

5. 궁궐의 안팎에 위치한 관서

관서의 위치는 무엇을 의미하는가 __ 235

없던 건물은 왜 만들었나: 도평의사사 __ 239

문무는 양팔과도 같다: 도평의사사와 의흥삼군부, 융문루와 융무루 __ 246

문무의 겸비는 왜 중시되었나 __ 251

학문은 늘 임금의 곁에: 집현전 __ 256

지식은 널리 보급되어야 한다: 주자소 __ 264

공과 사의 경계, 편전에 사관이 들어가기까지 __ 273

권력을 어떻게 승계할 것인가: 동궁 __ 281

에필로그: 기획과 현실 사이에서 __ 288

참고문헌 __ 296

감사의 말 __ 299

찾아보기 __ 301

일러두기

1. 지명에 대하여

이 글에서는 고려의 수도에 대해 수도로서 지위를 가지고 있었을 때에는 개경, 그렇지 못했을 때에는 개성이라고 지칭하였다. 조선의 수도에 대해서는 한양이라고 칭하였다. 행정상 명칭으로 보면 한성이 맞겠지만, 고려 말부터 조선 초를 포괄해서 쓸 수 있는 용어인 한양으로 통일하였다.
이 시기에는 개경이나 개성이라는 명칭 외에도 송경松京, 송도松都, 구경舊京, 구도舊都 등의 용어가 다양하게 사용되었다. 한양에 대해서도 한경漢京, 한도漢都, 신경新京, 신도新都 등 여러 용어가 사용되었다. 용어별로 엄밀한 구분이 있었던 것은 아니고, 다양한 어휘를 활용하기 위한 관습적인 표현들이었다.

2. 사료 출처에 대하여

이 글에서는 각주나 미주를 지양하고, 본문에서 괄호로 소개하는 것을 원칙으로 삼았다. 교양서인 만큼, 각주나 미주를 사용하지 않는 편이 좀 더 편안한 독서로 이어질 수 있을 것이라는 기대에서 이러한 방식을 선택하였다. 간혹 본문에 출처가 없는 경우에도 정보의 대중화 덕분에 본문의 몇 가지 키워드를 사용하면 실록 사이트 등에서 대체로 쉽게 검색할 수 있으니, 이를 활용해 주기를 바란다.

1

고려의

마지막 몸부림

사라졌다 찾은 연복사탑 중창비

2013년 3월, 놀라운 소식이 언론을 통해 알려졌다. 개성에서 용산으로 옮겨졌다는 사실만 알려진 채 100여 년 동안 소재가 파악되지 않았던 연복사탑 중창비가 발견된 것이다. 평소 유물과 유적에 관심을 두고 주변을 허투루 보지 않던 한 시민이, 서울 용산의 철도회관 화단에 있는 비석이 연복사탑 중창비로 보인다고 제보하였다. 비록 비석의 몸체인 비신은 사라지고 거북 모양 받침돌(귀부)과 머리 부분에 조각된 용(이수)만이 남은 상태였지만 흑백 사진 속 옛 모습이 완연한 연복사탑 중창비였다.

  연복사탑 중창비는 개성 한복판에 있었던 연복사의 5층탑을 조선 초 중창한 내력을 기록한 것으로, 권근權近(1352~1409)이 비문을 짓고 성석린成石璘(1338~1423)이 글씨를 썼다. 조선 시기 연복사가 남아 있던 시절 개성을 방문한 선비들은 으레 연복사의 답에 올라 개성 시내를 조망했고, 돌아온 뒤에는 이 비석을 보고 왔노라고 한 마디씩 적었던 대표적인 기념물이었다. 비록 비신이 사라져 성석린의 글씨는 확인할 수 없게졌지만,

연복사탑 중창비(시도유형문화재 제348호)
『조선고적도보』에 실린 이 사진 덕분에 근 100년이 지나 이 비석을 다시 발견할 수 있었다. 이 비석을 발견한 김석중 씨는 자신의 발견을 2012년에 개인 블로그 및 카페에 알렸고, 2013년 3월 언론에 이 내용이 기사화되면서 널리 알려지게 되었다. (조선고적도보 사진)

권근의 문집에 비문이 기록되어 있어서 그 내용은 파악할 수 있다.

원래 개성에 있었던 이 비석이 서울로, 그것도 하필이면 용산 일대로 옮겨진 것은 일제 시기 철도 부설과 관련되었을 것이라고 추정된다. 이런 점들을 맞춰 보면, 어떤 면에서는 이제야 발견된 것이 좀 무색하기도 하다. 이 무겁고 거대한 덩치의 비석이 어디에 숨겨져 있었던 것도 아니고 100여 년 동안 서울 한복판 길가에 있었으나 그저 아무도 관심을 두지 않아서 몰랐던 것이기 때문이다. 한 시민의 눈썰미가 아니었다면 얼마나 더 모르고 넘어갔을지 모를 일이다.

100여 년 동안, 있는 문화재도 못 알아봤다는 드라마틱한 사연을 빼고 냉정하게 다시 생각해 보면 이 비석은 그리 대단한 것이 아닌지도 모른다. 우리 역사가 워낙 유구한 덕에 훨씬 이른 시기에 만들어진 비석도 수없이 남아 있는데, 이 비석은 그다지 오래된 것이 아니기 때문이다. 더구나 비신까지 온전하게 남아 있는 것도 아니다. 그래서인지 2013년 5월 일련의 조사를 마친 후 연복사탑 중창비는 서울특별시 유형문화재 제348호로 지정되었다. 문화재를 급으로 따지는 것은 좀 그렇지만, 지역 유형문화재이니 아무래도 보물이나 국보 등의 위상에는 못 미친다. 문화재청의 설명문을 보면 일단은 발견된 문화재가 손상되지 않도록 지역 유형문화재로 정하여 문화재법 아래에서 보호하겠다는 의지가 더 우선이었던 것 같다. 별다른 관심과 보호를 받지 못하고 훼손되어 온 수많은 유물에 비한다면, 발견된 지 1년여 만에 이렇게 문화재로 지정되어 보존 조처를 받을 수 있게 된 것은 매우 다행한 일이다.
　그런데 과연 이 유물이 품은 이야기가 온전히 이해된 것이었을까? 이 비석에 대한 문화재청의 설명을 보자.

연복사탑중창비는 현재 비신은 없어졌으나 비문은 권근이 짓고 글씨는 성석린이 필체를 새긴 조선 초기의 귀중한 문화재이다. 이 석비는 삼국 통일기에 중국 당唐대의 석비 양식을 들여와 통일신라시대에 전형을 이룬 후 고려시대까지 계승된 한국 전통 석비 양식이 고려의 멸망과 함께 멈추고 조선의 건국과 함께 새로이 수용되는 중국 명明대의 석비 조형 양식을 그

대로 따르고 있어 귀부의 표현 자체가 매우 상징적이고 이수 부분도 중국 전통을 따라 반원형의 비신 상부에 오각형의 제액을 내고 그 주위를 여러 마리의 용이 휘감는 형상을 하고 있다. 이와 같은 비신 상부 이수 부분의 조형이 중국식으로 바뀌는 것은 이미 고려 우왕 3년(1377)에 조성된 회암사 선각왕사비에서도 나타나고 있지만 비좌 부분인 귀부까지 중국식으로 바뀌는 것은 바로 이 석비가 가장 대표적인 선례라 할 수 있다. 비록 규모는 크지 않지만 중요한 역사적 사실과 새로운 조형이 예고되는 조선시대 석비 예술의 최선의 증거자료로서, 우선 서울시 유형문화재로 지정하여 보존하는 것이 적절하다고 판단된다. (문화재청 홈페이지 '연복사탑중창비' 항목)

위 이야기를 요약하자면, 고려까지 대세였던 당나라의 영향을 받은 비석 양식이 조선 시기에 변화되는데, 바로 이 연복사탑 중창비가 새로운 조선 시기 양식의 선례라는 것이다. 그러나 이 비석에는 '새로운 명나라 양식'이라는 말만으로는 포괄할 수 없는, 두터운 이야기가 담겨 있다. 이는 조선의 건국을 이끌어 내기까지 치열하게 벌어졌던 사상 투쟁의 증거물이자, 이전 관습에 충실했던 인간의 억지, 그리고 그를 정당화하지 않을 수 없는 주변인들의 비겁함 역시 보여 주는 기념비이다. 이제 그 이야기로 들어가 보자.

공양왕과 정몽주, 반전을 꾀하다

우리는 1388년 위화도 회군부터 사전개혁을 거쳐 공양왕(재위 1389~1392)이 물러나기까지 새 왕조의 개창자들이 예정된 길을 차근차근 밟아간 것처럼 생각하는 경향이 있다. 그러나 당대로 돌아가서 생각해 본다면 예정된 것은 아무 것도 없었다. 고비마다 관료들의 의견이 일치된 적도 없었다. 위화도에서 회군한 후에 누구를 왕으로 세울 것인지, 토지와 노비 문제를 어떻게 개혁할 것인지 등 모든 문제에 있어서 당대 관료들은 서로 불화하고 어찌해야 할지 몰라 갈팡질팡하였다. 이성계李成桂(1335~1408)나 정도전鄭道傳(1342~1398), 조준趙浚(1346~1405) 등도 자신의 의견을 온전히 관철시키지 못하였다. 적어도 이 국면에서는 '골목길을 꽉 메운 관료들의 추대에 재삼 사양하다 억지로 왕위에 오르는 것' 같은 평화로운 모습은 기대하기 힘들었다.

    1389년 이성계의 인척인 공양왕을 세우고, 우왕(재위 1374~1388)과 창왕(재위 1388~1389)이 왕씨가 아님을 공식화하며 이들을 주살했을 때만

하더라도 이제 정권은 이성계와 개혁 세력의 뜻대로 굴러갈 수 있으리라 기대했을지 모른다. 45세로 왕위에 오른 공양왕은 신종의 7대손으로 적통에 가장 가깝기는 하였지만, 본인의 자평대로 평생 부유하게 살며 재산 외에는 큰 관심을 둔 데 없이 유유자적 살아온 사람이었다. 그러한 인물이 걸림돌이 될 것 같지는 않았을 것이다.

예상과는 달리 공양왕은 녹록지 않았다. 윤소종尹紹宗(1345~1393)으로 대표되는 이성계파의 대간들이 구세력을 척결하자고 시끄럽게 요청했지만 공양왕은 번번이 거부하거나 형을 감하였다. 그러고는 즉위 2개월 만에 대간의 면계(왕을 직접 보고 아뢰는 것)를 폐지하였다. 심지어 대간 윤소종과 오사충吳思忠(1327~1406) 등을 모두 좌천시키고, 그들이 탄핵했던 홍영통洪永通(?~1395) 등에게 관직을 제수하기도 하였다. 이런 상황에 이성계는 사직하겠다고 대응하며 양측은 팽팽하게 대립하였다.

팽팽한 긴장 국면을 깨뜨린 것은 윤이·이초의 사건이었다. 1390년(공양왕 2) 5월, 명나라에 사신으로 갔다가 돌아온 왕방王昉과 조반趙胖(1341~1401) 등은 명의 예부에서 들은 이야기를 전하였다. 내용인즉 윤이尹彝와 이초李初란 자가 명 홍무제에게 고변을 하였는데, 공양왕과 이성계가 명을 침략하려 하면서 이를 막던 이색李穡(1328~1396), 조민수曹敏修(?~1390), 이림李琳(?~1391), 변안렬邊安烈(1334~1390), 권중화權仲和(1322~1408), 이숭인李崇仁(1347~1392), 권근 등을 살해하고 우현보禹玄寶(1333~1400), 정지鄭地(1347~1391), 김종연金宗衍(?~1390) 등을 귀양 보냈다는 것이었다. 이는 명에서도 그다지 신뢰하지 않은 정보였던 데다 정식으로 고려에 힐문한 것도 아닌 사건이었다. 실체가 불분명했던 점, 결과적으로 이성계 일파가 우위를 점한 점, 추후 명에 사신으로 가서 이 일을 마무리한 것이 정도전이었다는 점 등을 볼 때 이 사건은 대체로 이성계 쪽의 조작이었던 것으로 추정된다. 그러나 여기에서 이름이 언급된 김종연이 도망을 가면서 이제 진정한 사건이 되어 버렸다. 이 고변의 배후로 지목된 이색, 이림, 우인렬禹仁烈(1337~1403) 등이 일제히 옥에 갇히고, 이성계 일파가 우위를 점하는 듯하였다.

윤이·이초의 사건으로 비롯된 국면은 적경원積慶園에 모신 공양왕의 사친四親을 추상하면서 다시 전환되었다. 공양왕은 직계가 아닌 방계 출신인 만큼, 직계 부모를 종묘에 모실 수 없어서 사묘인 적경원을 따로 세우기로 하여 1390년(공양왕 2) 1월 설치한 것이었다. 전년도 11월에 즉위한 공양왕은 새해의 시작과 함께 적경원을 건설하기 시작하여 6월 무렵 모든 공사를 마치고 사친의 봉작과 시호를 추상하며 제사를 올렸다. 그리고 이를 기념하여 7월에 대사를 베풀면서 이색과 권근 등을 사면하였다.

고려에서는 원래 새 왕이 즉위한 후 전왕의 장례를 마무리 짓고 대사를 베풀어 왔다. 이는 전왕의 통치를 마감하고 새 왕의 통치를 천명하는 것으로서, 공양왕의 사친 추상과 대사는 그의 즉위의례를 마무리하는 중요한 사건이었다. 이런 기회에 이루어진 사면에 대해서는 아무래도 반대하기 어려울 것이다. 이처럼 좋은 아이디어를 낸 것이 누구였을까? 바로 정몽주鄭夢周(1337~1392)였다. 그리고 이때의 사면은 그가 본격적으로 이성계 등과 각을 세우기 시작한 사건이었다.

사면에 이어 기다렸다는 듯이 서운관에서는 공양왕이 남경, 즉 한양에 순주(왕이 순행하며 머묾)하기를 권하였다. 이 무렵 개경의 연복사 중수 공사도 본격화되었다. 한양 순주와 연복사 중수는 왕권의 회복에 부심하던 공양왕의 노림수였다. 이 두 가지 사안에 대해서는 뒤에서 자세히 다루고, 먼저 공양왕이 한양에 머물렀던 시기에 벌어진 일들에 대해 살펴보자.

1390년 9월부터 이듬해 2월까지, 공양왕이 한양에 머물렀던 시기는 이성계 등에게 위기의 시간이었다. 11월, 윤이·이초의 사건에 연루됐던 김종연이 조유趙裕(?~1390)와 함께 모의하여 이성계를 해치려 했는데, 그 배후에 심덕부沈德符(1328~1401) 등이 있다는 내용의 고발로 또 한 차례의 옥사가 일어난 것이다. 이때 연루된 사람들은 공양왕 즉위에 공이 있었던 9공신 중 심덕부, 지용기池湧奇(?~1392) 등의 무신들이었다. 정몽주의 공세 속에서 무신들 중에서도 이성계와 결을 달리하는 인물들이 생기기 시작하였던 것이다.

사태 자체는 빠르게 진정되었다. 이성계가 고변의 당사자라고도 볼 수 있는 심덕부에게 이 사실을 과감하게 알리자, 심덕부는 자발적으로 조유 등을 제거하는 데 앞장섰다. 결과적으로 심덕부, 지용기, 박위朴葳(?~1398) 등이 유배를 갔으며 다른 무장들의 지휘권이 박탈되고 이성계에게 군권이 집중되었다. 이듬해 정월에는 5군이 3군으로 정리되고 이성계가 최고 지휘관 격인 도총제사에, 배극렴裵克廉(1325~1392)과 조준, 정도전이 삼군의 총제사에 오르며 이성계 일파가 법제적으로 군권을 장악할 수 있었다.

이러한 일련의 사건에서 주목할 점 하나는 당시 공양왕과 이성계, 심덕부 등이 한양에 있었다는 점이다. 김종연 등의 계획에 따르면, 이들은 윤귀택尹龜澤 등 서경 세력의 군사력을 바탕으로 개경에서 모의를 마무리하여 이성계를 해하는 정변을 꾀했던 것으로 보인다. 자세한 계획은 알 수 없지만 이성계가 한양에 있을 때 습격하는 형태였을 수도 있고, 개경에 막 돌아왔을 때 습격하는 형태였을 수도 있다. 실제로 고려에서는 이렇게 국왕의 순주를 이용하여 무신들을 제거한 적이 종종 있었다. 가장 대표적인 사례가 현종(재위 1009~1031)의 서경 순주 때 김훈金訓(?~1015), 최질崔質(?~1015) 등을 제거한 사건(1015년)이었다. 이러한 점들은 순주라고 하는 정치 공간의 전환이 가지는 현실적 효과였다.

김종연의 옥사로 빚어진 여러 결과는 공양왕과 정몽주의 실패, 이성계의 성공으로 보인다. 그러나 이는 공양왕과 정몽주에게 실패만은 아니었다. 일단 9공신 중 상당수를 차지했던 무장들을 정치 현장에서 배제할 수 있었고, 그들의 군권을 빼앗을 수 있었다. 그리고 천도를 계기로 우인렬, 이숭인李崇仁(1347~1392), 하륜河崙(1347~1416), 권근 등 이전에 이성계파의 공격으로 유배되었던 이들을 모두 사면하여 경외종편(서울 밖에 편한 대로 거주하게 하는 것)하게 하였다.

정몽주는 여기에서 한발 더 나아가 이색과 이숭인을 중앙 관계로 복직시키려 하였다. 하루는 경연에서 공양왕이, 요즘 사람들은 본조의 역사를 모른다는 이야기를 굳이 꺼냈다. 그러자 정몽주는 기다렸다는 듯 편수관을 두어 역사를 편찬하자는 이야기를 하며, 이색과 이숭인의 직첩을 돌려주어 편수관을 맡기려고 하였다. 하지만 이 계획은 아마도 여러 반대에 부딪힌 듯 시행되지 못하였고, 공양왕은 별 평계도 없이 경연에 나가지 않는 것으로 대응하였다.

한양에 국왕이 머무는 동안 김종연으로부터 비롯된 옥사가 마무리되었고, 1391년 1월 이성계에게 군권이 집중되었다. 한편 이색, 우인렬 등은 모두 사면되었다. 2월이 되자 공양왕은 한양을 떠나 개경으로 돌아왔다. 굳이 길을 돌아 양주 회암사를 거쳐, 정도전의 반대를 무릅쓰고 자신의 생일을 기념하는 거창한 불사를 펼치면서. 국왕이 한양에서 돌아오면서 즉위 후 1년여의 숨 가쁜 정치 공방은 이렇게 대충 마무리되는 듯했다. 그렇다면 공양왕은 왜 한양으로 순주했던 것일까?

태조유훈,

고려의 미란다와

크레덴다

시간의 흐름을 잠시 멈추고, 공양왕 시기의 주요 사건인 연복사 중수와 한양 순주가 어떠한 맥락에서 실행된 것인지 살펴보자. 일반적으로 이때의 연복사 중수와 한양 순주는 별개의 사건으로 인식되곤 한다. 전자는 불교, 후자는 풍수에 바탕을 둔 행위라 보는 것이다. 또한 한양 순주를 마치고 개경으로 돌아온 뒤 5월부터 본격화된 비판 상소들은 이미 끝난 한양 순주보다는 당시 진행되고 있었던 연복사 중수를 주된 대상으로 삼고 있어서 두 가지를 연관짓지 못한 경향이 있었다. 그러나 이 두 행위는 같은 시기에 시작되었으며, 시행 당시 비판론을 펼친 윤회종尹會宗과 강회백姜淮伯(1357~1402) 같은 이들도 둘을 묶어서 비판하였다. 이는 연복사 중수와 한양 순주가 '태조유훈'의 실행이라는 동일한 바탕에서 비롯되었기 때문이었다.

태조유훈은 넓게는 태조 왕건(재위 918~943)의 정치행위와 이념을 통칭하고 구체적으로는 훈요십조에 바탕을 둔 행위들을 의미한다. 훈요십조는 태조 왕건이 승하하면서 비밀리에 박술희朴述熙(?~945)에게 남겼다는 유언인데, 이것이 관료 사회에 공개된 것은 8대 현종 임금 당시 거란이 침입한 후였다.

일제 시기 사학자 이마니시 류는 훈요십조의 발견 과정이 모호한 데다 현종 이전에는 철저히 준수되지 않았다는 등의 논리로 훈요십조가 위작이라고 주장하였다. 그의 위작론에는 매우 흥미로운 측면이 있는데, 그 궁극적 목표가 고려의 정치 운영에는 어떠한 이념이나 주의(이른바 '~ism'이라 할 만한)가 없고 단순히 세력 간의 다툼이라는 것을 주장하는 것에 있기 때문이다. 즉 당파성론을 고려에까지 적용한 것이다. 당파성론은 단순히 조선 시기의 '사색당파'와 같은 여러 당파가 지지고 볶고 싸우기만 했다는 주장에 그치지 않는다. 이는 어떠한 이념이나 주의 때문이 아니라, 거대 혈족끼리 밥그릇 싸움을 벌여온 것이 곧 한반도의 정치역사라는 의미였다.

이마니시 류의 주장은 여러 모로 무리가 있다. 일단 밥그릇 싸움이 없는 인간 집단이 있기는 한지도 의문이거니와, 권력의 정당성을 지지해 주는 이념 없이 거대한 정치체가 유지 가능하다는 주장은 인간 존재의 본질을 도외시한 것이다. 무엇보다도 훈요십조가 공개된 현종대는 물론이거니와 그 이후에도 이것이 위작이라는 의심을 한 적이 없다는 점이 중요하다. 이마니시 류의 주장 전까지, 고려는 물론 조선 사람들 모두에게 훈

훈요십조는 태조 왕건의 유언으로 인식되어 왔다. 왕조의 시조가 남긴 지침이 국가의 주요 헌장으로 인식되곤 한 것은 그다지 특이한 사례도 아니다. 명의 홍무제가 남긴 육유六諭 같은 경우엔 일본까지 전해져서 영향을 주었다.

훈요십조로 대표되는 태조유훈은 성조유훈, 성조성헌, 선왕성헌 등으로 언급되며 태조대의 정치를 폭넓게 지칭하는, 중요한 정치적 상징으로 기능해왔다. 정치적 상징은 크게 두 가지로 분류해 볼 수 있다. 찰스 메리엄이 제시한 미란다Miranda와 크레덴다Credenda가 그것이다. 미란다는 사람들의 감정에 호소하여 권력을 신비롭고 성스러우며 감탄할 만한 것으로 미화시키는 것을 의미한다. 각종 기념일, 공공장소와 기념물의 건립, 여러 가지 의장議狀의 제작, 설화와 역사의 미화, 의례 행사 등을 그 방식으로 들 수 있겠다. 쉽게 설명하면 올림픽 시상식에서 국기를 향해 애국가를 부르는 장면에서 찡한 감정을 불러일으키는 요소들이다. 이는 정서적으로 공감하여 유대를 느끼기를 바라는 심리에 호소하는 상징이다.

이에 비해 크레덴다는 인간의 이성에 호소하여 이론이나 신조 등의 지적·합리적인 요소를 바탕으로 권력이 정당하다는 권위를 획득하려는 것이라고 할 수 있다. 정치적인 주의·이론·이념 혹은 헌법·헌장·선언서와 같은 명문화된 문서 등이 이에 해당되는데, 이성적으로 타당하다고 생각하는 질서에 귀속되기를 바라는 심리에 기반을 둔 것이다.

미란다와 크레덴다는 권력의 정당성을 이끌어 내기 위해 필수적인 장치이다. 권력의 미란다는 인적, 물적 상징을 활용하는데, 위대한 지도 자에 대한 존경과 숭배는 곧 국가 권력 그 자체에 대한 찬미와 숭배로 전화되곤 한다. 국부國父를 만들고 그를 현창하여 국가 권력에 대한 적극적 지지를 이끌어 내려는 시도 같은 것이 바로 미란다의 강화라고 볼 수 있다. 또한 권력의 크레덴다는 사람들에게 합리적으로 권력을 납득시켜 그 존속에 동의하게 하는데, 인간은 그 권력이 정당하다고 여길 때 자발적으로 지지하는 경향이 있다. '민주공화국'이라는 정치체제가 정당하다고 믿는 국민들이 자발적으로 그 체제를 수호하고자 위험을 무릅쓰고 거리로 나오게 하는 것이 바로 크레덴다의 힘이다.

    태조유훈은 고려 사회에서 미란다와 크레덴다로서 기능했다. 고려 당대의 모든 평가에서 태조 왕건은 백성과 공감할 줄 아는 것은 물론이고 검소함, 아첨을 거부하고 간언을 받아들이는 태도, 사람을 알아보는 명철함 등을 갖춘 거의 완벽한 정치인으로 묘사되었다. 또한 왕건은 신성성을 가진 인물로 묘사되기도 하였다. 그는 하늘에 있는 상제와 소통할 수 있는 유일한 조상신이기도 하였으며, 용녀의 피를 이어받은 용왕의 자손이었다. 연등회와 팔관회의 날짜가 국가적인 기일에 겹치지 않도록 기원할 수 있는 존재이기도 하였다. 때로는 도선道詵(827~898)과 동일시되며 풍수와 도참의 비밀들을 알고 예언을 남긴 존재이기도 했고, 보살계제자로서 충실한 불법의 수호자이기도 하였다. 그가 남긴 이러한 유훈은 시대에 따라 다양하게 해석되고 적용되면서, 완벽했던 태조 왕건 시대의 정사를 추구한다는 상징성으로 사람들의 지지를 이끌어 내곤 하였다.

    연복사 중수와 한양 순주는 바로 이러한 태조유훈을 실천하는 행위

태조 왕건 동상
1992년 북한에서 태조 현릉을 수리하던 중 발견된 동상으로, 처음에는 누구의 모습인지 정확히 파악하지 못하였지만 『세종실록』의 기록을 통해 태조 왕건의 동상임이 확인되었다. 왕건 동상은 개경 봉은사의 진전에 봉안되어 있다가 세종대 철거되어 현릉 옆에 매장되었다. 봉은사는 태조 진전 중에서도 으뜸으로 꼽힌 장소로서, 연등회 때 고려의 국왕이 이곳의 진전에 행차하여 이 동상 앞에서 분향하였다. 왕건 동상과 봉은사, 훈요십조에서 강조했던 연등회의 의례는 고려의 태조 숭배를 단적으로 보여주는 상징이다.

였다. 연복사는 태조 시대에 건설된 이래 수도 개경의 지리와 국운을 보조하는 비보사찰이었으며, 한양 순주는 국왕이 일정 기간 별경(서경이나 남경)에 순주함으로써 주변의 수많은 나라가 고려에 조회하고 왕업이 연장된다는 기원에 바탕을 둔 것이었다. 이는 모두 훈요십조에 그 원형을 두고 있었고, 고려 왕업이 위기에 빠졌다는 인식이 대두할 때마다 반복되던 유형의 행위였다. 가까이는 우왕이나 공민왕(재위 1351~1374) 때에도 행해졌던 이러한 행위를 통해, 공양왕은 아마도 창업자 태조를 충실히 따르는 계승자임을 내세워 정치적 주도권을 잡고 싶었을 것이다.

문제는 이러한 행위가 시대정신에 부합하는 것이었냐는 점에 있다. 기존의 미란다와 크레덴다가 서로 일치하지 않거나 시대정신에 부합하지 않을 때, 이들을 강화하려는 시도는 오히려 권력에 균열을 일으킨다. 가까운 사례로 올림픽 메달리스트의 카퍼레이드를 떠올려보자.

1984년 LA 올림픽에서 처음으로 무더기 금메달을 딴 메달리스트들의 거창한 카퍼레이드가 펼쳐졌을 때, 분명 많은 사람들은 '조국의 발전상'을 피부로 느끼며 감격해했다. 이는 당대 권력이 의도한 그대로였다. 20여 년이 지나 2008년 베이징 올림픽 때에도 정치인들은 이 오래 전의 경험을 재현하고자 하였다. 그들은 메달리스트의 카퍼레이드가 국가 권력에 대한 찬미로 쉽게 전이될 것으로 기대하였으나, 현실은 전혀 그러하지 않았다. 금메달의 숫자를 가지고 국가의 위상을 따지는 것에 이제 사람들은 심드렁하였기 때문이다.

이런 사례에서 볼 수 있듯이 정치 상징을 강화한다고 하여 무작정 권력이 강화되는 것은 아니다. 그렇다면 공양왕의 한양 순주와 연복사 중수는 그가 희망했던 대로 왕권의 위상을 제고하였을까?

훈요십조

훈요십조는 서문에 해당하는 신서와 총 10개 조항으로 구성되어 있다. 태조는 고려의 건국이 부처가 호위해주는 힘(1조)과 산천의 도움(5조)으로 가능했다고 밝히면서, 이러한 이념들을 준수하는 동시에 적절히 통제하라는 내용을 훈요십조에 담았다.

 1조, 2조는 불교에 대한 지원을 해야 한다는 원칙을 확인하면서도, 도선이 지정해준 사찰만을 유지하라고 함으로써 적절히 통제해야 한다는 점을 이야기하고 있다. 5조는 서경의 수덕水德이 순조로워 지맥의 근본이라 하면서 때때로 이곳에 국왕들이 순주하라고 당부하였다. 여기서 수덕은 평양이 큰 강을 끼고 있는 득수국의 형세라는 의미로 해석되기도 하지만, 그보다는 오덕종시설에 따라 고려가 표방했던 수덕을 의미하는 것이었다. 금덕金德의 신라를 이은 고려는 오행 상생의 원칙에 따라 수덕으로 해석되었으며, 고려 다음인 조선은 목덕木德으로 해석되었다.

 고려 당대보다 현대에 들어 큰 관심을 불러 모았던 조항은 8조이다. 차현(지금의 충청남도 천안시 차령고개) 이남 공주강 밖 지역에 대한 차별이 전라도 차별의 기원으로 해석되었기 때문이다. 그러나 근래 연구에서 밝혀졌듯이 이는 후삼국 시기 고려와 후백제 사이에서 왔다 갔다 했던, 현재 충청남도 남부와 전라북도 북부의 일부 지역만을 일컫는 것이었다.

전문은 다음과 같다. (『고려사』 권2, 세가2 태조 26년 4월 계묘)

■ 신서   내가 듣건대, 순 임금은 역산에서 밭을 갈다가 마침내 요 임금의 선위를 받았고, 한나라 고제는 패택에서 일어나 드디어 한 나라의 제업을 일으켰다. 나 또한 가난하고 평범한 집안에서 일어나 사람들에게 잘못 추대되어 여름에는 더위를 두려워하지 않고 겨울에는 추위를 피하지 않으면서 몸과 마음을 괴롭힌 지 19년 만에 삼한을 통일하고, 외람되이 왕위에 있은 지 25년이다. 이 몸은 이제 늙었으나 다만 염려되는 것은 후대 계승자들이 제멋대로 욕심을 부려 기강을 무너뜨릴까 크게 근심스럽다. 이에 훈요를 기술하여 후세에 전하니 아침저녁으로 펴 보고 길이 거울로 삼기를 바란다.

■ 제1조   우리 국가의 대업은 반드시 여러 부처가 호위해주는 힘을 의지하였다. 그러므로 선종과 교종의 사원들을 창건하고 주지를 파견하여 향을 사르고 도를 닦게 함으로써 각각 그 업을 다스리도록 하였다. 후세에 신하가 권력을 잡으면 승려들을 사주하고 청탁을 받아 각 종파의 절들을 빼앗으려고 할 것이니 엄격히 금지하여야 한다.

■ 제2조   여러 사원들은 모두 도선이 산수의 순함과 거스름을 따져서
(자리를) 점찍어서 개창한 것이다. 도선이 이르기를 "내가 선정한 것 이외
에 추가로 짓는다면 지덕을 훼손시켜서 국운이 길지 못할 것이다"라고 하
였다. 짐이 생각하기에 후세 국왕이나 왕족, 후비, 관료들이 각각 원당이라
칭하면서 추가로 더 많은 사원들을 지을 듯하니 이것이 크게 근심되는 바
이다. 신라 말기에 다투어 절을 세워서 지덕을 훼손시켜 결국은 나라가 멸
망하였으니 어찌 경계할 일이 아니겠는가?

■ 제3조   적통의 아들에게 왕위를 계승시키는 것이 비록 일반적인 예
이기는 하지만 아들인 단주가 불초하여 요 임금이 순 임금에게 선양한 것
은 실로 공심公心 때문이었다. 만일 원자가 불초하거든 왕위를 그 다음 아
들에게 줄 것이며 다음 아들이 또 불초하거든 형제 중에서 추대받은 자에
게 대통을 잇도록 하라.

■ 제4조   우리 동방은 오래 전부터 당풍唐風(중국 풍습)을 본받아 문물 예
악은 모두 그 제도를 준수하여 왔다. 그러나 지역이 다르고 사람의 성품도
각각 같지 않으니 구태어 억지로 맞출 필요는 없다. 거란은 금수의 국가로
서 풍속도 같지 않고 언어도 다르니 그들의 의관 제도를 아예 본받지 말라.

■ 제5조   짐은 삼한 산천의 은밀한 도움을 받아 대업을 이루었다. 서경
은 수덕이 순조로워 우리 나라 지맥의 근본으로 되어 대업이 만 대 동안 이
어질 터전이니. 마땅히 사중四仲에 순주하여 국왕이 거기에 가서 100일 이
상 체류함으로써 안녕을 도모하게 할 것이다.

■ 제6조   짐의 지극한 바람은 연등회와 팔관회에 있다. 연등은 부처를

섬기는 것이요, 팔관은 하늘의 신령과 오악, 명산, 대천, 용신을 섬기는 것이다. 후세 간신들이 함부로 늘리거나 줄이려는 건의는 절대로 금지하라. 나도 당초에 이 연등회와 팔관회의 날짜가 기일과 상치되지 않게 하고 군신이 함께 즐기기로 굳게 맹세하여 왔으니 마땅히 공경하여 이대로 시행할 것이다.

■ 제7조 임금은 신민의 마음을 얻는 것이 매우 어렵다. 그 마음을 얻는 것은 무엇보다 간하는 말을 좇고 참소하는 자를 멀리하는 데 있을 뿐이다. 간하는 말을 좇으면 현명하게 된다. 참소하는 말은 꿀처럼 달지만, 그것을 믿지 않으면 참소가 자연히 없어질 것이다.

또 백성들에게 일을 시키되 적당한 시기에 하고 부역을 가볍게 하며 조세를 적게 하는 동시에 농사짓는 것이 어려운 일이라는 것을 알게 되면 자연히 민심을 얻어 나라는 부강하고 백성은 편안하게 될 것이다.

옛사람이 말하기를, "좋은 미끼 끝에는 반드시 큰 고기가 물리고, 중한 상이 있는 곳에는 반드시 훌륭한 장수가 있으며, 활을 겨누면 반드시 피하는 새가 있고, 어진 정치를 펼치면 반드시 착한 백성이 있다."고 하였다. 상과 벌이 적절하면 음양이 순조로와진다.

■ 제8조 차현車峴 이남 공주강公州江 바깥은 산형과 지세가 모두 등을

돌리고 거스르고 있어서, 인심도 그러하다. 저 아래 주군의 사람들이 조정에 참여하거나 왕후, 국척들과 혼인하여 나라의 정권을 잡게 되면 혹은 국가에 변란을 일으킬 것이요 혹은 통합한 원한을 품고 왕실을 침범하여 난을 일으킬 것이다.

또한 그 일찍이 관청이나 절의 노비나 나루나 역의 잡척雜尺에 속하였던 자들이 혹 세력가들에 투탁하여 천한 신분을 면하거나 혹은 왕족들의 궁원宮院에 붙어서 간교한 말로써 정치를 어지럽게 하여 재변을 초래하는 자가 반드시 있을 것이다. 비록 그 양민일지라도 관직을 주어 일을 맡기지 말라.

■ 제9조   여러 제후와 신료들의 녹봉은 나라의 대소를 보아 일정한 제도를 마련하는 것이니 증감할 수 없다. 또 고전에 이르기를 공으로써 녹을 정하고, 사사로움으로 관직을 주지 않는다고 하였다. 만일 공이 없는 사람 및 친척이 개인적인 친분으로 관직을 헛되이 받는다면 밑의 백성들이 그 사람을 원망하는 데 그치는 것이 아니라 복록을 오래도록 누릴 수가 없으니 절대 경계해야 할 것이다.

또 우리는 강하고도 악한 나라가 이웃으로 있으니 어찌 위태로움을 잊을 수 있겠는가. 병졸들을 보호하고 돌보아 주어야 하며 부역을 헤아려 제해 주고 매년 가을에 무예가 특출한 자들을 검열하여 적절히 관직을 더해 주어라.

■ 제10조   나라를 가진 자는 근심거리가 없도록 경계하여 경전과 역사서를 널리 보아 옛일을 거울로 삼아 오늘날을 경계한다. 주공은 큰 성인으로서「무일無逸」한 편을 성왕에게 올려 그를 경계하였으니, 마땅히 그림으로 그려 붙여 드나들 때에 보고 자기를 반성하도록 하라.

한양 순주와

연복사 중수

_____

공양왕의 한양 순주는 서운관에서 올라온 건의에서 시작되었다.

『도선밀기』에 지리가 쇠하거나 왕성하다는 설이 있으니 한양으로 행차하시어 송도의 지덕을 쉬게 하소서. (『고려사절요』 권34, 공양왕 1 공양왕 2년 6월)

여기서 언급된 『도선밀기道詵密記』는 '도선이 비밀스럽게 기록한 것'이라는 제목답게 고려 시기 풍수나 도참과 관련된 이야기를 담고 있는 책이었다. 도선은 태조 왕건의 건국을 예언한, 우리나라 풍수의 시조 격에 해당하는 승려로서 훈요 제2조에서는 그가 전국 산천의 순역을 따져서 사찰의 자리들을 모두 점지해 두었다고 하였다. 바로 그가 남겼다는 『도선밀기』에서 지리는 쇠할 때도 있고 왕성할 때도 있다고 하니, 국왕이 한양으로 행차하여 송도의 지덕을 쉬도록 해 줄 필요가 있다는 것이 서운관의 주장이었다. 국왕의 별경 순주는 훈요 제5조에서 서경이 지맥의 근본이니 국왕이 때때로 순주해야 한다는 것에 원형을 두고 있었다. 즉 한양 순주는 훈요에 바탕을 둔 태조유훈을 준수하는 정치행위였던 것이다.

여기에서 잠깐 순주와 천도를 구별해 볼 필요가 있다. 순주는 국왕이 때때로 순행하여 머무는 것을 의미하며, 천도는 도읍을 옮기는 것을 의미한다. 이 무렵에는 두 단어가 혼용되었지만, 엄밀히 이야기할 때 고려 시대 '천도론'은 사실 천도가 아니라 순주를 의미하는 것이었다. 때때로 국왕이 서경(평양)과 남경(한양)을 순행함으로써 개경의 지덕을 쉬게 하고 보완한다면 왕업이 연장되고 융성할 것이라는 의미였다. 고려 전기에는 두 곳 중에서 서경의 비중이 절대적이었으나 후기에 들면서 남경의 비중이 점차 높아졌으며, 공민왕대 이후로는 매우 빈번하게 남경이 순주의 장소로 거론되었다. 우왕과 공양왕이 순주했던 유일한 장소 역시 남경이었다.

유래가 깊은 행위였지만, 이 시기 한양 순주를 하자는 서운관의 건의에 찬성하는 이는 별로 없었다. 순주 준비로 백성을 소란스럽게 하는 문제뿐만 아니라, 성리학적 합리성을 바탕으로 하고 있었던 당대의 관료들은 이러한 참위설에 따라 천도하는 것은 말도 안 된다고 생각하였기 때문이었다. 이러한 반대를 물리치기 위해 공양왕은 『비록』에 '도읍을 옮기지 않으면 군신을 폐하게 될 것'이라고 나와 있다는 극언까지 하며 한양 순주를 추진하였다. 한양 순주에 동의하지 않으면 너희들이 나도 (우왕이나 창왕처럼) 폐위시키겠다는 의사로 받아들이겠다는 협박이었다.

한양 순주만이 아니라 연복사 역시 태조유훈과 관련이 깊은 장소였다. 권근의 「연복사탑 중창기」를 보면, 그 유래에 대해 다음과 같이 설명하고 있다.

> 우리 동방에서는 신라 말기부터 (불교를) 더욱 열심히 받들어서, 성안에 사찰이 민가보다도 많았다. 그중 높고 웅장한 전각은 지금까지도 남아 있으니, 당시 존숭하여 받드는 것이 지극하였음을 상상해볼 수 있다. 고려 왕씨가 통합한 초기에 변함없이 그대로 시행하여 은밀한 도움이 있기를 바랐다. 이에 서울과 지방에 사사寺社를 많이 설립하였으니, 이른바 비보裨補라는 것이 이것이다.
> 연복사는 도성 안 시가지 옆에 자리 잡고 있는데, 본래의 이름은 당사唐寺이다. 우리 말에 당唐과 대大가 서로 비슷하여서, 대사大寺라고도 한다. 집이 매우 커서 천여 칸이나 되는데, 안에 연못 세 군데와 우물 아홉 군데를 팠으며, 그 남쪽에 또한 5층탑을 세워 풍수에 맞추었다. (『양촌집』 권12, 기류 연복사탑 중창기)

신라 말부터 불교를 숭앙했으며 고려 시기에도 신비한 도움을 기원하며 절들을 개창하였고 이를 비보라고 하였다는 첫 단락은 훈요 1조와 2조를 미묘하게 틀어서 재서술한 내용이다. 훈요 제1조에서는 불교를 강조하고 여러 사원들을 지원하라고 이야기하면서 권력자들이 이를 함부로 쟁탈하지 못하도록 하고 있으며, 제2조에서는 신라 말에 지나치게 절을 많이 지어 지덕을 훼손했으니 도선이 점찍은 장소에만 절을 지을 것을 당부하였다. 이 두 조항은 강조점을 어디에 두느냐에 따라서 불교 사원을 통제하는 쪽에 중점을 둘 수도 있고, 역으로 이를 보호하고 지원하자는 내용으로도 읽을 수 있다. 실제 고려 역사에서도 이런 두 가지 측면이 모두 드러난다.

여하간 연복사는 이러한 비보사찰의 대표이자 도성 한복판에 있었던 큰 절이었다. 건물이 천여 칸이나 되었다고 하는데, 칸수만 놓고 볼 때 이 무렵 건설된 궁궐들보다도 훨씬 큰 규모였다(태조대 창건기 경복궁의 규모가 700여 칸 정도였다). 설립 내력도 유구하였으니, 태조가 고려 건국과 함께 건설한 개경 10찰 중 하나였다.

이처럼 유서 깊은 연복사를 중수해야 한다는 주장은 공양왕 시기에 처음 나온 것이 아니었다. 30여 년 전인 1356년(공민왕 5) 남경 순주를 권유했던 왕사 보우普愚(1301~1382)는 연복사에 대하여 이렇게 이야기한 바 있다.

> 옛날 태조가 삼한을 하나로 귀의하게 하셨을 때 후손들에게 복을 물려주시며 불법佛法의 힘에 의지하셨습니다. 이 때문에 500개의 선종 사찰을 여시고 조도祖道를 넓히고 떨치시어 용천龍天이 그를 도우셨으며 조불祖佛이 이를 더하셨습니다. 어떤 이는 '개경은 삼양三陽의 땅인데 선禪이 하나의 근본이 되어 양陽의 덕德에 짝한다. 또 9는 삼양수가 되기 때문에 9조의 도로써 비보할 수 있다. 만약 저 9산이 공부에 참여하여 각각 무리를 이루어서 연복演福 명당의 땅에 모여서 그 도리를 펴면 하늘이 상서를 내리고 땅

이 복을 낼 것이다. 이후에 이 말과 같이 숭상하여야 한다.'라고 하였습니다. (『태고집』「태고보우행장」)

말이 좀 어려워 보이지만, 어색해서 그렇지 정리해 보면 그렇게 어렵지 않다. 태고 보우는 태조가 불법의 힘에 의지하여 500곳의 선종 사찰을 개창하였으며, 삼양수인 9에 해당하는 9산 선문이 삼양의 땅 개경을 비보한다고 한 것이다. 그리하여 연복 명당, 즉 연복사에 선종의 9산 선문이 모인다면 복을 받을 것이라는 이야기를 전하고 있다.

보우가 선문, 특히 500곳의 선종 사찰이 연복사에 모인다는 점을 거론하였던 것은 의미가 있다. 이는 담선법회談禪法會를 가리키기 때문이다. 담선법회는 특히 고려 중기에 대규모로 자주 열렸다. 담선법회를 통해 '심법心法을 찬양함으로써 적병을 물리칠 수 있다'고 당시 사람들이 믿었기 때문이다. 그런데 바로 그 점 때문에 원 간섭기에는 이것이 원을 저주하는 법회라고 알려지며 한동안 사달이 나기도 했었다. 원의 영향력에서 벗어나고자 기철 등 친원세력을 주살하였던 공민왕 5년 당시, 담선법회의 장소 연복사가 거론된 것은 상당히 의미심장한 일이었다.

연복사 중수의 또 한 가지 특징적인 점은, 이곳의 세 연못과 아홉 우물을 개착한 것이다. 이 역시 공민왕대 나온 바 있는 주장이었다. 당시 연복사 승려였던 달자達玆는 신돈辛旽(?~1371)에게 다음과 같이 건의하였다.

"절에 세 곳의 연못과 아홉 곳의 우물이 있는데, 세 곳의 연못이 맑아져서

담무갈·지장보살 현신도(보물 제1887호)
1307년(충렬왕 33)에 노영이 그린 이 그림은 당시 크게 유행한 금강산 신앙의 한 단면을 보여 주는데, 태조 왕건을 매개로 하고 있다는 점이 매우 흥미롭다. 그림 상단 오른쪽에 담무갈보살이 있고, 왼편 동그라미 안에 그를 경배하고 있는 태조가 그려져 있다. 이는 금강산 배점에서 왕건이 담무갈보살을 친견하고, 이를 기념하여 점암사를 세웠다는 전설을 표현한 것이다. 14세기 원 간섭기에도 여전했던 태조의 상징성을 잘 보여 준다. (국립중앙박물관 소장)

부소산(송악산)이 연못 가운데[池心] 비치면 군신의 마음이 바로잡아져서 [心正] 태평함에 이를 것이며, 아홉 개의 우물은 아홉 마리의 용이 있는 곳인데 막힌 지가 오래되었으니, 개착하지 않을 수 없습니다."(『고려사』 권132, 열전45 반역6 신돈전)

　　이들 연못과 우물을 개착하면 군신의 마음이 바로잡아져 태평함에 이를 것이라는 달자의 주장은 공민왕대에는 실행되지 않았지만, 공양왕대에 이르러 비로소 실행되었다. 조계종 승려였던 법예法倪가 오층탑과 세 연못, 아홉 우물이 무너진 지 오래 되었다며 이를 중수한다면 나라가 태평해질 것이라고 건의하자, 공양왕은 '기뻐하며' 조성도감을 설치하고 공사를 시작하였다. 법예의 건의에 따라 조성도감을 설치한 것이 1390년 1월이니, 서운관의 한양 순주 건의보다 먼저였지만 주변 민가를 철거하며 본격적으로 공역에 들어간 것은 여름 무렵부터였다.

　　이처럼 연복사 중수와 한양 순주는 논리적으로 서로 긴밀히 연결되어 있었다. 가까이는 공민왕대 정치를 모방하고, 멀리는 태조유훈을 현창함으로써 전통적 권위를 계승하고 싶었던 공양왕의 의지에 기반한 것이었다. 사찰의 화려한 중수나 호화로운 국왕의 순주 행렬을 보고 전통적 권위의 현현이라 생각하며 가슴 벅차했던 사람들도 꽤 있었을 것이다. 우왕 8년의 한양 순주 때에도 『고려사高麗史』에는 비판적인 사론만 실려 있지만, 이색의 시들을 보면 순주하는 국왕의 행렬을 찬양하려고 모여들었던 인파가 묘사되어 있기도 하니 말이다.

그러나 적어도 공부 좀 했다는 당대의 유신儒臣들은 이에 동의하기 힘들었다. 이는 이성계파냐 정몽주파냐의 문제가 아니었다. 한창 연복사 중수 공사가 시작될 무렵 윤회종과 강회백은 연복사 중수와 한양 순주를 비판하는 글을 올렸다. 윤소종의 형인 윤회종이 대표적인 이성계파였다면, 강회백은 마지막까지 조준과 정도전을 공격하였던 대표적인 정몽주파였다. 더구나 강회백은 공양왕과 인척 관계에 있는 사람이었다. 그러나 정파를 떠나서 성리학을 공부한 이들로서는 결코 수용할 수 없는 지점이 있었던 것이다. 분명히 나와 있지는 않지만 강회백의 상소로 볼 때, 정몽주 역시 연복사 중수나 한양 순주에 대해 딱히 찬성하였던 것으로 보이지는 않는다. 공양왕 또한 정몽주의 편을 들지 않았다. 그는 정몽주의 의견에 따라 이색 등을 사면하기는 하였으나, 이후 대간과 도당의 탄핵이 계속되자 정몽주의 반대에도 불구하고 이들을 다시 유배시켰다. 공양왕과 정몽주는 한 배를 타기는 하였으나, 완벽히 같은 방향으로 노를 젓고 있지는 않았다.

간관이었던 정습인鄭習仁 같은 인물도 흥미롭다. 공양왕이 한양에서 개경으로 돌아올 때 좋은 날짜를 따지며 개경으로 들어가는 일정을 늦추자 정습인은 그런 것을 따지지 말고 얼른 개경으로 돌아가자고 건의하였다. 공양왕은 그의 건의에 상당히 불쾌해하며, "너는 재상이 추천한 것이 아니다." 하고 하입하였디. 한 마디로 너는 내가 꽂아 준 것인데 왜 내 뜻도 모르고 쓸 데 없는 소리를 하느냐는 면박이었다. 그러나 누가 꽂았건 말건 정습인은 원래 그런 주술적 행위를 반대하던 인물이었다. 정습인은 공민왕대 신돈 집권기에 영주 수령으로 갔을 때, 그 지역에서 모시던 소재도消災圖에 제례 올리는 것을 음사라 하여 거부하였다가 파면당한 적이 있었다. 공양왕대 정습인은 뚜렷이 누구 계파라고 할 만한 활동을 보이지 않았고, 아마도 이 점이 공양왕이 그를 간관에 두었던 이유였을 것이다. 그럼에도 유신의 소양을 갖춘 그로서는 국왕의 행위에 대해 동의할 수 없는 지점이 있었던 것이다. 이것이 바로 당시 제대로 공부 좀 했다면 당연히 갖출 수밖에 없었던 지적 소양이자 시대정신이었다. 그런 점에서 공양왕의 시도는 한껏 시대착오적이었다.

구언교서, 무너지는 선왕성헌

1391년 2월, 공양왕이 한양에서 돌아온 후 얼마 동안은 일종의 소강국면이었다. 휘황찬란한 생일잔치로 왕권을 한껏 과시한 공양왕, 집중된 군권을 틀어쥔 이성계, 그리고 작금의 사태를 무신 집권기에 비교하며 이성계를 경계하던 관료들의 구심점인 정몽주, 세 사람 사이의 추는 아직 어느 한쪽으로 완벽히 기울어지지 않았다.

    정치적 긴장과는 별개로 2월부터 4월은 백성들에게 매우 중요한 계절이다. 밭갈이를 비롯하여 한 해 농사가 시작되는 이 시기의 기후에 따라 일 년이 좌우되기 때문이다. 그런데 이 해의 봄철은 가뭄이 계속되며 기후가 좋지 않았다. 거기에 십여 일 동안 혜성이 보이는 등 불길한 징조도 있었다. 이에 공양왕은 자신의 정치가 어떠한 잘못이 있기 때문에 하늘이 견책하는 것이 아니냐며 다음과 같은 교서를 내렸다.

나의 덕이 닦아지지 않아서 상제의 마음에 합하지 못한 것인가.

정치에 결함이 있어서 공론에 맞지 못하는 것인가.

형벌과 상에 정당하지 못함이 있는가.

혹 사사로운 정에 따라서 사람을 임용하였는가.

아랫사람의 실제 상황이 상달되지 못하여 원통하고 억울한 것이 펴지지 못한 것이 있는가.

민폐가 다 제거되지 못하고 재력이 낭비되는 것이 있는가.

특이한 재주를 가지고서도 등용되지 않은 자가 누구며, 참소하고 아첨하는 무리로서 물러나지 않은 자는 누구인가. …… (『고려사』 권46, 세가 46 공양왕 3년 4월 계미)

재변을 맞이하여 내리는 다른 구언교서들과 비교할 때 특별한 점은 별로 없다. 대체로 국왕들은 늘 이런 지점들을 가지고 자기 정치를 반성하는 교서들을 내리곤 하기 때문이다. 그러나 이 국면에서 다른 무엇보다도 형벌과 상, 재주를 가지고도 등용되지 않은 자 등을 언급하였다는 것은 이색, 우현보 등을 완전히 사면하여 재등용하려는 기회로 삼으려고 하였을 가능성도 있다. 문제는 이 무렵에 거창한 규모의 연복사 중수가 한창이었다는 점이다. 아니나 다를까 공양왕이 스스로 언급한 '재력의 낭비'가 바로 이 공사가 아니냐는 비판이 터져 나왔다. 성균대사성 김자수金子粹(?~1413)의 상소가 대표적이었는데, 다만 그의 비판 수위는 그다지 높지 않았다.

"어찌 꼭 불법을 높이 받들어서 탑과 절을 크게 일으킨 후에야 국가의 복이 장구하게 되겠습니까. 하물며, '신라와 같이 절을 많이 지어서 멸망하는 데 이르지 말라.' 하신 신성神聖(태조)의 유훈을 어길 수 있겠습니까."(『고려사절요』 권35, 공양왕 3년 5월)

불법을 높이 받든다고 해서 국가의 복이 장구하게 되겠는가? 더구나 태조가 유훈으로 절을 너무 많이 짓지 말라고 하지 않았느냐는 김자수의 상서는 이전에도 고려 정치 사회에서 자주 나오던 논리였다. 고려가 불교는 물론 그 의례도 매우 중시하기는 했지만 정치 현장에서는 '그것이 지나치면 안 된다'는 정도의 공감대는 있었던 것이다.

평범하게 흘러가는 듯했던 구언교서 국면은, 정도전이 비장의 수를 던지면서 급변했다. 그는 공양왕이 구언교서에서 꼽은 여덟 가지 경우를 하나하나 짚어 가며 그의 잘못을 통박했다. 그중에서도 정도전이 핵심으로 삼은 부분은 형벌과 상, 임용 문제 등이 제대로 행해졌는가와 재력을 낭비하였는지의 여부였다. 전자는 우·창왕의 당을 제대로 처리해야 한다는 것을 의미했고, 후자는 바로 연복사 중수와 각종 도량, 별기은, 초제 등의 문제를 가리키는 것이었다. 위화도 회군 이후 정도전이 이처럼 공개적으로 전면에 나선 것은 처음이었다. 그만큼 정도전은 회심의 수를 던진 셈이었다.

정도전이 꼽은 우·창왕의 당은 왕씨가 아닌 우왕과 창왕을 즉위시킨 죄가 있다는 이색과 우현보 등이었다. 그는 당唐 중종中宗과 무삼사武三

思의 사례를 들었다. 오왕五王이 무삼사를 구제했으나, 이후 무삼사가 계속 오왕을 참소하자 중종이 오왕을 죽였는데, 결국은 중종 자신이 무삼사에게 변을 당했다는 이야기였다. 다시 말하자면, 악의 씨앗인 이색과 우현보 등을 남겨둔다면 사직 안정에 큰 공이 있는 공신들(이성계 등)이 해를 입을 것이며, 결국 공양왕 당신도 무사하지 못할 것이라는 경고였다. 상당히 위협적인 언사였기 때문에 공양왕은 '기뻐하지 않았다'고 사료에 나온다. 옛 사람들의 '기뻐하지 않았다'는 꽤 화가 났다는 의미이다. 이에 정도전은 사직으로 대응하였다.

　남은南誾(1354~1398)의 상소는 한결 더 과격한 언사로 차 있었다. 그는 신하들이 이미 직언을 많이 했는데도 임금이 결단을 하지 않으면서 이런 식으로 구언교서를 내리며 직언을 요구하는 것은, "마음속으로는 욕심이 많으면서도 밖으로만 인의를 베풀려고 하는 것"이라고 하였다. 국왕에게 대놓고 위선자라며 욕한 셈이었다.

　험악한 분위기 속에 말 많던 연복사 중수 공사가 중단되었다. 그러자 이제 연복사 공사를 계속해야 한다는 상소들이 올라오기 시작하였다. 글을 올린 이들이 당시 현직에 있던 이들이 아닌, 전임자들이었다는 점을 볼 때 여러 모로 공양왕의 사주를 받은 친위 상소였을 가능성이 컸다. 그 중에서도 김전金㻇의 상소는 매우 자극적이었다.

"태조께서 나라를 처음 세우실 때 산수의 순함과 거슬림을 보고, 지맥이 계속되고 끊긴 것을 살펴서 절을 세우고 불상을 만들며, 백성과 토지를 주어 복을 빌고 재앙을 물리치게 하였으니, 이것이 삼한 왕업의 근본입니다. …… 지금 식견이 얕은 광망한 선비들이 삼한의 대체大體를 생각하지 않고, 한갓 절을 부수고 중을 내쫓는 것만으로 마음을 먹고 있으니, 아아, 성조聖祖(태조)가 창업한 깊은 지혜가 천박한 선비의 계책만 못하겠습니까. 삼가 바라옵건대, 주상께서 위로 성조의 큰 바람을 받들어 절을 다시 짓고 토지를 더 주어 불교를 일으키소서."(『고려사절요』 권35, 공양왕 3년 6월)

태조가 불교와 풍수에 의지하여 삼한을 통합하는 왕업을 이룩하였으니 이것이야말로 지켜야 할 가치인데, 어리석고 천박한 선비들이 뭣도 모르고 날뛴다는 내용의 상소였다. 이후 김전에게는 부처와 국왕에게 아첨한다는 탄핵이 더해졌다.

6월 이후에는 정도전이 노렸던 대로 가열차게 논쟁이 진행되었다. 사헌부에서는 이색, 왕안덕王安德(?~1392), 이종학李種學(1361~1392) 등에 대해 탄핵을 거듭했고, 몇 달 전 한양 순주를 계기로 사면된 이들은 다시금 이곳저곳으로 유배를 가게 되었다. 성균관의 유생들은 격렬한 척불 상소를 올리며 연복사 공역과 공양왕을 공격하였다. 사헌부와 성균관의 두 방향으로 공세가 계속된 것이다. 격렬함은 어느 쪽도 덜하지 않았다. 특히 척불 상소는 고려의 중요한 정치적 상징인 태조를 배척하는 데까지 이르렀다. 대표적인 것이 성균박사 김초金貂의 상소였다. 김초의 상소 자체는 5월, 즉 연복사 공역을 중지하기 전에 나왔는데, 그에 대한 처벌 문제가 불거지면서 6월 정탁鄭擢(1363~1423)의 상소와 7월 정몽주의 개입까지

개성 성균관의 모습
고려 시기의 교육기관은 여러 차례 그 명칭과 위치가 바뀌었는데, 고려 말 치열한 논쟁이 벌어진 장소는 1367년(공민왕 16) 신돈 집권기에 숭문관 터에 새로 건설한 성균관이었다. 현재 남아 있는 건물은 조선 시기에 중창된 것이며, 지금은 고려박물관으로 사용되고 있다.
공민왕은 성균관을 새로 건설하고 4서5경재四書五經齋를 만들었으며, 이색을 대사성에, 김구용·정몽주·이숭인·박상충·박의중 등의 유학자들은 학관學官을 겸하게 하며 성균관을 강화하였다. 이때 이색이 학교 규칙을 만들어서 매일 명륜당에서 수업하였고, 강의가 끝나면 서로 토론을 하느라 지루할 틈이 없었다고 한다. 분위기가 이렇게 좋다 보니 배우려는 자들이 날로 모여들어서 서로 많은 자극을 주었다. 이때의 성균관 중창은 성리학이 자리를 잡고 조선의 개국 이데올로그들이 성장한 주요한 계기로 꼽힌다. (조선고적도보 사진)

이어졌다는 점에서 주목할 필요가 있다. 그의 상소가 문제적이었던 이유는 '선왕의 법'을 '감히' 가감할 수 있다는 주장을 펼쳤기 때문이었다.

"전하께서 중흥하였으니, 비록 선왕의 법이라도 이를 줄이기도 하고 늘이기도 할 수 있는 것인데, 하물며 이 세상을 그르치는 큰 괴이한 것을 더욱

좋아하면서 이를 물리치지 않아서야 되겠습니까."(『고려사절요』 권35, 공양왕 3년 5월)

'선왕의 법'을 가감할 수 있다는 그의 주장은 '선왕의 법'이라 지칭되는 공민왕과 태조의 전통적 권위를 가감할 수 있다는, 즉 경우에 따라서는 폐기할 수도 있다는 의미였다. 이는 선왕의 전통적 권위를 부인하는 함의를 가진, 매우 과격한 주장이었다. 공양왕은 이 주장에 발끈하긴 하였으나, 처음에는 무엇을 트집 잡을 수 있을지 파악하지는 못하였다. 그래서 난감해하던 공양왕에게 처벌의 명분을 제공한 인물이 이첨李詹(1345~1405)이었다. 그는 문제의 구언교서 초안을 잡기도 했던, 공양왕 측의 인물이었다.

> 왕이 김초가 불교를 훼방한 것에 노하여 그를 죽이고자 하였으나 죄명을 찾아내지 못하였다. 좌대언 이첨이 아뢰기를, "우리 태조 이후로 대대로 불법을 숭상하고 믿었는데, 지금 김초가 이를 배척하니 이는 선왕성전先王成典을 깨뜨리는 것입니다. 이것을 가지고 벌을 준다면 죄명이 없다고 걱정할 필요가 없습니다."라고 하니 왕이 옳게 여겼다. (『고려사절요』 권35, 공양왕 3년 5월)

위의 글을 보면 김초가 단지 불교를 훼방한 것이라면 그것만으로는 죄를 줄 명분이 되지 못한다는 사실을 알 수 있다. 고려 사회에서 불교는 분명 중요한 위상을 차지하고 있었지만 정치 차원에서의 행동반경은 분명한 한계가 있었던 것이다. 김초가 처벌될 수 있었던 명분은 배불이 아니라 바로 태조로 위시되는 선왕성전을 깨뜨렸다는 점, 즉 태조유훈의 권위를 무너뜨렸다는 점이었다.

김초가 처벌받을 위기에 처하자, 이제 병조좌랑 정탁이 그를 옹호하며 더욱 과격한 논리를 펼쳤다.

"김초가 이단을 배척하여 말을 다하여 숨기지 않았는데 주상께서 선왕성전을 깨뜨렸다고 하여 극형에 처하려고 하니, 신은 전하를 위하여 이를 안타깝게 생각합니다.『서경』에, '선왕성헌을 본보기로 삼아 영구히 허물이 없게 한다.' 하였으니, 이른바 선왕의 성헌이란 것은 삼강오륜에 지나지 않습니다. 그런데 불교는 모두 이를 어겼으니, 김초가 선왕성전을 깨뜨린 것이 아니라, 곧 주상께서 스스로 이를 깨뜨린 것입니다."(『고려사절요』권35, 공양왕 3년 7월)

정탁은『서경』을 거론하며 선왕성헌의 의미를 아예 바꾸었다. 그는 선왕성헌이란 삼강오륜에 지나지 않는다고 함으로써 유교적인 선왕, 즉 삼대三代의 이상적인 군주만이 선왕으로 거론될 수 있다고 하였다. 이는 고려 선왕의 말씀 정도는 '선왕성헌'이 될 수 없다는 주장을 내포한 것으로서 고려 왕권의 전통적인 권위를 아예 부정하는 것이었다. 뿐만 아니라, 삼강오륜과 같은 보편 가치를 훼손한 것은 다름 아닌 공양왕이라는,

매우 극단적인 내용이었다. 이 상소는 너무 극렬하여 대언(조선의 승지에 해당하는 관직)들이 공양왕에게 감히 올리지도 못하였다.

　태조 왕건의 전통적 권위를 무시한 정탁의 상소는 이 시기 여러 상소 중에 가장 과격한 논리를 보여 준다. 심지어 정도전조차도 고려의 왕권은 태조가 세운 것이기 때문에 현 국왕 한 사람이 좌우할 수 있는 것이 아니라고 할 뿐이었지, 태조의 권위 자체는 건드리지 않았다. 뒤에서 다시 보겠지만 성균관의 분열을 가져온 박초朴礎(1367~1454)의 격렬한 상소 같은 경우에도 태조를 재해석하려고 하였지, 태조를 무의미하다고 보지는 않았다. 그러나 김초나 정탁에 이르러 태조와 태조유훈은 무의미하며 얼마든지 조정할 수 있고 심지어는 폐기할 수 있다고까지 이야기되었다. 이 논쟁이 지속된다면 태조유훈에 대해 따지고 들 수밖에 없었다. 논쟁은 존재 그 자체로 문제적이었는데, 권위란 일단 논란이 붙게 되면 승패 여부와 상관없이 손상될 수밖에 없기 때문이다.

　사태는 정몽주에 의해 다시금 정리되었다. 그는 김초 상소의 함의를 배불론으로 축소하고, 언로를 막아서는 안 된다는 논리로 처벌을 감하였다. 이로써 성균관 내 정도전파의 움직임을 제어하고 태조의 권위에 대해 더 심한 이야기가 나오지 못하게 하였다. 한편 사헌부와 도평의사사 등에서 계속된 이색과 우현보 등의 탄핵에 대해서는, 잘잘못을 여기서 가리고 나시는 논란을 벌이지 말자고 다잡았다. 그러나 정도전이 그대로 사헌부 뒤에 버티고 있다면 정몽주의 뜻대로 해결될 리 없었다. 이를 잘 아는 정몽주는 곧 사헌부의 관원인 박자량朴子良 등이 정도전의 지휘를 받았

개성 선죽교와 표충비
정몽주가 격살을 당한 장소는 원래 그의 집 근처였으며, 선죽교는 그 인근의 다리였다. 15세기까지만 해도 선죽교에 대한 특별한 언급이 없었으나 16세기 후반부터 이곳이 정몽주가 격살당한 장소로 언급되기 시작하였다. 이는 1740년(영조 16) 영조가 개성에 행차하여 정몽주의 절의를 기념하는 표충비를 세우면서 절정에 다다랐다. (저자 사진)

다며 역공세를 펼쳐 정도전을 봉화로 귀향 가게 했고, 이후 우·창왕의 즉위 등과 관련된 인물들에 대해 논의에 들어갔다. 그 결과 모든 잘못은 이미 죽은 조민수와 변안렬 등의 죄로 규정되었고 나머지는 가벼운 유배 정도로 그쳤으며, 앞으로 이 일을 논핵하지 못하게 하였다. 프레임의 대전환, 그리고 이제 역공이 시작되었다.

이제 정도전에 대한 탄핵은 점점 더 격렬해졌다. 정도전은 본향인 봉화에서 한참이나 먼 나주로 유배를 가게 되었다. 그의 아들도 모두 서인으로 강등되었다. 그에 대해 '가풍이 부정하다'는 인신공격이 공개적으로 나오기 시작한 것도 이때부터였다. 우현보를 공격한 정도전의 행동을 개인적 콤플렉스로 치환한 것이다. 한때 정도전보다 더 과격한 상소를 올렸던 남은도 어찌 구원할 수가 없어 병을 핑계로 사직하였다.

11월에는 정도전 등이 열심히 탄핵했던 관련자들이 모두 복직되었다. 12월에는 명에서 사신이 도착했는데, 사신이 가져온 조서에는 양국의 평화로운 상황을 언급하며 국왕이 된 왕씨의 후손이 정치를 잘 하고 있는지 보러 왔다고 하였다. 당시 공양왕의 세자가 9월에 명에 사신으로 가서 사행을 성공적으로 마무리하고 이듬해 3월에 돌아왔는데, 이 조서와 함께 묶어 생각해 보면 명과 고려의 관계도 일단은 안정적인 상황에 접어들었음을 알 수 있다. 모든 상황은 공양왕과 정몽주의 뜻대로 정리되는 듯하였다. 금상첨화로 1392년 3월, 귀횐히는 왕세자를 마중 나갔던 이성계가 해주에서 사냥을 하다 말에서 떨어져 부상을 입었다. 군권이라는 물리력까지 약화된 이 절호의 기회에 정도전, 남은, 조준 등에 대한 논핵이 격렬해졌고 이들은 완전히 수세에 몰렸다. 이 위기를 돌파한 것은 훗날 태종으로 즉위하게 되는 이방원李芳遠(1367~1422)의 판단, 즉 정몽주를 죽이는 것이었다.

정몽주의 살해는 위화도 회군 이후 진행된 여러 과정의 파국적 결말이었다. 회군이라는 쿠데타를 통해 일거에 정국을 뒤집기는 했지만, 그 이후 모든 과정은 형식상으로나마 최대한 각자가 명분을 만들고 이를 바탕으로 대간의 탄핵 같은 과정을 거쳐 절차적 정당성을 준수하는 방식으로 행해졌다. 물리적 힘의 억지스러운 강압보다는 정치적 정당성을 확보함으로써 지지의 논리와 세력을 구축하는 과정이었던 것이다. 그만큼 이 시기 고려는 좋은 목적만큼이나 바른 수단을 중시해야 한다는 압박이 강한 사회였다. 그러나 이 모든 과정은 결국 이방원의 정몽주 살해로 마감되었고, 이는 이후 조선 건국자들의 원죄가 될 수밖에 없었다. 한편 이 사건은 이방원이라는 인물의 성격도 잘 드러낸다. 그는 목적을 달성하기 위해서는 얼마든지 나쁜 수단을 쓸 수 있는 인물이었다. 그것이 이후 태종이 행할 정치의 성과이자 한계였다.

비록 정몽주의 살해라는 파국을 겪긴 하였으나, 이후 이성계의 즉위는 다시 절차적 명분을 되찾는 모습으로 재빨리 되돌아왔다. 공민왕비였던 정비定妃의 교서로 공양왕을 폐위하고 옥새를 회수하여, 52명의 신하들이 이성계의 집으로 몰려가 추대를 하는 완벽한 형식. 이로써 1389년 말부터 1392년 여름까지, 약 2년 반이라는 짧은 기간에 숨 가쁘게 벌어진 대결이 마감되었다.

왕건의 재해석

마지막으로 이 시기의 치열했던 이데올로기 투쟁의 또 다른 전략을 살펴보자. 이념 투쟁을 위한 가장 기초적인 방법은 상대방의 논리가 틀렸다고 비판하는 것이다. 김초나 정탁의 방법이 이에 해당할 것이다. 그런데 이보다 좀 더 정교한 방법이 하나 있다. 바로 대상 이념의 핵심 용어들을 조작하는 것이다.

정치사상사가인 퀜틴 스키너는 정치에서 행해지는 언어가 단순히 기술하는 데 그치는 것이 아니라 가치를 의미하는 일련의 단어들을 포함한다고 보았다. 예를 들어 현대 우리 사회에서 자주 사용하는 '객관적', '합리적', '민주적' 같은 단어와 '주관적', '비이성적', '독단적' 같은 단어들을 생각해 보면 된다. 이러한 단어들에는 이미 가치 평가가 내재되어 있다. 그렇기 때문에 스키너는 어떤 사회가 자신의 도덕적 정체를 확립하거나 변경할 때에는 이러한 범주의 용어들을 조작함으로써 가능하다고 이야기한다. 이데올로기가 바탕을 하고 있는 용어의 내용이 변화하고 그것이 관습화된다면 '사회적 인식과 의식'에 변화가 있게 되고, 그 내용이 성공적으로 수정된다면 '사회적 가치와 태도'에 변화가 있게 된다.

좀 더 이해하기 쉽게 근래의 사례를 하나 들어 보겠다. 몇 년 전 아이돌 그룹 멤버 중 한 명이 일베에서 사용되는 개념대로 '민주화'라는 용어를 라디오에서 사용했다가 난리가 난 적이 있었다. 당시 일베에서는 '민주화'를 '아무 데나 쓸데없이 반대한다'라든가, '개개인의 개성을 무시한다'는 등의 개념으로 사용하였는데, 이 멤버는 자신들 그룹에서는 그런 '(개성을 무시하는) 민주화'는 하지 않는다고 이야기한 것이다. 당시 이 사달을 보면서 매우 섬뜩한 느낌을 받았다. 우리 사회에서 '민주'란 늘 '타는 목마름으로' 애타게 외치던 최고의 사회적 가치 중 하나가 아니었던가? 이제 이 용어를 뒤틀어 버림으로써 용어에 담긴 가치를 조롱하며 민주적이지 않은 권력이 자리 잡으려는 것인가 하는 걱정 때문이었다. 당시 이러한 용어의 조작이 일관된 기획 아래 이루어진 것인지, 자연발생적인 우연들이 겹쳐 일어난 것인지는 모르겠다. 여하간 적어도 이 용어의 조작은 성공하지 못하였다.

스키너의 분석은 바로 이 시기, 고려 말의 상황에도 적절하게 사용될 수 있다. 연복사 중수에 대한 비판이 거셌던 1391년 5월~6월로 돌아가 보자. 이 시기 연복사 중수에 대한 비판은 김초나 정탁처럼 태조유훈의 권위를 무시하는 방식 외에 태조를 재해석하자는 방향으로도 활발하게 전개되었다. 태조를 재해석하자는 후자의 논리는 바로 이 시기 이데올로기 전환의 한 전략으로 볼 수 있다. 태조유훈이라는 강력한 정치적 상징을 돌파하여 새로운 가치에 기반한 정치체를 구성하고자 한 당대의 유신들은 태조와 태조유훈의 성격을 재해석하고자 하였던 것이다. 그 대표적인 사례가 성균생원 박초의 상소였다.

박초는 우선 보편의 가치로서 인륜을 제시하고, 불교가 인륜을 훼손하고 있으므로 이를 따라서는 안 된다고 하였다. 그러면서 태조의 원래 의지는 유교를 중심으로 하려고 하였던 것이라며 태사 최응崔凝(898~932)과 태조의 대화를 다음과 같이 인용하였다.

> 우리 태조가 삼한을 통일한 후 오랫동안 쌓인 폐단을 깊이 징계하여, 뒷 세대의 군신들에게 사사로이 원찰을 세우는 일을 금하였습니다. 이에 태사 최응이 불교의 법을 제거하기를 청하니, 태조가 "신라 말기에 불교의 설이 사람들의 뼛속 깊이 들어갔으므로, 사람마다 죽고 사는 것과 화를 주고 복을 받는 것이 모두 부처가 하는 것이라고 여긴다. 지금 삼한이 막 통일되었으므로 인심이 안정되지 않았는데, 갑자기 불교를 개혁한다면 반드시 해괴하다는 생각을 가질 것이다."라고 하였다. 그러면서 이에 훈요를 지어, "신라가 불사를 많이 만들어 멸망에 이른 것을 거울로 삼을 것이다."라고 하였으니, 그렇다면 태조가 뒷세상에 훈계를 전한 뜻이 지극히 깊고 간절합니다. 역대의 군신이 성조(태조)께서 남겨 주신 뜻을 체득하지 못하여, 구습을 따르고 구차하게 미몽하여 절을 짓고 탑을 세우는 일이 어느 대에도 없는 때가 없었으며, 지금까지 이르게 되어 그 폐해가 더욱 심하였으니, 인심과 세도를 위하여 생각하는 사람이 가슴 아프게 생각하지 않겠습니

까. (『고려사절요』 권35, 공양왕 3년 6월)

    요약하자면 태조는 원래 유교를 중심으로 나라를 운영하고 싶었으나, 당대 현실이 뒷받침되지 못했을 뿐이므로 후대 임금들은 태조의 원뜻을 계승해야 마땅할 것인데 오히려 그러지 못하고 있다는 지적이다. 여기서 훈요 2조는 불교를 통제해야 한다는 의미로 배치되었다.

    이러한 박초의 주장은 1390년(공양왕 2) 승려 찬영粲英(1328~1390)을 왕사로 맞이하려는 것을 반대하며 윤소종이 올린 상소와 유사하다. 당시 그가 올린 상소 역시 삼강오륜만이 천하와 나라의 근본이라 하여 인륜이라는 가치가 보편적임을 주장하고, 인륜을 저버리는 불교를 비판하며 스승으로 삼을 수 있는 것은 유교뿐이라고 역설하였다. 윤소종도 이 주장을 뒷받침하기 위해 박초와 똑같이 최응과 태조의 대화를 인용하였다.

    박초나 윤소종의 인용만을 보면 최응과 태조의 대화는 분명 유교를 중심으로 하고 싶었는데 형편상 어쩔 수 없었던 것이 태조의 입장인 것처럼 보인다. 그런데 이 대화가 정말 원래부터 그러한 맥락을 갖고 있었던 것일까?

    최응과 태조의 대화는 최자崔滋(1188~1260)의 『보한집補閑集』에 처음으로 실렸다. 그런데 공양왕대 여러 유신들이 인용한 일부분이 아니라, 전체 내용과 그 글이 배치된 맥락을 살펴보면 이 글은 전혀 다르게 읽힐 수 있다.

태조가 건국을 위한 전쟁의 과정에서 음양과 불교에 마음을 쓰자 참모 최응이 간하였다. "좌전左傳에 말하기를 어지러운 때를 당하여서는 문덕文德을 닦아 인심을 얻는다고 하였습니다. 왕이 된 자는 전쟁의 때를 당하여서도 반드시 문덕을 닦아야 하며 불교와 음양에 의거하여 천하를 얻는다는 것은 들어 보지 못하였습니다."

태조는 "이 말을 짐이 어찌 모르겠는가. 그러나 우리나라의 산수는 영험하고 기이하며 황량하고 궁벽한 곳에 있어서 토성土性이 부처와 신神을 좋아하여 그들에 복을 빌고자 한다. 지금 전쟁이 그치지 않고 안위가 결정되지 않아서 (사람들이) 아침저녁으로 두려워하며 어찌할 바를 모르니 단지 부처와 신의 은밀한 도움과 산수의 영험한 보응을 빌어 조금이라도 편안하기를 도모할 뿐이다. 어찌 이것으로 나라를 다스리고 백성을 편안케 하는 원칙을 삼겠는가. 어지러움이 가라앉기를 기다려 편안해지면 풍속을 고치고 교화를 아름답게 하겠다."고 대답하였다. (『보한집』 권상)

우선 원 글은 두 가지 점에서 박초의 인용과 차이점을 지닌다. 먼저 첫머리에서 태조가 불교와 음양에 마음을 쓰기 때문에 최응이 불교와 음양을 제거하자는 얘기를 했다는 점이고, 둘째로는 어찌되었든 현재는 불교와 음양을 중시하지 않을 수 없다는 태조의 답변이 길게 이어진다는 점이다. 박초의 이야기는 태조가 불교 사찰 세우는 것을 금지했다는 이야기로 시작하며 최응의 건의를 언급하기 때문에 마치 태조도 최응의 의견에 동의하는 것처럼 보인다. 그러나 원 글대로 본다면, 태조는 원래 불교와 음양을 매우 존중했으며 최응의 비판에도 그의 결론은 변하지 않은 셈이 된다.

이 글이 배치된 맥락 역시 주목할 필요가 있다. 『보한집』은 무신 집권기에 편찬되어 간행되었다. 간행 당시 손변孫抃(?~1251)은 태조가 지었다는 이 글을 보여 주며 실으라고 명하였다. 최자가 이를 반대하자, 손변은 "유신이 되어 성훈聖訓을 싣는 것을 사양함이 옳은가"라며 강력한 압력을 넣어, 『보한집』에서도 상권 제일 첫머리에 싣게 되었다.

책 첫머리에 최응과 태조의 대화가 나오고, 바로 이어지는 글이 산천과 부처에 대한 신앙을 강렬하게 표현한 태조의 「개태사화엄법회소」이다. 이러한 점들을 종합해 보면 『보한집』 수록 당시 이 글의 역할은 유교를 존중하는 것이 태조의 원 뜻임을 이야기하는 것이 아닌, 난세의 시국(마치 무신 집권기 같은 시기)에는 음양과 불교를 존중하지 않을 수 없다는 점에 방점이 있다고 보아야 할 것이다. 가만 보면 손변이 우겨서 집어넣은 과정도 매우 수상쩍어서, 어쩌면 최응과 태조의 대화 자체가 이 시기의 조작이었을 가능성도 무시할 수 없다. 최자가 괜히 처음에 거부했을까. 여하간 이 글은 유교적인 통치방식이 아니라 풍수 같은 신비적인 방식이나 거창한 불사를 동원했던 무신 집정자들을 정당화하려는 것이라고 보는 편이 설득력 있을 것이다.

그런데 공양왕대의 유학자들은 이 글을 인용하면서도 그 맥락을 바꾸고 훈요 제2조와 결합시키면서 태조의 원 뜻이 불교 숭상에 있지 않았다고 주장하였다. '태조는 원래 유교를 국정 운영의 중심 이념으로 삼으려고 했다'는 『보한집』에 대한 새로운 해석과 '신라 말에 지나치게 절을 많이 지어 나라가 망했다'는 훈요 2조의 결합은 이데올로기 전환을 위한 효과적인 방법이었다.

이러한 '조작'은 자신들의 주장을 강화시킬 수 있었다. 태조가 불교와 풍수를 믿었던 군주가 아니며, 창업이 불교나 풍수로 이루어진 것이 아니라는 주장은 이 시기 많은 유학자들이 노력하였던 부분이다. 아래 글에 나오는 성균관 학생 김구령金久齡 같은 이도 마찬가지였다.

> 태학생 김구령의 저서가 불교의 해로움을 극력히 논하고 반복하여 뜻에 이름이 지극히 깊고 간절하다. (그는) 성조(태조)가 흥성한 것에 대해서는 하늘과 인심에 순응하여 이른 것이지, 도선의 도참으로 말미암은 것이 아니라고 하였다. 성조가 덕을 발휘하여 삼한의 의혹을 떨쳐버렸으며, 우리 도道를 높이고 사특한 설을 물리쳤으니, 깊이 세상을 가르침에 보탬이 된다. (『쌍매당선생협장문집』 권25, 발류 제김구령서후)

김구령은 박초와 같은 논리로 불교 및 풍수와 태조 사이의 연결을 해체하며 불교와 풍수를 비판하였다. 이를 위해 태조는 최대한 '유교적 현군'으로 묘사되었다. 이 연결고리가 해체되지 않는 한 고려 사회에서 불교나 풍수에 대한 신정한 비판이나 패퇴는 불가능하였기 때문이다.

스키너는 이데올로기적 관습들을 '확대'하여 궁극적으로 변화시키려 할 때 기존의 이데올로기나 정치 언어들을 무한히 조작할 수는 없다고 보았다. 오히려 이데올로기의 어떤 부분은 그대로 굳게 붙들어 맨 채 다른 부분만을 바꾸거나 관습에 호소하고, 따라서 이를 더욱 강화함으로써 이데올로기적 변화를 시도하게 된다고 보았다.

이러한 방법론에 비추어 본다면 고려 말에는 '태조유훈', '선왕성전' 등에 담겨 있는 용어의 내용을 변화시키려는 시도들이 행해졌다고 할 수 있을 것이다. 고려 말 유신들은 논쟁을 통해 훈요의 한 부분(제2조)을 고정시킴으로써 고려의 익숙한 관습에 호소하면서도 최응과 태조의 대화를 이용하여 그 맥락을 변개하고 태조유훈의 의미를 바꾸었다. 이는 이데올로기를 변화시키기 위해 한 걸음 나아갈 수 있게 하는 중요한 디딤돌이었다. 당대 유신들의 이러한 전략은 비단 최응과 태조의 대화뿐만 아니라 다른 부분에서도 볼 수 있는데, 이는 경복궁을 이야기하며 다시 다루겠다.

고려 말 이러한 전략을 통해 이데올로기 전환을 꾀하였다는 점은 매우 의미가 깊다. 역대로 정치적 위기 때마다 고려의 국왕들은 유신惟新을 다짐하며 태조유훈을 복기하였다. 그 행위가 허무맹랑하고 주술적이라 하더라도 태조의 권위를 인정하는 한 태조유훈을 넘어서는 것은 불가능하였다. 저 대단한 태조가 남긴 유훈에 따라 별경과 이궁을 건설하겠다는데, 어떻게 근본적인 비판을 할 수 있겠는가? 그랬기 때문에 인종대 묘청의 난을 극복한 후에도 주술적 행위들은 단절되지 않았고, 무신 집권기에는 오히려 훨씬 더 퇴행적으로 주술적 행위에 의존했다.

그러나 원 간섭기의 굴욕은 한편으로 새로운 기회가 되었다. 이 시기 고려 국왕은 몽골의 부마가 되었고, 원의 수도에서 중국의 지식인층과 교유하다가 '너네 건국 설화는 좀 이상한데?' 같은 반응을 접하는 수모(?)를 당하기도 하였다. 이러한 상황으로 태조의 권위에 균열의 여지가 생기자 이제 신성한 태조 왕건의 혈연이라는 권위만으로는 왕권을 정당화할 수 없었다. 그러한 한계를 돌파할 수 있는 철학이 필요하였고, 고려의 지식인들은 성리학에서 그것을 발견하였다. 성리학은 불교가 차지하고 있었던 내면의 수신부터 풍수로 대변되는 자연 관념까지를 포괄하여, 법칙적인 자연에 근거한 인간의 윤리성이라는 틀을 제시할 수 있는 정치철학이었다. 고려 말 지식인들이 성리학에 몰두하였던 것은 그만큼 당대의 시대적 요청에 절실하게 부합하는 철학이었기 때문이다. 이것을 성리학이 원나라 관학이라는 권위 때문이라고 오해해서는 안 된다.

이렇듯 폭발적인 이슈였던 연복사 공사는 어떻게 되었을까? 구언교서에 뒤이은 비판 상소로 5월 잠시 중단되었던 연복사 중수 작업은 6월에 재개되었다. 이듬해인 1392년에는 대체적인 구조공사까지 거의 다 마무리되었다. 연복사 공사를 재개했다는 기사에는 다음과 같은 사론이 붙어 있다.

> (공양왕은) 여러 신하의 간하는 말을 듣고 이를(연복사 공역을) 그만두라고 명하였다가, 불교의 설에 혹하여 곧 이를 다시 하였다. 간언을 거절했다는 비판은 생각지도 않고 올지 안 올지도 모르는 복을 구하고자 하였으나, 탑묘가 이루어지자마자 천명이 이미 떠나갔으니, 애석하다. (『고려사절요』 권35, 공양왕 3년 6월)

공양왕의 무리한 연복사 중수가 천명이 옮겨지는 계기였다는 냉정한 평이다. 그만큼 연복사 공역은 새 시대를 예정하는 시대정신에는 부합하지 않았다. 그러나 새 부대를 마련해 새 술을 담는다고 술을 담는 사람까지 바뀌지는 않는다. 연복사 이야기는 아직 끝나지 않았다.

2

새 왕조 새 수도

정하기의 여정

한양은 정말 무학대사가 고른 땅일까

1392년 조선의 첫 임금 자리에 오른 태조 이성계는 2년 후인 1394년 고려의 수도 개경에서 한양으로 천도하였다. 450여 년의 유서 깊은 수도 개경에서 한양으로 천도한 것은 매우 극적인 선택이었다. 이후 이곳이 조선 500년의 수도를 거쳐, 현재 대한민국의 수도이자 세계적으로 손꼽는 거대한 메트로폴리스로 성장했으니, 이성계가 했던 그 어떤 일보다도 우리에게 가장 깊은 족적을 남긴 것이 한양 천도가 아닐까 한다. 이런 극적 변화에 걸맞게 이때의 천도에 대한 다양한 설화들이 한양의 신비로움을 한껏 북돋아주고 있는데, 이들을 한번 살펴보자. 왜냐하면 이 설화들은 새로운 상징의 탄생을 보여 주는 동시에 옛 상징의 강력한 영향도 함께 드러내기 때문이다.

먼저 고려 숙종(재위 1095~1105)대에 이곳에 남경을 설치했던 이유에 대한 설화가 있다. 서술의 편의를 위해 남경 설화라 하겠다.

때는 12세기, 고려 숙종대였다. 도선의 비록들에 여러 풍수적인 예언이 있었는데, 주된 내용은 이씨가 왕이 되어 남경을 도읍으로 삼는다는 것이었다. 그래서 숙종은 면악 아래 남경을 설치하고서 여러 가지 압승(땅의 드센 기운을 억누르는 행위)을 했다.

남경을 압승한 방식에 대해서는 여러 가지 버전이 있다. 이씨 성을 가진 사람을 부윤으로 임명해서 해마다 용봉장(용과 봉이 그려져 있는 휘장)을 묻게 했다던가, '이李'의 원 뜻인 오얏나무를 심었다가 다시 베어 버렸다던가 하는 것이 대표적이다.

남경 설화의 핵심은 고려 중기부터 이씨가 새 왕조의 주인이 된다는 설이 이미 파다했다는 것이며, 한양이 바로 그것을 예비한 장소라는 점이다. 이는 조선의 건국설화라 할 수 있는 『용비어천가龍飛御天歌』에도 실려 있는, 유구한 역사를 지닌 설화들이다.

남경 설화보다 대중적으로 많이 알려진 설화는 무학대사無學大師 自超(1327~1405)가 등장하는 설화이다. 통칭해서 무학대사 설화라고 하자. 버전마다 조금씩 다르긴 한데, 각색을 약간 더해 정리해 보면 다음과 같다.

1) 이성계가 새 나라를 세우고서 새로운 장소로 도읍을 옮기고 싶어, 무학

대사에게 천도할 만한 곳을 찾아달라고 의뢰하였다. 무학대사가 이 의뢰에 따라 여기저기를 다니다가 마음에 드는 곳을 발견하여 쉬고 있었다. 그런데 어떤 노인이 소 두 마리를 끌고 가며 "에잇, 이 무학이 같이 미련한 소야!"라며 욕을 하고 가는 게 아닌가! 무학대사가 옷매무새를 가다듬고 노인에게 "가르침을 주십시오."라고 하니, 그 노인이 저쪽을 가리키며 "여기서 십 리를 더 가시오."라고 했다. 무학대사가 노인이 가리킨 곳을 보고서 다시 고개를 돌려 보니 그 노인은 온데간데없이 사라져 버렸다. 이 말이 유명해져서 나중에 그곳을 "갈 왕往", "10리"라 하여 왕십리往十里라 부르게 되었다.

2) 무학대사는 노인의 말에 따라 십 리를 더 가서 다시 천도지를 찾으며, 이 산 저 산을 다니다가 길을 잃어버리고 말았다. 그러던 중 어느 산봉우리에 올라 쉬고 있었는데, 낡은 비석 하나가 있었다. 그가 다가가 살펴봤더니, "무학이 길을 잘못 들어 이곳으로 온다無學誤審到此."라는 문구가 새겨져 있었고, 도선이 썼다고 되어 있었다. 이 비석이 있는 산봉우리가 바로 북한산 비봉이다.

3) 이리저리 고생을 하던 끝에 드디어 무학대사가 도읍으로 삼을 명당을 찾았다. 그는 궁궐터를 짚고서 인왕산을 주산으로 하여 동향을 하도록 지으라고 하였다. 그러자 정도전이 힐문하면서 자고로 천자는 남면을 하는 법이지, 동향으로 궁궐을 짓는 법은 없다며 강력히 반대하였다. 결

국 경복궁은 정도전의 뜻대로 백악을 주산으로 삼고 남향으로 지었는데, 무학대사가 한탄하기를, "이 때문에 200년 후에 큰 난리가 나겠구나!"라고 하였는데, 과연 임진왜란이 일어나고 말았다.

무학대사가 등장하는 이 설화들은 아마도 이 글을 읽는 독자 대부분에게 익숙할 것이다. 워낙 유명한 설화여서, 지금도 "이성계가 어떻게 한양으로 천도했지요?"라고 물으면 십중팔구 "무학대사가 풍수로 고른 땅에 천도했어요."라는 대답이 나오곤 한다.

그런데 앞서 서술한 남경 설화와 무학대사 설화를 나란히 놓고 비교해 보면, 두 이야기가 서로 모순이 된다. 남경 설화는 이미 고려에서 오래전에 한양이 새로운 수도가 될 것을 알아서 남경을 설치하고 이를 막으려 했다는 내용인데, 무학대사 설화는 그가 처음으로 지금의 한양 땅을 찾은 것처럼 되어 있다. 심지어 찾느라 고생까지 하였다. 아무리 돌고 도는 게 설화라지만, 이렇게 이야기의 앞뒤가 안 맞으면 좀 이상한 법이다. 왜 이런 일이 발생했을까? 사람의 기억은 불완전하고, 의외로 금방 단절되는데다 새로 만들어진 것이 더 강력해지는 경우도 많기 때문이다.

설화에 담긴 시대성

남경 설화와 무학대사 설화가 서로 안 맞는 내용을 담고 있는 것은 두 이야기가 서로 다른 시기에 등장했기 때문이다. 먼저 남경 설화는 『용비어천가』(1445년 간행)에도 실렸고, 15~16세기 다른 책에서도 비슷한 내용이 확인이 된다. 서거정徐居正(1420~1488)이 쓴 『필원잡기筆苑雜記』에는 다음과 같은 이야기가 있다.

> 한양이 이씨의 도읍이 된다는 도선의 도참(예언)이 있었다. 이 때문에 고려에서는 한양에 남경을 건설한 후 오얏나무를 심었으며 이씨 성을 가진 사람을 택하여 부윤으로 보냈다. 국왕도 해마다 한 번씩 순행하고 용봉장을 묻어 압승하였다. 내가 일찍이 『고려사』를 찾아보니 한양명당에 대해서 다민 임좌병향壬坐丙向의 땅이라고만 되어 있고 그 땅이 어디인지를 밝혀 놓지 않았다. 지금 경복궁과 창덕궁 두 궁궐의 정전이 모두 임좌병향이니, 내 생각으로는 고려에서 정한 자리가 이 양 궁 터를 벗어나지 않을 듯하다.

(『필원잡기』 권1)

　　서거정의 글은 도선의 도참에 한양이 이씨의 도읍으로 이미 정해져 있었다는 내용인데, 이 이야기를 통해 두 가지 정도를 짚어볼 수 있다. 첫 번째는 고려 멸망 후 한양이 이씨 왕업의 땅이 될 것이라는 점이 남경 설화의 핵심이라는 것이다. 즉 이 설화는 이성계의 조선 건국을 정당화하는 효과를 지녔다. 조선의 건국 설화인 『용비어천가』에 괜히 실린 것이 아니었다.

　　두 번째로는 설화에 등장하는 예언의 최고 권위자가 여전히 도선이라는 점이다. 도선의 도참에 맞는 땅을 찾는다거나, 도선의 도참에 이러저러한 내용이 나온다거나 하는 식으로 예언의 최고 권위자는 여전히 도선이다. 이 시기의 설화에서 무학대사는 등장하지 않는다.

　　남경 설화를 보면 한양이 고려 숙종대 건설된 남경 터라는 점이 여전히 기억되고 있었음을 알 수 있다. 서거정은 『고려사』와 비교하며 남경 터가 실제로 어디일까를 고민하기도 하였다. 이는 후대에 고려 시기 한양에 대한 기억이 거의 사라진 채 무학대사에 의해 비로소 선택된 땅인 것처럼 설화가 구성된 것과는 크게 다르다.

　　이처럼 임진왜란 이전까지 한양과 관련된 풍수 설화에서는 건국의 정당성을 뒷받침하는 내용이 중심이었다. 한양의 지세가 불완전하다는 얘기도 별로 없다. 16세기 편찬된 『용재총화慵齋叢話』에서는 송경(개성)은 산골짜기가 둘러싸고 있는 형세라서 권신들이 득세했고, 한양은 서북이 높고 동남쪽이 낮아서 큰아들이 아니라 작은아들들이 중하게 됐다는 정도만을 지적하였다. 사실 이 이야기도 따지고 들어가면 할 말이 많다. 개성이나 한양이나 서로 비슷한 지세를 지니고 있는데 해석만 다른 꼴이기 때문이다. 그저 당대에 생각할 수 있는 역사적 사실들을 지세에 끼워 맞춘 풍수 해석일 뿐이다. 어쨌거나 이런 이야기들에는 전쟁의 그림자가 드리어 있지 않다. 그만큼 전란에 대해서는 상상하지 못했던 시대에 유행했던 이야기였다.

　이에 비해 무학대사 설화는 이미 이야기 안에서 임진왜란이 예고된다. 이것만 봐도 이 설화가 전란의 충격에서 생성되었다는 것을 알 수 있다. 실제로 임진왜란 무렵부터 이런 이야기들이 떠돈다는 기록이 나오고, 한양뿐만 아니라 건국 초의 여러 중요한 땅을 점지한 것이 무학대사라는 이야기도 나온다. 한양 외에 그가 택했다고 꼽히는 대표적인 장소가 바로 태조 건원릉이다. 태조가 자신의 왕릉 자리를 정하기 위해 무학대사와 친히 다니며 정했다고 하는 이 설화는, 당대 실록과 대조해 보면 하나도 맞지 않는다. 태조가 친히 자신의 능을 결정하고자 이곳저곳 다니며 고심한 것은 맞지만, 실제 알아본 지역은 지금의 건원릉 자리가 아니었다. 또한 무학이 이를 정한 것도 아니며 오히려 정도전, 이직 등의 개국공신들이 이를 맡아 행했다. 그런데도 이런 이야기들이 유행하였고, 심지어 조정에서 공식적인 논의를 하는 과정에서도 이런 사실과 맞지 않는 이야기들이 거론되곤 하였다. 이는 전란으로 인해 자료들을 쉽게 참고할 수 없어서, 대충의 기억과 떠도는 이야기들에 근거해서 논의가 전개되었기 때문이었다.

인왕산 선바위와 국사당
한양 도성의 건설과 관련하여 인왕산 선바위에도 무학대사의 설화가 전해진다. 무학이 처음 선바위를 도성 안으로 넣으려 했으나, 정도전(다른 설화에선 하륜)이 이를 막았다는 내용이다. 원래 남산 자락에 있었던 국사당은 일제 시기 그곳에 조선신궁이 건설되며 인왕산으로 옮겨 오게 되었는데, 지금의 자리로 오게 된 것은 선바위 설화를 비롯한 장소성에 기인하였다. 국사당에는 태조 이성계와 강씨 부인을 비롯하여 무학대사와 그의 스승이었던 나옹 등의 인물을 그린 무신도가 있다. (문화재청 사진)

무학대사의 한양 설화도 하나씩 따지고 들어가면 역사적 사실에 전혀 부합하지 않는다. 일단 주인공인 무학대사가 그 스승인 나옹懶翁(1320~1376)과 함께 꽤나 풍수를 잘 아는 인물로 여러 설화에 등장하지만, 실제 그는 풍수에 대해서 그다지 잘 알지 못하였다. 고려에서는 분명 승려들이 풍수 실천가로서 큰 비중을 차지하고 있었다. 시조인 도선도 선승으로 출발하였고, 공양왕대 연복사 중수를 건의한 것도 조계종 승려 법예였다. 그러나 무학이나 나옹은 유학파 승려로 고려 풍수에 정통할 기회는 그다지 없었을 가능성이 크다. 실제 고려 우왕대 천도 논의에 참여했던 이색이나 조선 초 천도 논의에 참여했던 서운관 관원인 이양달李陽達의 회고 등에서도 무학은 전혀 등장하지 않는다. 무학이 죽은 후 변계량卞季良(1369~1430)이 쓴 무학의 행장에도 보면 그가 풍수를 잘 안다고 하는 평이 단 한 마디도 없다. 이런 점을 보면 설화 속 주인공 설정 자체가 역사적 사실과 맞지 않음을 알 수 있다.

거기에 "무학이 길을 잘못 들어 이곳으로 온다."는 비석에 대해서는 이미 18세기 추사 김정희金正喜(1786~1856)가 진위를 밝힌 바 있다. 비봉의 비석은 바로 북한산 진흥왕순수비였다. 워낙 마멸이 심했던 탓에 조선 시대 사람들도 정확히 그 비석을 판독하지 못하여 이러저러한 상상이 붙었던 모양이다.

한편 '십 리만 너 가라'는 뜻에서 붙었다는 왕심리往十里의 원래 지명도 고려 시기 기록에 이미 왕심촌枉尋村, 왕심리往心里 등으로 등장한다. 한자는 조금씩 다르지만 발음이 동일한 지명이 먼저 있었던 것이다. 이

점을 보면 발음으로만 불리던 지명에 도성에서 십 리 정도 떨어졌다는 사실이 붙으면서 약간의 상상이 더해져서 이러한 설화가 만들어진 것 같다. 재미있는 것은 무학대사 설화가 유행하기 시작한 선조대를 경계로, 그 이전까지 꽤 자주 쓰이곤 했던 '왕심리'라는 한자 표기가 거의 사라진다는 것이다. 그에 비해 '왕십리'라는 표기가 압도적 비중으로 등장하는데, 아마도 설화의 대중적 인기가 사람들의 인식에 다시 영향을 준 것이 아닐까 한다.

무학대사 설화가 임진왜란을 계기로 유행한 것은 전란의 원인을 찾고 싶었던 대중적 욕구에서 비롯하였을 것이다. 우리가 집안에 나쁜 일이 연이어 생기면 흔히 조상의 무덤 자리에 문제가 있는 것이 아닐까 생각했던 것처럼, 당대 사람들은 건국 후 200년 만에 맞게 된, 이 놀랍고도 불가해한 전란의 원인을 무엇에서건 찾고 싶었을 것이다. 그리고 마침 거기에 한양의 지세가 딱 걸려들었다.

그러나저러나 무학대사가 풍수에 정통하지는 않았어도, 그가 태조대 천도 논의에 빠짐없이 참여하였던 것은 사실이다. 그는 어떻게 하다가 천도 논의에 참여하게 되었을까?

왕건이 되고 싶었던 이성계의 꿈

무학대사가 천도 논의에 빠짐없이 참여했던 것은 태조 이성계의 강권 때문이었다. 변계량이 지은 무학대사에 대한 비문에서는 다음과 같이 그가 태조대 천도 논의에 참여한 사실을 밝혔다.

> 계유년(1393년, 태조 2)에 태조가 풍수를 살펴 수도를 세우고자 하여 대사에게 어가를 따르라고 명하였다. 대사가 사양하니 태조가 말하였다. "예나 지금이나 서로 만나는 것은 인연이 있어서이다. 세상 사람의 터잡는 것이 어찌 도사의 안목만 하겠는가." (『동문선』 권121, 비명 묘엄존자탑명)

무학대사 본인이 굳이 사양하는데 이성계가 "그래도 도사 눈으로 보면 뭐가 낫더라도 나은 게 있지 않겠냐!"는 식으로 우기는 모습을 잘 볼

양주 회암사지에 있는 무학대사의 부도탑(보물 제388호)
회암사는 무학의 스승인 나옹이 크게 확장을 했던 절로, 16세기 명종대까지 왕실의 후원을 받으며 번창하였다. 변계량이 묘비명을 지어 세웠으나 1821년 파괴되어 1828년에 다시 세워졌다. 부도는 1407년에 세워진 것이다. (문화재청 사진)

수 있다. 무학대사는 하는 수 없이 천도지 답사에 참여하지만, 실록에 따르면 그가 한 말은 계룡산의 지세에 대해 "알 수 없다."고 평한 것과 한양이 괜찮냐는 질문에, "여기는 네 면이 높고 수려하며 중앙이 평평하니 성을 쌓아 도읍을 정할 만합니다. 그러나 여러 사람의 의견을 따라서 결정하소서."라고 한 것뿐이었다. 이렇게 보면 그래도 뭔가 의견을 낸 것 같지만, 사실 논의 당시 앞뒤 맥락을 보면 관료들 눈치를 보며 대세에 따라 한마디씩 얹은 것뿐이었다. 그렇다면 별 권위도 없고 큰 도움이 될 것도 없었던 무학대사를, 이성계는 왜 그렇게 대동하였던 것일까? 아니, 한 걸음 더 나아가 생각해 보자. 이성계는 왜 천도에 그렇게 집착하였을까?

이성계는 '왕조가 바뀌고 천명을 받은 군주는 반드시 도읍을 옮기기 마련'이라고 강변하며 적극적으로 천도를 추진하였다. 관료들의 반박에서도 드러나듯이 중국의 역대 왕조를 보면 왕조가 개창하였다 하여 모두 새로운 도읍지를 찾는 것이 아니었음에도 그는 그렇게 이야기하였다. 그렇다면 이성계가 염두에 둔, 도읍을 옮긴 군주는 누구였을까? 이때 주목되는 것이 바로 태조 왕건이다.

이성계가 무학대사를 그렇게도 대동하고 싶었던 것은 태조와 도선의 관계를 의식한 것으로밖에 해석할 수 없다. 도선은 태조의 삼한 통합을 예언하였을 뿐 아니라, 집터를 점지해 줌으로써 어떤 면에서 삼한 통합을 '이끌어 낸' 인물이라고도 할 수 있다. 다시 말해 그는 고려 건국의 필연성을 상징하는 인물이었던 것이다. 이성계도 그러한 상징으로서 자신이 의지하던 벗인 무학대사를 적극 활용한 셈이다. 후대에 도선과 태조 왕건의 관계처럼 무학과 이성계의 관계가 윤색된 것은, 어떤 면에서는 이성계의 의도가 잘 관철된 것이었다.

태조 왕건에 대한 의식은 이성계만의 것은 아니었다. 왕건의 권위가 워낙 높았던 만큼 조선을 건국한 이들 대부분은 태조에 대해 극렬하게 비판하지는 않았다. 김초나 정탁 정도가 가장 강경한 편이었지만, 이들조차도 대놓고 태조를 욕하지는 못하였다. 그런 점에서 본다면 이성계가 태조 왕건을 의식하고도 남을 만한 분위기였다고 할 것이다.

이외에도 여러 면에서 이성계는 태조 왕건을 의식하거나 그와 자신을 동일시하는 태도를 보여 주었다. 아들에게 왕위를 물려주고 난 후인

1402년(태종 2), 이성계는 개경의 동대문인 숭인문 안에 있던 잠저 근처에 자신의 궁을 지었다. 이를 덕안전德安殿이라 이름 짓고, 이 궁을 지은 이유를 다음과 같이 밝혔다.

> 고려 태조가 삼한을 통일하고 자신의 원래 집으로 광명사와 봉선사 두 절을 만든 것은 국가를 이롭게 하기 위해서였다. 내가 덕이 없는 몸으로 대신 국가를 차지했는데, 전대처럼 장차 이 건물로 깨끗한 가람을 만들어 영원히 대대로 나라가 복되게 하는 곳으로 하여, 위로는 선대를 복되게 하고 아래로는 민생들을 이롭게 하여, 종사가 영구히 든든하고 전통을 한없이 전하게 하자고 생각했다. (『양촌집』 권13, 기류 덕안전기)

광명사는 개경 본궐 북쪽에 있었고 봉선사 역시 본궐 부근에 위치했던 절로서, 태조 왕건의 잠저와 관련이 깊은 절이었다. 특히 광명사의 우물은 고려 건국 설화에서 용녀가 드나든 장소로 꼽힐 만큼 유서 깊은 곳이기도 하다. 이성계는 이러한 광명사와 봉선사의 내력을 염두에 두고, 태조의 사례에서처럼 자신의 잠저를 절로 희사할 것을 희망하였다.

한양에 있던 흥덕사도 이성계가 자신이 살던 궁을 희사하여 세운 것이었다. 그가 1407년(태종 7)에 새 전각을 희사하여 절을 만들자, 아들 태종이 흥덕興德이라는 이름을 내렸다. 이곳에는 『육백반야경六百般若經』을 사경하여 모셔 두었는데, 이것도 이성계가 발원하여 만든 것으로, 그는 다음과 같이 반야경 사경을 발원한 이유를 밝혔다.

내가 조종祖宗의 적덕積德과 불천佛天의 은밀한 도움을 힘입어 나라를 창건하여 길이 왕위를 전하게 되었다. 그러나 이제 연로하여 중한 책임을 벗었으니, 오직 전심으로 부처를 섬겨서 아침저녁으로 정례頂禮를 드려, 위로는 조종의 중한 은혜를 갚고 아래로는 나라의 영원한 안녕을 바라며, 전날의 죄과를 씻고 장래의 덕이 될 근본을 심으려 할 따름이다. (『양촌집』 권22, 발어류 대반야경발)

이 글은 왕업을 개창하며 부처의 도움을 받았다고 밝히고 있다. 이는 태조 왕건이 훈요 제1조에서 부처의 힘을 입어 국가의 대업을 이루었다고 밝힌 것과 너무나도 유사하다. 그만큼 태조유훈의 그림자가 짙게 드리웠음을 알 수 있다. 물론 분명한 차이도 있다. 이성계는 부처의 도움과 함께 조종의 적덕을 언급했지만 산천의 은밀한 도움은 거론하지 않았다. 그러나 태조 왕건은 조종의 적덕에 대한 언급은 없는 대신 산천의 은밀한 도움을 거론하였다. 이는 두 인물이 처한 시대의 사조 차이를 대변한다.

무엇보다도 이성계가 태조유훈의 충실한 계승자로서 역할을 다한 것으로는 연복사 중수를 마무리 지은 일을 꼽을 수 있다. 공양왕대 정계를 달궜던 바로 그 연복사 공역 말이다. 1392년 7월에 즉위한 이성계는 그로부터 5개월 후인 12월에 연복사 중수 공사를 마무리하였다. 워낙 공사가 다 된 상태니 마무리 짓는 것까지는 이해할 수 있다. 하지만 이성계는 거기에서 한 발 더 나아가 이듬해 4월에 이곳에서 성대한 문수회를 개최하고, 한양 천도 전까지 매 해 거행하였다.

강세황이 그린 개성 시가의 모습
1757년, 개성유수였던 오수채가 화가 강세황을 초청해 개성을 유람하게 하고, 그림을 그리게 하였다. 이때의 그림이 『송도기행첩』이라는 책으로 전해진다. 이 그림은 개성 남대문에서 북쪽으로 시가지와 송악산을 바라본 구도의 그림이다. 그림 속 남대문에는 연복사종이 걸려 있는데, 1563년(명종 19) 연복사가 화재로 불타자 종만 이곳으로 옮겼다. (국립중앙박물관 소장)

    그가 개최한 문수회는 평범한 불교 의례가 아니었다. 이는 공민왕대 신돈 집권기에 특히 크게 설행되었던 의례로서, 연복사에서 주로 열렸다. 채색비단으로 수미산을 만들고, 사방에 등을 밝혀 밤이 낮같았을 뿐만 아니라, 맛있는 음식이 너무 많아 먹다 먹다 질려서 땅에 버릴 정도로 휘황하게 거행되던 의례였다. 참가자를 제외한 행사 진행요원들만 해도 총 8천 명에 달했고, 일주일 내내 진행되곤 했던 법회였다.

    문수회는 고려의 전통적인 도참과도 관련이 깊었다. 공민왕대 달자가 못과 우물을 뚫자고 건의했던 것도 문수회를 앞두고서였다. 이는 문수회가 고려의 산천신인 '호국 백두악 태백선인'의 본체인 문수보살을 공양하는 의례였기 때문이었다. 그만큼 이는 산천신에 대한 토속신앙과 도선의 도참, 그리고 불교가 결합한 지극히 '고려적'인 의례였다. 하물며 공민왕대 설행된 문수회는 아들이 없다고 걱정하는 왕을 위해 신돈이 주도하여 설행한 것이기도 하였다. 그런 고생(?) 끝에 낳은 자식이 모니노, 훗날의 우왕이다. 이처럼 문수회의 이쪽저쪽, 그 어느 면을 보아도 이는 고려를 상징하고 고려의 왕업이 이어지기를 기원하는 의례였다. 그런데 왕씨를 내쫓고 역성혁명을 이룬 이성계가 연복사 중수를 마무리짓고 문수회까지 거행하다니, 아이러니도 이런 아이러니가 없을 것이다.

그래서일까? 이성계가 완수한 연복사탑의 중창 기문을 쓴 권근은 애매한 서술로 이러한 아이러니를 얼버무렸다. 앞서 인용한 글을 다시 한 번 보자.

> 우리 동방에서는 신라 말기부터 (불교를) 더욱 열심히 받들어 겨서, 성안에 사찰이 민가보다도 많았다. 그중 높고 웅장한 전각은 지금까지도 남아 있으니, 당시 존숭하여 받드는 것이 지극하였음을 상상해볼 수 있다. 고려 왕씨가 통합한 초기에 변함없이 그대로 시행하여 은밀한 도움이 있기를 바랐다. 이에 서울과 지방에 사사寺社를 많이 설립하였으니, 이른바 비보裨補라는 것이 이것이나. (『양촌집』 권12, 기류 연복사탑 중창기)

앞서 서술했듯이 연복사는 태조가 세운 10찰 중 하나이다. 만약 공양왕의 뜻대로 완성되었다면 윗글에서처럼 연복사를 서술하며 신라를 거론할 이유는 전혀 없지 않았을까? 그저 태조의 지혜를 운운하며 글을 시작하여도 충분했을 것이다. 그런데 굳이 망하기도 오래 전에 망한 신라부터 이어지는 유구한 전통을 강조하며 고려는 그대로 준수했을 뿐이라는 식으로 서술한 이유는 무엇일까? 더구나 여기에서는 태조의 '태'자도 언급하지 않고 있다. 이러한 글쓰기는 상징의 유일성을 약화시키는 효과를 가지고 있다. 이제 연복사 중수는 '고려 왕업'의 연장이라는 협소한 의미가 아니라, 신라 이래로 면면히 내려온 좀 더 '추상적 차원의 국운'을 연장한 것으로 전환시킬 수 있다. 역사의 아이러니를 해결하기 위한 권근의 노력은 어떤 면에서 참으로 가상하기도 하다.

 이러한 장치에도 불구하고 공양왕의 연복사 중수를 이성계가 완성시켰다는 점은 끝끝내 적절히 서술하기 힘들었거나 그 내용이 후손들의 입맛에 맞지 않았던 것 같다. 공양왕대의 연복사 중수와 이성계의 즉위로 이어지는 이 글의 중간은 인멸되어 전해지지 않는데, 아마도 그런 긴장을 반영하는 것이 아닐까 싶다. 연복사탑 중창비의 비신이 온전히 전해진다면 인멸된 부분도 남아 있었을까? 없어진 그 부분에서는 어떠한 논리로 이성계의 연복사 중창 완수를 정당화하였을까? 사뭇 궁금해지긴 한다.

유교 군주 이성계의 독실한 불교 신앙

이성계가 행한 여러 행위는 태조 왕건을 의식한 것들이 많았다. 그런데 그 바탕에는 이성계가 독실한 불교 신자라는 점도 작용했다. 정치 현장에서의 행위에 개인 이성계의 신앙도 발현되었던 것이다. 이 역시 역사의 아이러니라면 아이러니였다. 이성계의 지지 세력은 1390년 공양왕이 승려 찬영을 왕사로 임명하려 하자 불교 승려가 어떻게 국왕의 스승이 될 수 있느냐고 일갈하며 도성 안에도 못 들어오게 했던 사람들이었다. 그러나 그들의 지지를 받은 이성계는 1392년 즉위 후 3개월 만에 무학대사, 즉 자초를 왕사로 봉하였다. 그로부터 2년 후에는 천태종 승려 조구祖丘(?~1395)를 국사로 삼았다. 1390년, 온 몸으로 왕사 책봉에 저항했던 윤소종이 3년도 채 지나지 않아 왕사를 임명하는 새 국왕의 모습을 보았다면 어떤 생각을 하였을까? 다행이라면 다행이랄까, 윤소종은 자초가 왕사로

충주 청룡사지 혼수의 탑비(보물 제658호) **와 부도탑**(국보 제197호)
청룡사는 조선 말에 소실되어 폐사되었다고 전한다. 이 부도탑 안에는 혼수의 유골과 함께 옥으로 만든 촛대와 금으로 만든 세공품들이 있었으나 일제 시기에 도굴당했다고 한다. (저자 사진)

임명되기 전에 숨을 거두었다. 이단의 배척에 매우 힘을 기울였던 그의 이른 죽음을 사람들이 몹시 애석해했다고 실록에서는 평한다.

실록에는 나오지 않는, 감추어진 뒷이야기를 또 다른 유물 하나를 통해 살펴보자. 바로 충주 청룡사터에 남아 있는 혼수의 부도와 탑비이다. 왕사보다 국사 책봉이 늦은 것은 이성계가 즉위했을 때 이미 혼수混修(1320~1392)라는 승려가 국사로 있었기 때문이다. 혼수는 7월에 이성계의 즉위를 축하한 후 두 달 뒤인 9월 말 입적하였다. 그가 입적하자 이성계는 내신을 보내어 부도와 탑비를 세우는 것을 감독하게 하고 보각普覺이라는 시호와 정혜원융定慧圓融이라는 탑의 이름을 내리며, 권근에게 탑비명을 짓게 하였다. 혼수의 부도와 탑비는 충주 청룡사터에 남아 있고, 탑비는 보물로, 부도는 국보로 지정되어 있다.

이성계는 혼수와 돈독한 사이로, 함께 대장경을 펴내고서 1391년(공양왕 3) 가을에 거창한 경회를 베푼 적도 있었다. 이성계가 조선을 건국하기 바로 1년 전이요, 연복사 중수에 대한 거센 비판의 파도가 지나간 직후였다. 혼수의 부도와 탑비에는 건국기 공식 기록에는 잘 알려지지 않은 이성계의 모습이 담겨 있다.

이 탑비에서 흥미로운 것은 탑비 제작에 참여한 사람들의 명단이다. 일단 비구니로 명단을 올린 사람들 중에 혜비 이씨와 신비 염씨가 있다. 이들이 누구인가. 바로 공민왕의 후비이자, 당대 정승을 지낸 이제현 李齊賢(1287~1367)과 염제신廉悌臣(1304~1382)의 딸로, 공민왕이 자제위를 시켜 강간하게 하려다 실패했던 후비들이었다. 이들은 공민왕 사후 절에 들어가서 머리를 깎고 비구니가 되었다고 하는데, 그 이름이 바로 이 탑비에서 확인된다. 비구니라 하고는 있으나 법명이 아닌 속세의 봉호를 사용했다.

공민왕의 또 다른 후비인 정비 안씨는 비구니가 된 혜비와 신비와는 달리 공민왕 사후에도 계속 왕실에 남아 대비의 역할을 하였다. 왕실에 남기는 하였으나 그 인생 역시 녹록하지 않았다. 공민왕이 자제위의 홍륜과 한안 등으로 왕비들을 능욕하고자 하였을 때에는 그녀가 머리를 풀어헤치고 목을 매어 죽어버리겠다고 하여 강간을 모면하였지만, 우왕이 즉위한 뒤 다시 위기에 빠졌다. 그녀가 젊고 아름답다며 우왕이 하루에도 몇 번씩 그 처소에 들르는 바람에 안 좋은 소문이 바깥에 돌았던 것이다.

안극인 묘지명
정비 안씨의 아버지인 안극인의 이 묘지명은 조선 후기에 후손들이 만든 것이어서, 안극인의 딸이었다는 사실 외에는 정비 본인에 대한 설명은 거의 없다. 왕조의 전환기에 자의건 타의건 그녀가 행해야 했던 역할을 생각해 본다면, 그녀에 관한 기록이 남아 있지 않다는 것은 지극히 아쉽다. (국립중앙박물관 소장)

결국 그녀는 친정 조카를 우왕의 후비로 들이고서야 그 상황을 조금이나마 모면할 수 있었던 것 같다. 그러나 우왕을 폐하고 창왕을 세울 때의 교서도, 창왕을 폐하고 공양왕을 폐했을 때의 교서도 모두 그녀의 이름으로 나왔다. 이성계에게 옥새를 전달하는 중간 역할을 했던 것도 정비 안씨였으며, 그 후에도 정종(재위 1398~1400), 태종(재위 1400~1418)대를 살고 1428년 세종(재위 1418~1450)의 치세 중에 사망하였다. 그녀가 기록을 남겼더라면 얼마나 좋았을까. 왕조 교체기의 모든 영웅들이 스러질 때, 자신이 옥새를 전했던 인물의 아들들까지 죽고 그 손자가 왕위에 올라 다스리는 모습을 보았던 그녀의 생각이 무척 궁금하다.

비구니 외에 한층 더 흥미로운 인물들은 우바새(남자 재가불자)로 참여한 인물들이다. 그 면면을 보면 대체로 이성계와 사적으로 친밀했던 인물이 많다. 가장 첫머리에 이름을 올린 홍영통이라던가 우인렬, 성석린 같은 인물들이 대표적이었다. 그 다음 재밌는 것은 전임 관직명을 달고 이름을 올린 사람들이 많다는 점이다. 이성계가 즉위할 무렵에 전임 관직명으로 불리던 인물들이란 대부분 건국 이전 치열했던 공박 중에 유배를 가거나 탄핵을 당했다는 의미이다. 혹 그때가 아니더라도 건국 과정에서는 배제되었던 인물이다. 당장 이 탑비명을 쓴 권근만 해도 윤이·이초의 옥사 이후 조정에 참여하지 못하고 있었던 상황이었다. 다시 말해서 이 비석을 세우는 데 조력을 하며 이름을 올린 인물들 대부분은 이성계와 사적으로 친밀하였거나 혹은 개국 과정에서 소외되어 있었던 인물들이다. 그에 비해 대표적 개국 공신인 정도전, 조준, 남은 등은 여기에 전혀 이름을 올리고 있지 않다.

이성계가 혼수를 위해 부도를 조성하고 탑비를 세우던 이 무렵, 조정에서는 불교 도량이나 초제(별에 지내는 제사) 등 비유교적인 의례들을 일제히 타파하자는 논의가 나오던 중이었다. 즉위한 지 한 달 만에 예조에서 올린 상서에는 다음과 같이 패기 넘치는 주장이 담겼다.

"봄·가을에 여는 장경도량 및 백고좌법석과 7곳에 친히 행차하여 치르는 도량과 여러 도전道殿, 신사神祠, 초제 등의 일은 고려의 임금이 각기 사사로운 소원으로 그때그때 설치한 것이었는데, 후세의 자손들이 옛 풍습을 그대로 따르고 혁파하지 못하였습니다. 지금 천명을 받아 새로 건국하였으니 어찌 전날의 폐단을 그대로 따라 하며 떳떳한 법으로 삼겠습니까? 모두 폐지해 버리기를 청합니다." (『태조실록』 권1, 태조 1년 8월 11일)

고려 시기 불교 의례나 각종 신사의 제사, 초제 등은 사실 유교 의례보다 훨씬 더 중시되었다. 행사 빈도가 높았던 것은 물론이요, 국왕이 직접 참여하는 경우도 많았다. 그럼에도 이 모든 것들을 싹 없애버리자는 이 과격한 주장에는 새 왕조를 맞이하여 새로운 이념과 문화를 구현하고 싶다는 당당한 포부가 담겨 있었다. 그러나 이에 대한 이성계의 대응은 다음과 같았다.

봄·가을에 여는 장경도량 및 백고좌법석과 7곳에 친히 행차하여 치르는 도량에 대하여 그 처음 설치한 근원을 상고하여 아뢰도록 하라. (앞 기사)

주요한 불교 의례들이 후대에 사사로이 설치한 것이 아니라면 그대로 유지하겠다는 뜻을 내포한 것이었다. 번다한 것들은 좀 정리하더라도 고려 왕실에서 워낙 중시해 왔던 도량이나 법석들까지 없애자는 주장에는 그가 동의하기 힘들었던 것이다.

조정에서는 불교적 의례를 다 없애느니 마니 하는 이 때에, 이성계는 뒤로 내시를 보내어 친했던 국사의 기념물을 설치하게 하고, 거기에 자신과 사적으로 친밀한 인물들과 정작 개국에는 참여하지 않았던 인물들이 참여하게 하였다. 공양왕대 정도전 등을 비롯한 여러 사람이 그렇게도 연복사 중수를 문제 삼고 있을 때, 정작 이성계는 뒤로 대장경을 봉안하고 있었다. 그리고 연복사 공사까지도 마무리하고서는 한양 천도 이전인 1394년(태조 3)까지 매해 성대한 문수회를 행하였다. 이쯤 되면 소문도 다 났던 모양이었다. 당시 불사를 열 것이니 시주를 해 달라고 돌아다니던 연화승들 중에는 이 불사가 바로 임금님이 지원하는 거라며 사기를 치고 다녔던 경우들도 꽤 있었다. 이런 행위들을 일체 금지시키라는 명령이 실록에까지 수록된 것을 보면, 물밑에서 처리할 정도가 아니었던 듯하다.

이성계의 이러한 행태만 놓고 본다면, 그가 지지세력에게 주었던 실망이 작지는 않았을 것이다. 그러나 긍정적으로 보자면 개국에 참여하지 않았던 인물들도 일부를 제외하고는 결국 조선의 관료로 등용해야 했고, 또 등용할 만했다는 점에서 이러한 인력풀의 유지가 정치인으로서 그가 지닌 확장성일 수도 있다. 정치인에게는 선명성만큼이나 확장성이 중요하지 않던가.

이성계는 생애 대부분을 충실한 고려인으로 살아온 터, 이런 점은 어쩔 수 없었을지도 모른다. 그러나 그는 문인과 경사(경서와 역사서)를 토론하고 『대학연의大學衍義』를 즐겨 읽으며, 이를 강론하게 한 인물이기도 하였다. 특히 『대학언의』를 읽으려고 노력하는 자세를 보였다는 점은 이 시기에 큰 의미가 있었다.

『대학연의』는 송대 성리학자였던 진덕수眞德秀(1178~1235)가 『대학』

을 바탕으로 편찬한 책이다. 『대학』은 원래 『예기』의 한 편에 불과하였으나, 송대의 학자 주희朱熹(1130~1200)가 이를 독립시켜 『논어』, 『맹자』와 어깨를 나란히 하는 사서四書의 하나로 만들었다. 이를 통해 주희는 『대학』이 정치에서 가장 중요한 세 가지 큰 원칙과 내면의 수신부터 치국평천하까지 이어지는 성리학의 핵심적 정치 이념을 담은 책이라는 의미를 부여하였다. 그리고 진덕수는 이를 더욱 구체화하고 발전시켜 제왕의 학문으로 삼을 수 있게끔 『대학연의』를 편찬했다.

중국도 그렇지만, 성리학 이전에 제왕들이 모범으로 삼았던 군주는 주로 한漢, 당唐의 군주들이었다. 특히 당 태종과 그의 치세에 대한 내용을 담은 『정관정요貞觀政要』는 제왕이 참고할 가장 중요한 책으로 꼽혔다. 고려에서도 일찌감치 『정관정요』가 언급되며 읽히곤 하였으나, 공민왕대 성리학을 공부한 유신들이 등장하면서 유행이 변화하기 시작하였다. 성리학 등장 이후 성인 군주의 모델은 한, 당의 군주를 넘어 삼대三代의 군주들이어야 한다는 생각이 대두되었고, 『정관정요』는 이제 제왕의 학문을 충분히 담아내지 못한다는 인식이 팽배해졌기 때문이다. 그리고 그를 대체할 책으로 『대학연의』가 제시되었다. 공양왕도 경연에서 『정관정요』를 보려고 정몽주에게 이 책을 해설하게 하였으나, 윤소종은 다음과 같이 이야기하였다.

"전하가 중흥하려 하시니 마땅히 이제삼왕二帝三王(중국 삼대의 이상적인 군주들)을 본받을 것이지, 당 태종은 족히 취할 바가 못 됩니다. 청컨대 『대학연

의』를 강독하시어 제왕의 이치를 밝히소서."(『고려사』권120, 열전 33 윤소종)

이 시기 『대학연의』는 군주의 정치 지향이 어떤 쪽인가를 가늠했던 지표 중 하나였던 것이다. 실제 『대학연의』에 담긴 성리학적 정치 이념을 얼마나 충실히 구현하느냐의 여부를 떠나서, 이 시기 군주에게는 적어도 이 책의 권위에 동의하며 이를 경연에서 공부해 나가려는 자세를 가져야 한다는 점이 요구되었다. 공양왕은 표면적으로는 윤소종의 상소에 긍정하는 듯하였지만, 그렇다고 『대학연의』를 보지는 않았다. 세자인 자기 아들에게만 읽도록 하였을 뿐이었다.

이성계는 적어도 이 부분에서는 분명한 차이를 보여 주었다. 공양왕보다 나이는 열 살이나 많았지만, 나이 핑계를 대며 경연을 안 하려고 했던 공양왕과는 달리 매일 경연을 열겠다고 윤허하였다. 경연이 열리기 이전부터도 이미 그는 『대학연의』를 읽고 있었다. 실록의 총서에서는 다음과 같이 즉위 이전 그의 모습을 설명하였다.

> 본래 유가의 학술을 존중하여, 비록 군대 안에 있더라도 무기를 던지고 휴식할 때면 유사儒士 유경劉敬 등을 불러서 경전과 역사서에 대해 토론하였다. 더구나 진덕수의 『대학연의』 보기를 좋아하여 어떤 때는 한밤중까지 자지 않았으며, 개년히 세상의 도를 만회할 뜻을 가지곤 하였다.(『태조실록』권1, 총서)

『대학연의』를 읽던 이성계의 모습이 진심에서 비롯된 것은 아닐 수도 있다. 그러나 적어도 그가 공식적인 석상에서는 이 책을 중시하던 시대정신을 이해하고 있다는 제스처를 보인 것은 분명하다. 이성계는 지지 세력이 기대하였던 완벽한 성리학적 군주상에는 전혀 미치지 못하였을지 모른다. 그러나 전란에서 혁혁한 공을 세워 온 무장 이성계의 카리스마와 힘은 그의 지지 세력에게 꼭 필요한 것이었고, 그들은 적절히 이성계를 다독이고 절충하며 새 시대를 그려야 했다. 한양 천도는 이러한 다독임과 절충의 과정을 잘 볼 수 있는 사건이었다.

계룡산에라도 천도하겠다

즉위 후 한 달 만에 한양 천도 명을 내렸다가 이내 철회한 태조는 그로부터 석 달 후인 1392년 11월에 권중화를 보내어 자신의 태를 안장할 땅을 잡게 하였다. 태胎란 출산 때 함께 나오는 태반을 말한다. 고려 사회에서는 태를 좋은 자리에 잘 묻는 것이 그 사람의 운명에 중요한 영향을 미친다고 보았다. 태어날 때 받아서 잘 간수한 태는 그 사람이 일정 나이가 되었을 때 좋은 땅을 골라 안장하였다. 특히 국왕의 태는 더 중요하게 인식되었다. 이성계의 경우도 이때 자신의 고향에 보관하던 태를 새로이 안장할 곳을 물색한 것이다. 이렇게 중요한 태를 묻을 땅을 찾기 위해 떠났던 권중화는 어떤 인물이었을까?

    권중화는 이성계보다도 나이가 아홉 살 정도 많았다. 그는 공양왕 대 윤이·이초의 사건 때 우헌보 등과 함께 탄핵을 받기도 했지만, 건국 무렵에는 나이와 명망을 바탕으로 판문하부사에 제수되었다. 그는 의약, 지리, 점술 등 모르는 것이 없다고 평가받는, 다방면에 재능이 있었던 사람이었다. 『향약간이방鄕藥簡易方』 등 고려 말 조선 초 여러 의서의 편찬자이기도 한 권중화는 지리 분야에서도 꽤나 조예가 깊어 우왕대 여러 차례 천도 논의가 벌어졌을 때마다 철원, 북소 기달산(지금의 황해도 신계군), 회암(지금의 경기도 양주시) 등 천도지를 찾는 데에 참여했다. 이러한 그였기에 풍수적으로 좋은 이성계의 태실 자리를 찾기 위한 태실증고사로 파견되었을 테지만, 흥미로운 것은 이때 권중화가 태실만이 아니라 새 도읍의 후보지도 찾아 왔다는 점이다. 바로 계룡산 신도안이었다.

> 태실증고사 권중화가 돌아와서 "전라도 진동현에서 길지를 살펴 찾았습니다."라고 상언하면서 산수 형세도를 바치고, 겸하여 양광도 계룡산의 도읍 지도를 바쳤다. (『태조실록』 권3, 태조 2년 1월 2일)

태실 자리는 전라도 진동현에서 찾고 신도 후보지는 양광도 계룡산이라 하니 상당히 떨어진 지역을 별개로 살펴보고 온 것 같지만, 실제로 두 지역은 가깝다. 태조 태실은 당시 행정구역으로는 전라도였지만 현재 행정구역으로는 충청남도 금산군 추부면이며, 신도안과는 직선거리로 20킬로미터 남짓한 곳이다. 과연 이것이 우연일까? 권중화는 그저 태실 자리를 찾으려고만 했던 것인데, 여기저기 다니다가 정말 우연히도 도읍으로 삼기에 너무나도 딱 안성맞춤인 땅을 발견한 것뿐이었을까? 이 사안이 갖는 무게를 생각해 본다면 그럴 리 없다는 것이 정답일 것이다. 이 일대가 도읍으로 삼을 만하다는 어떤 이야기들이 있었고, 이성계가 태실을 찾는 겸해서 권중화에게 이를 확인하고 오도록 했을 것이다. 이를 알 수 있는 것이 권근이 올린 풍요風謠다.

> 즉위하신 처음에 어떤 신하가 '예로부터 제왕이 성姓을 바꾸어 명을 받으면 반드시 그 도읍을 옮기어 한 시대의 정치를 일으킵니다. 전 왕조의 말엽에 국운이 쇠퇴한 것은 진실로 정치의 잘못에 때문이겠습니다만, 역시 지덕에도 성쇠가 있어서 그런 것이라 생각되옵니다. …… 마땅히 새 도읍을 건설하여 만세무강한 아름다움의 기틀로 삼아 하늘이 준 유신維新의 명에 보답토록 하시옵소서.'라고 진언하였습니다.
> 주상께서는 이를 아름답게 받아들여 대신을 보내어 계룡산 남쪽에 터를 보게 하였는데, 그 지역이 아늑하고 토양이 비옥하며, 산천이 우람하고 둘러싸고 있는 것이 완전하고 공고하여 금성탕지金城湯池였습니다. 하늘이 만들고 땅이 베푼 풍수의 절승이라고 예부터 일컬어왔으니 진실로 왕이 된 자의 도읍이 될 만하였습니다. 점을 쳐보니 아울러 길하므로 임금님께 사실을 아뢰었습니다. (『양촌집』 권1, 진풍요)

그가 올린 풍요에서는, 누군가가 이성계에 천도를 권유했다고 하면서 개경 지덕의 성쇠를 다시금 언급하고 있다. 그러면서 계룡산을 찍어 대신을 보냈으며 그곳이 예부터 풍수가 빼어난 곳으로 꼽혀 왔다고 하였다. 위 설명과 함께 지어 올린 노래 가사 중에 "풍수도 절승하여 도서圖書와 틀림없다風水之勝 協于圖書"라는 대목이 있다는 점도 주목된다. 여기서

'도서'란 그냥 책이 아니라 도참서를 의미하는데, 정확히는 알 수 없지만 당시 무언가 계룡산 일대에 관한 도참서가 있었음도 알 수 있다. 이로 볼 때 권중화가 태실증고사로 임명되었을 당시 이미 막후에서는 계룡산 일대에서 신도 후보지를 찾아보라는 명을 함께 받았다고 보는 것이 정확할 듯하다. 권중화는 이에 딱 맞는 적임자라 하지 않을 수 없다. 우왕대 분분했던 여러 천도 논의에 참여하며 후보지들을 답사하고 돌아본 바가 있는 인물이었기 때문이다.

한편 권근이 이 기회에 이러한 풍요를 올렸다는 점도 주목할 필요가 있다. 앞서 청룡사 탑비문에서도 설명했듯이 그는 이 무렵 조정에 참여하지 못하고 충주에 우거하고 있던 터였다. 아마도 그가 충주에 있었기에 청룡사의 비문을 짓는 일에 더 자연스럽게 참여할 수 있었을지도 모른다. 위 노래를 올리면서도 권근은 그저 "충주의 기로(늙은이)"만을 자처할 뿐이었다. 그러던 중 천도 논의가 일면서 그는 관련된 글을 올리고 이후 자연스럽게 정계에 복귀할 기회를 만들 수 있었다.

권중화가 계룡산의 신도 후보지에 대한 지도를 바치자마자 이성계는 서둘러 계룡산을 보러 떠났다. 떠나는 길에 이성계는 회암사에 들러 왕사 자초(무학대사)도 데리고 갔는데, 이때 데리고 간 인물들의 면면을 보면 대체로 지리 관련 실무에 능하거나 이성계의 뜻을 원만히 행할 인물들이었다. 개국 과정의 최전선에 섰던 인물 중에는 유일하게 남은만이 수행하였는데, 기본적으로 이들은 천도에 부정적이었다. 이성계 일행이 청주 인근에 왔을 때까지도 도평의사사에서는 변경에 도적이 출몰하고 현비

(신덕왕후 강씨)가 아프다는 이유를 대며 행차를 막으려고 하였다. 그러자 이성계는 바로 정곡을 찔렀다.

"도읍을 옮기는 일은 세가대족이 모두 싫어하기 때문에, 구실을 만들어 이를 중지시키려는 것이다. 재상은 송경에 오랫동안 살아서 사는 곳을 편안히 여기고 다른 곳으로 옮기기를 즐겨하지 않으니, 도읍을 옮기는 일이 어찌 그들의 본뜻이겠는가?" (『태조실록』 권3, 태조 2년 2월 1일)

너희들이 송경에서 잘 먹고 잘 살아서 도읍 옮기는 것이 싫은 게 아니냐는 이성계의 거친 말에 좌우에서 당황하여 대답할 말을 찾지 못할 때 남은이 다음과 같이 이야기하였다.

"신 등이 외람되게 공신이 되어 높은 지위에 은혜를 입었사오니, 비록 새 도읍으로 옮기더라도 무엇이 부족한 점이 있겠사오며, 송경의 토지와 집이 어찌 아까울 것이 있겠습니까? 지금 이 행차는 이미 계룡산에 가까이 왔사오니, 원하옵건대, 성상께서는 가서 도읍을 건설할 땅을 보시옵소서. 신 등은 남아서 도적을 치겠습니다." (앞 기사)

남은은 자기들이 송경에 집착을 해서 그리겠냐고 하면서도, 남아서 도적을 잡겠다는 말로 계룡산에 가지 않겠다는 의사를 내비쳤다. 그러나 이성계는 이 역시 다시 직설적으로 받아친다. "도읍을 옮기는 것은 경들도 역시 하고 싶지 않을 것이다."라고. 결국 남은을 포함하여 일행 모두가 그대로 계룡산까지 갈 수밖에 없었다.

이처럼 억지로 우겨 태조 이성계가 계룡산에 다녀온 후 신속하게 진행되던 신도 공사는 그해 말 하륜의 건의로 중단되었다. 몇 달 전 경기좌·우도관찰사에 임명되며 복귀했던 하륜은 송대 호순신胡舜臣의 이야기에 근거하여 다음과 같이 상언하였다.

"도읍은 마땅히 나라의 중앙에 있어야 될 것인데, 계룡산은 지대가 남쪽에 치우쳐서 동면·서면·북면과는 서로 멀리 떨어져 있습니다. 또 신이 일찍이 신의 아버지를 장사하면서 풍수와 관련된 여러 서적을 대강 열람하였습니다. 지금 듣자하니 계룡산의 땅은, 산은 건방乾方에서 오고 물은 손방巽方에서 흘러간다 합니다. 이것은 송나라 호순신이 '물이 장생長生을 파破하여 쇠패衰敗가 곧 닥치는 땅'이라고 한 것에 해당이 되니, 도읍을 건설하기에는 적당하지 못합니다." (『태조실록』 권4, 태조 2년 12월 11일)

여기서 언급된 호순신의 책은 『지리신법地理新法』이다. 하륜이 부친상을 당한 것이 1390년(공양왕 2)이었으므로 위 인용문을 그대로 따른다면 호순신의 견해는 하륜이 검토한 지 몇 년 되지 않은, 무척 새로운 내용이었다.

하륜의 상언에 대한 태조의 반응은 매우 전향적이었다. 고려 왕릉의 입지를 놓고 호순신의 설에 따라 길흉을 맞추어 보게 하였고, 이것이 맞아 떨어지자 계룡산의 천도 공역을 그만두게 하였다. 새로운 의견에 따라 새로운 시각이 제기된 만큼 이제 지리에 대한 여러 설들을 종합해 볼 필요가 대두되었다. 천도 논의는 새로운 국면에 접어들었다.

천도지 답사, 마침내 한양으로

계룡산 공역을 중단시켰던 하륜이 추천했던 천도지는 무악이었다. 무악은 지금의 연세대학교 뒷산인데, 이 지역이야말로 새 도읍지를 위한 명당이라는 하륜의 생각은 매우 확고하였다. 뒷날 태종대 천도 논의가 다시 불거졌을 때에도 재차 무악을 후보지로 제기할 정도였다. 그러나 이 지역이 천도지로 적합하지 않다는 반대론 역시 매우 명확하였다. 천도지에 대한 여러 설들이 분분하자 여러 지리서와 도참서를 종합해서 검토해야 한다는 주장이 제기되었다.

　이때 여러 지리서를 검토하는 작업은 두 차례에 걸쳐 이루어졌다. 처음은 하륜이 호순신의 설을 제기한 후 1394년(태조 3) 2월 왕명으로 동방의 역대 현인들의 비결을 검토하게 한 것이었다. 이를 바탕으로 요약본인 『지리비록촬요地理秘錄撮要』가 작성되었다. 두 번째는 그로부터 5개월 후 천도 논의가 본격화되면서 음양산정도감을 설치하여 지리서들을 검토하도록 한 것이었다. 재미있는 것은 계룡산 신도 공사 과정에 참여한 인물들과 이때의 논의에 참여한 인물들이 서로 다르다는 점이다. 앞서 이야기한 대로 계룡산 공역에는 태조와 친하거나 그의 말을 그대로 실행할 사람들이 주로 참여하였고, 정도전이나 남은 등은 참여하지 않았거나 미온적이었다. 그러나 1394년의 천도 논의에는 정도전, 남은, 정총鄭摠(1358~1397) 등 개국의 주요 이데올로그들이 빠짐없이 참여하였다. 또한 권중화, 하륜, 이직李稷(1362~1431) 등 지리 분야의 지식을 인정받은 사람들이 대거 참여하였으며 권근도 『지리비록촬요』를 만들며 드디어 중앙 정계에 발을 딛게 되었다. 천도 논의는 하륜과 권근처럼 개국 과정에서 배제되었던 사람들이 의미 있게 자리를 잡도록 한 주요 계기이기도 하였다.

여러 논란 속에 드디어 1394년(태조 3) 8월, 무악을 비롯한 천도 후보지를 돌아보기 위한 이성계의 두 번째 답사가 시작되었다. 무악, 한양, 적성, 장단, 도라산을 거쳐 개경으로 돌아오는 약 열흘간의 여정이었다. 8월 11일 무악에 도착한 이성계는 서운관원인 윤신달尹莘達과 유한우劉旱雨 등에게 무악이 정말 좋지 않은지를 거듭 물었다. 이들은 이 땅이 정말 좋지 않다고 대답하였다. 여기서 잠깐, 윤신달과 유한우 등의 서운관원들이 태조대에는 무악에 대해서 정말로 좋지 않다고 대답하였다는 점을 기억해 두자. 태종대를 서술할 때 이에 대해 다시 한 번 이야기할 기회가 있을 것이다.

서운관원들의 부정적인 답변에 이성계는 "여기가 좋지 못하면 어디

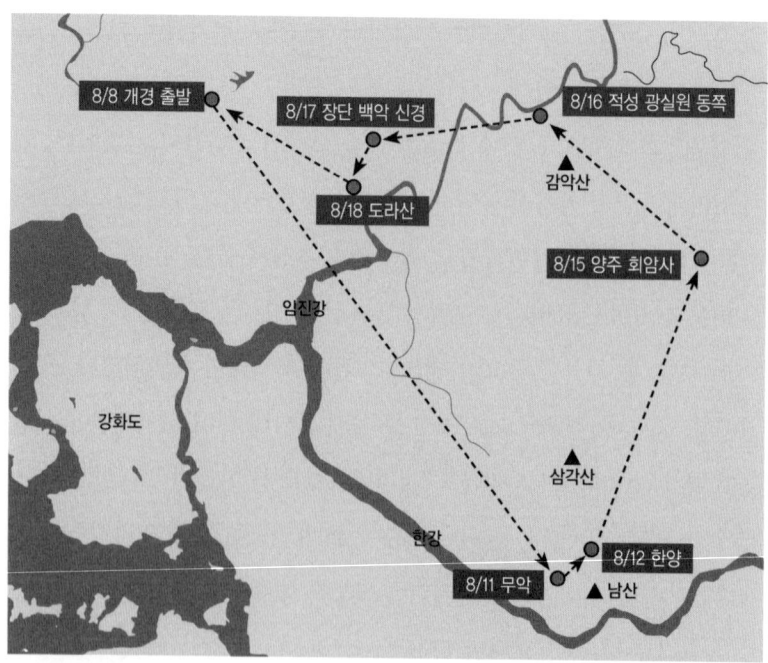

1394년의 천도 후보지 답사

1394년 8월 8일 개성을 출발한 태조 이성계와 일행들은 8월 11일에 무악에 도착하였다. 그러고는 이튿날 무악에 대해 논의한 후 한양으로 행차하였다. 마침내 8월 13일, 논의 끝에 한양으로의 천도가 결정되었다. 이후 일행은 8월 15일 양주 회암사에 거둥하였고, 8월 16일 후보지로 건의가 들어왔던 적성 광실원의 동쪽을 둘러본 후 장단 나루를 거쳐 8월 17일 장단 백악에 공민왕이 건설했던 신경 터를 살펴보았다. 그리고 8월 18일 후보지로 언급된 도라산을 지나 개성으로 돌아왔다.

가 좋으냐?" 하고 질문을 던졌다. 답사를 떠나기 전부터 무악이 새 도읍으로 적합하지 않다는 의견이 다수 있었던 바, 태조는 이미 무악이 아닌 그 다음의 방안을 염두에 두고 있었던 것이다. 이후 대화의 흐름을 보자. 그래도 도읍지로 쓸 만한 땅이 있다면 어디인지 말해 보라는 태조의 질문에 유한우는 다음과 같이 대답하였다.

"고려 태조가 송산(송악산) 명당에 터를 잡아 궁궐을 지었는데, 중엽 이후에 오랫동안 명당을 폐지하고 임금들이 여러 번 이궁으로 옮겼습니다. 신의 생각으로는 명당의 지덕이 아직 쇠하지 않은 듯하니, 다시 궁궐을 지어서 그대로 송경에 도읍을 정하는 것이 좋을 듯합니다."(『태조실록』 권6, 태조 3년 8월 11일)

한마디로 천도하지 말자는 이야기이다. 당연히 태조는 불쾌해하며 "내가 장차 도읍을 옮기기로 결정했는데, 만약 가까운 땅에 길지가 없다면 삼국 시대 도읍도 길지가 됨직하니 합의해서 알리라."고 하였다. 너희가 어떻게 버티건 간에 나는 기어이 천도를 할 것이고, 그렇게 길지가 없다고 할 것 같으면 경주나 평양이라도 도읍으로 삼겠다는 이야기였다. 그러고서 재상인 조준과 김사형金士衡(1341~1407)에게는 이렇게 일렀다.

"서운관이 전 왕조 말기에는 송도의 지덕이 이미 쇠했다 하고 여러 번 상서하여 한양으로 도읍을 옮기자고 하였다. 근래에는 계룡산이 도읍할 만한 땅이라고 하므로 사람들을 동원하여 공사를 일으키고 백성들을 괴롭혔는데, 이제 또 여기가 도읍힐 만한 곳이라 하여 와서 보니, 유한우 등이 좋지 못하다 하고, 도리어 송도 명당이 좋다고 하면서 서로 옥신각신하며 나라를 속인다. 이것은 일찍이 징계하지 않았기 때문이다. 경 등이 서운관 관

태조 이성계 어진(함흥 준원전 어진 (좌) / 전주 경기전 어진박물관 소장 (우), 국보 317호)
태조 이성계의 어진은 총 3종이 전한다. 이중 완본은 오른쪽의 경기전 소장 어진으로, 국보로 지정되어 있다. 왼쪽의 어진은 함흥 준원전에 소장되어 있던 것인데, 1913년에 촬영된 사진만이 남아 있다. 이외에 한국전쟁 때 부산 창고에서 불에 타서 오른편 절반만 남아 있는, 홍룡포를 입은 태조 어진이 있다.

준원전 어진(좌)은 장년의 이성계를, 경기전 어진(우)은 노년의 이성계 모습을 잘 보여 준다. 특히 준원전의 어진은 무장답게 건장한 체격과 군살 없는 다부진 골격을 지닌 장년 시절의 모습을 매우 잘 표현하고 있다. 실록에 수록된 이성계 일대기에서는 거짓말같이 무예 실력(특히 활쏘기와 말타기)이 대단하였고 한결같이 겸손하며 군졸들을 아끼고 유학자들의 말을 경청하려 했다고 그를 묘사하고 있다. 그러나 한양 천도 과정에서 그가 보여 준 모습들의 단편에서는, 아들 태종에게서 뚜렷이 보이는 직설적이며 거침없는 성격도 드러난다.

리로 하여금 각각 도읍될 만한 곳을 말해서 아뢰게 하라."(『태조실록』 권6, 태조 3년 8월 11일)

시쳇말로 서운관이 매맛을 못 봐서 저렇게 임금을 속이려 든다고 질책을 하는 것인데, 여기서 흥미로운 것은 바로 앞에서 삼국 시대 도읍지를 언급해 놓고 굳이 한양을 한 번 언급하였다는 점이다. 이는 한양에 자신의 뜻이 있다는 암시라고 봐도 되지 않을까? 이러한 과정을 보면 아마도 태조 이성계는 행차하기 전부터 무악에 대해서는 크게 고집하려는 뜻이 없었고, 한양을 염두에 두고 왔던 것으로 보인다.

그럼에도 불구하고 그 다음 날에 이어진 논의에서도 천도에 대한 반대가 절대다수였다. 정도전은 자신은 음양술수를 모른다며 아예 풍수를 무시하고 국가를 다스리는 일은 사람에 달려 있을 뿐이라고 이야기하였고, 다른 이들도 개경이 제일 낫다고 하였다. 태조와 개인적으로 가장 친밀했던 성석린조차도 개경이 낫다고 말할 정도였다. 어디건 간에 반드시 천도할 것이라는 태조의 천명에도 연일 거듭되는 반대에 태조는 매우 불쾌해하였다고 실록에는 전한다.

그날 무악에서 남경으로 행차하고, 다음 날인 8월 13일 드디어 남경의 옛 궁궐터를 살피며 새로운 논의가 시작되었다. 서운관 관원들이 이곳이 송경 다음 가는 땅이라고 한 말을 받아 태조는 기뻐하면서 이렇게 이야기했다.

"송경도 어찌 부족한 점이 없겠는가? 이제 이곳의 형세를 보니, 왕도가 될 만한 곳이다. 하물며 조운하는 배가 통하고 (사방과) 거리도 고르니, 백성들에게도 편리할 것이다." (『태조실록』 권6, 태조 3년 8월 13일)

그리고 태조는 주변의 의견을 물었다. 정도전을 비롯한 여러 재상들의 답변은 이러하였다.

"꼭 도읍을 옮기려면 이곳이 좋습니다." (앞 기사)

그렇게도 천도를 하고 싶다면 여기로 하라는 이 말에서는 약간의 체념도 느껴지지 않는가? 개국 세력들은 천도를 하려는 태조의 의지를 막을 수 없다면 적절한 지점에서 타협할 수밖에 없었을 것이다. 그렇게 한양 천도는 양자의 절충 속에서 가능하였다. 국내외 수많은 문제가 산적해 있던 그 시기에 개국 세력들은 천도를 원하지 않았다. 태조가 송도 지덕이 쇠했다는 말을 못 들어봤냐고 윽박지르는 것도 이들로서는 받아들이기 힘들었다. 불과 몇 년 전까지만 해도 그딴 쓸 데 없는 소리에 빠져서 한양 순주를 하고 연복사를 중수하느냐고 맹렬히 공격했던 이들이 아닌가. 그러나 어떠한 이유에서건 태조는 천도에 집착하였고, 계룡산이건 경주건 평양이건 가겠다고 한 이상 적절한 지점에서 절충하지 않을 수 없었다.

그 절충의 지점에 한양이 있었다. 원래도 풍수적으로 의미가 있고 좋다고 알려져 있어서 고려 때 남경이 설치되었던 땅이었다. 그리고 입지적으로도 국토의 중앙에 있어서 적절하였고 개발된 지가 이미 300년이 가까워 조운망과 교통로도 잘 구축되어 있는 곳이었다.

한양으로 천도하기로 결정하고 개경으로 돌아오는 길, 적성 광실원의 동쪽(현재의 양주시 감악산 일대), 도라산, 장단 백악(현재의 파주시 군내면)

등 몇 곳을 겸사겸사 더 돌아보기는 하였으나 결정을 돌이킬 이유는 전혀 없었다. 남경 연흥전이 완공되어 고려 숙종이 처음으로 순행한 지 정확히 290년 만에, 공민왕대 이래로 분분히 순주의 장소로 언급된 지 근 50년 만에, '경京'의 이름에 부합하는 명실상부한 새로운 수도로 한양이 재탄생하는 순간이었다.

전통의 영향과 퇴조, 그리고 수도의 조건

―――――――

천도지 답사를 마치고 개경으로 돌아온 후 도평의사사에서는 다음과 같이 아뢰었다. 조금 길지만 매우 논리 정연한 이 글을 한번 보자.

1) 옛날부터 임금이 천명을 받고 일어나면 도읍을 정하여 백성을 안주시키지 않음이 없었습니다. 그러므로 요 임금은 평양에 도읍하고, 하나라는 안읍에 도읍하였으며, 상나라는 박 땅에, 주나라는 풍호에, 한나라는 함양에, 당나라는 장안에 도읍하였습니다. 혹은 처음 일어난 땅에 정하기도 하고 혹은 지세가 편리한 곳을 골랐으나, 모두 근본이 되는 곳을 소중히 여기고 사방을 진정하려는 것이 아님이 없었습니다.

2) 우리나라는 단군 이래로 혹은 합하고 혹은 나누어져서 각각 도읍을 정했는데, 전 왕조의 왕씨가 통일한 이후 송악에 도읍을 정하고, 자손이 서

로 계승해 온 지 거의 5백 년에 운수가 끝이 나서 자연히 망하게 되었습니다. 삼가 생각하옵건대, 전하께서는 큰 덕과 신성한 공으로 천명을 받아 한 나라를 차지하시었고 이미 제도를 고쳐서 만대를 갈 나라의 정통을 세웠으니, 마땅히 도읍을 정하여 만세의 기초를 잡아야 할 것입니다.

3) 그윽이 한양을 보건대, 안팎 산수의 형세가 훌륭하다는 것은 옛날부터 이름이 났으며, 사방으로 통하는 도로의 거리가 고르며 배와 수레도 통할 수 있으니, 여기에 영원히 도읍을 정하는 것이 하늘과 백성의 뜻에 맞을까 합니다. (『태조실록』 권6, 태조 3년 8월 24일)

    도평의사사의 이야기는 얼마나 점잖은가! 바로 며칠 전, '왕조가 바뀌었다고 꼭 도읍을 새로 정하라는 법이 어디 있느냐, 나라 안 최고의 장소는 송경이다.'라는 얘기까지 하며 천도를 저지했으나 이제 그런 맥락은 싹 감추어졌다. 첫 단락에서는 중국의 역대 왕조에서도 늘 그랬다며 천도의 의미와 역사성을 설파하고, 두 번째 단락에서는 우리나라의 역사를 들며 천명을 받은 태조의 천도가 당연하다고 하였다. 며칠 전 오간 이야기를 알고 있는 우리로서는 이런 이야기들이 좀 뻔뻔하게 느껴질 수는 있지만, 이왕 결정된 것에 저 정도의 정당화도 못 한다면 그것도 문제일 것이다. 즉위 직후의 한양 천도 명령이나 계룡산 천도와 같은 이전까지의 천도가 국왕의 일방적인 명령으로 진행되었다면, 이제는 최고 관부인 도평의사사의 건의에 따라 국왕이 승인하는 형식을 갖추었다는 점도 중요하다. 어떤 때는 적절한 형식과 절차 그 자체가 이념일 때도 있다.

도평의사사의 글에서 가장 주목되는 부분은 마지막 단락이다. 처음과 두 번째 단락이 천도의 당위성을 설명하는 것이라면, 마지막 단락은 수많은 땅 중에서도 왜 하필 한양인가에 대한 설명이다. 그에 따르면 산수의 형세가 훌륭하고, 사방으로 통하는 도로의 거리가 고르며, 배와 수레가 통할 수 있기 때문이다. 얼마나 합리적인 선택인가. 국토의 중앙에 입지해야 하고 조운이 소통되어야 한다는 점은 21세기를 사는 우리도 동의할 수 있는 조건들이다. 그러나 정말 이것뿐이었을까? "산수의 형세가 훌륭하다"는, 약간은 모호해 보이는 이 말에는 무언가 다른 이야기들이 담겨 있지는 않았을까? 동방 역대 현인들의 비결들을 모아서 살펴보고 음양 지식들을 정리하겠다며 도감까지 설치하곤 했었는데, 실록에 정리된 것 이외의 다른 이야기가 분명 있지 않았을까?

이에 대해 서거정은 흥미로운 이야기를 전한다. 그는 개국 초 천도 논의에 참여했던 서운관원 이양달과 어린 시절 한동네에 살았는데, 열 살 무렵 들었던 천도할 때의 뒷얘기를 훗날 자신의 책에 기록하였다.

> 이양달은 나이가 85, 6세였는데 정신이 쇠하지 않았다. 늘 말하기를, "처음 한도漢都로 도읍을 정하였을 때 하륜이 '『도선기』에 한수입명당漢水入明堂(한수가 명당으로 들어간다)이라는 말이 있다.'고 하며 모악 남쪽에 건설하자고 하였으니 지금 연희궁 터다. 내가 '화악華岳의 남쪽도 실로 큰 땅이니 한수입명당이라는 말에 모자라지 않는다.'고 하여 중론이 결정되지 못하였다.

내가 또 '『도선비기』에는 (천도할 곳의) 서쪽에 공암이 있고 붉은 글씨가 쓰인 석벽이 있다고 하였다. 공암이라면 (한양과 무악) 두 곳의 서쪽에 있으니 모름지기 붉은 글씨를 찾아서 결정을 내려야 한다.'고 하였다. 그러다 인왕동 바위 위에서 붉은 글씨를 찾았는데 자획이 마멸되어 하나도 알아볼 수는 없었지만 이것을 얻었기 때문에 도읍을 건설하는 논의가 정해졌다. 다만 면악面岳이 어느 산을 가리키는지는 알 수 없었으나 화산華山이 아니면 부아악負兒岳이었을 것이다." (『필원잡기』 권2)

이양달의 이야기를 보면, 천도 논의 당시에 『도선기道詵記』 혹은 『도선비기道詵秘記』로 일컬어지는 책들을 참고하였다는 것을 알 수 있다. 동방 역대 현인의 비기를 참고했다는 실록의 뭉뚱그려진 표현 속에는 바로 고려 말을 떠들썩하게 했던 『도선비기』가 들어 있던 것이다. 그래서 『도선비기』에 맞는 땅을 찾기 위해 공암도 찾고, 붉은 글씨가 쓰인 바위도 찾아야 했다. 그러나 이런 이야기는 싹 제외하고 도평의사사는 국토의 중앙에 입지하고 조운이 소통된다는 '합리적' 이유에서만 한양이 선택된 것처럼 설명하였다. 당대 실록에 이러한 부분이 드러나 있지 않은 것은, 『도선비기』류의 참서에 의존해 천도지를 결정했다는 비난을 최소화하려는 의도에서였을 것이다.

그렇다면 이 시기의 천도는 이양달의 회고에서처럼 실제로는 그저 『도선비기』 같은 전통적인 도참설에 따라서 이루어진 것이었을까? 이 역시 정답은 아니다. 그보다는 세 가지가 축을 구성하며 팽팽하게 영향을 주고받았다고 보는 것이 정확하다. 바로 『도선비기』 같은 전통적인 도참, 형세를 설명하는 이론지리서, 그리고 국토 중앙 입지와 조운 소통 같은 입지조건이 이 세 가지이다. 계룡산은 도참에서 언급된 신성한 땅이었으나 지리서와 입지조건에 맞지 않는다는 이유로 공사가 중단되었다. 무악은 입지조건에 부합되고 하륜은 도참과 지리에도 부합한다고 주장하였지만, 다른 이들은 모두 도참에서는 논란의 여지가 있고 지리에는 적합하지 않다고 보았다. 한양도 역시 결점이 없었던 것은 아니었으나, 그래도 다수가 이 세 가지에 부합한다고 동의할 수 있었던 땅이었다.

세 가지가 중요한 기준이었다고 해서 동등한 위상을 갖고 있었던 것은 아니다. 도참은 암암리에 참고되었지만 권위 있거나 바람직한 지식으로는 인식되지 않았다. 정도전은 아예 이를 지식으로 취급도 하지 않았고, 서운관원들도 공식적인 석상에서는 자신들은 지리만 알 뿐 도참은 모른다고 하였다. 지리는 그보다는 좀 더 나은 지식으로 인식되었지만 구체적인 지역을 놓고서는 여러 말이 나올 수밖에 없는 모호한 해석적 지식이었다.

이에 비해 무엇보다도 중요한 상위 가치는 입지조건이었다. 하륜이 계룡산을 비판할 때도 입지조건을 먼저 거론하였고, 우왕대 성소를 찾았다며 사람들이 기뻐했던 북소 기달산의 경우는 조운이 소통되지 않는다고 퇴짜를 맞았다. 도참에 맞고 지리에 부합해도 입지조건이 마땅치 않으면 더 이상 진행될 수가 없었던 것이다.

고려 시기 내내 수많은 순주 논의와 행위가 있었지만, 이러한 입지

조건은 고려 말에서야 중시되기 시작하였다. 그런 의미에서 국토의 중앙에 입지하고 조운이 소통된다는 조건도 시대성을 띤다. 지금에서는 이들이 너무나도 당연한 조건으로 보이지만, 역사적으로 보면 꼭 이러한 입지조건 때문에 수도를 선택한 것은 아니었다. 경주나 개경은 건국자들의 출신지였기 때문에 수도가 되었던 것이다. 조운 소통보다 방어에 유리한지의 여부가 더 중요한 조건일 때도 많았다. 수도가 국토의 중앙에 입지하지 않고 한쪽에 치우쳐 있어도 사실 큰 상관은 없었다. 수도의 왕실과 관료나 귀족들을 부양할 정도의 영역만이 소통되면 충분했던 것이다. 당시는 지금처럼 이틀이면 택배가 오고, 가볍기 그지없는 화폐 ― 심지어는 인터넷 세상의 클릭 몇 번 ― 로 세금을 내면 그뿐인 세계가 아니었다. 궁벽한 지역의 경우엔 세곡을 운송해 오느라 인력과 경비를 쓰니 차라리 그 지역 내에서나 그 지역이 속한 광역 단위 정도에서 소화하는 것이 더 경제적인 경우가 많았다.

이 시기 국토의 중앙 입지와 조운 소통이라는 입지조건을 따졌던 것은 그만큼 최대한 전국에 대한 국가의 일원적인 지배 체제를 염두에 두고 수도를 생각했다는 의미이다. 새 수도의 이러한 입지조건은 중앙집권적인 국가를 구상하는 데 있어서 필수적이었고, 이는 시대적 의미를 지닌다. 여기에는 전 국토와 온 백성에 대한 일원적 지배를 시도했던 조선이라는 국가의 구상이 담겨 있다.

3

정도전이
경복궁에
담은 뜻

한양의 밑그림:

종묘와 사직, 궁궐,

시장과 도로

여러 난관을 뚫고 1394년 8월 24일 한양 천도가 결정되었다. 새 수도 건설 작업은 바로 시작되었다. 9월 1일 신도궁궐조성도감이 설치되었고, 9일 후에는 종묘와 사직, 궁궐, 시장과 도로의 터 등을 정한 도면이 작성되었다. 그리고 10월 25일, 이성계는 드디어 개경을 떠나 3일 후 한양에 도착하였다. 아직 궁궐도, 종묘도 아무 것도 없던 한양에 임금과 관료들이 먼저 이사부터 한 것이다. 한양부의 옛 객사를 임시 궁궐로 삼고, 12월부터 종묘와 궁궐 등의 공사를 시작하였다.

    이 과정을 보면 이성계의 다급함이 느껴진다. 새 궁궐이 착공조차 되지 않았는데, 일국의 군주가 옛날 관이 건물을 비집고 들어가다니! 고려 시기의 수많은 순주 논의 때도 그렇고 조선 태종대도 그렇지만, 임금이 머물 공간도 없는데 이어부터 하는 경우는 단 한 번도 없었다. 그만큼 모양 빠지는 짓이었지만, 이성계에게는 절실했던 것 같다.

급하게 천도를 하다 보니, 아무래도 건물의 터를 잡거나 건축을 하는 데 있어서 새로운 시도보다는 관습대로 하기가 쉬웠다. 종묘와 궁궐의 위치를 정하기 위해 파견한 인물에는 정도전, 남은 같은 개국공신이 있는가 하면 권중화, 김주金湊(1339~1404), 이직, 심덕부 등 실무형 관료들이 골고루 섞여 있었다. 새로운 건물들의 터잡기는 이러한 인물 구성처럼 적절히 관습적이면서도 적당히 새로웠다. 당시의 기사를 보자.

> 판문하부사 권중화·판삼사사 정도전·청성백 심덕부·참찬 문하부사 김주·좌복야 남은·중추원 학사 이직 등을 한양에 보내서 종묘·사직·궁궐·시장·도로의 터를 정하게 하였다. 권중화 등은 고려 숙종대에 경영했던 궁궐 옛터가 너무 좁다 하고, 다시 그 남쪽에 해방亥方의 산을 주맥으로 하고 임좌병향壬座丙向이 평탄하고 넓으며, 여러 산맥이 굽어 들어와서 지세가 좋으므로 〈여기를 궁궐터로 정하고〉, 또 그 동편 2리쯤 되는 곳에 감방坎方의 산을 주맥으로 하고 임좌병향에 종묘의 터를 정하고서 도면을 그려 바쳤다. (『태조실록』 권6, 태조 3년 9월 9일)

우선 수도를 만들 때 필요하다고 생각한 구성 요소들이 무엇인가를 찾아볼 필요가 있다. 지금 우리가 수도를 건설한다면 어떤 것들을 먼저 계획에 넣을까? 삼권의 구성 기관인 대통령의 거처와 행정부처의 공간들, 국회, 사법기관들을 먼저 계획에 넣지 않을까? 아니면 교통이 중요하니 우선 도로부터 구획을 할지도 모르겠다. 그런데 조선에서는 종묘, 사직, 궁궐, 시장, 도로를 계획의 첫머리에 넣었다. 이러한 수도 구성 요소의 차이가 정치체의 성격을 반영한다는 것을 단적으로 볼 수 있다.

그렇다면 왜 하필 이들 요소였을까? 여기 언급된 요소들은 『주례周禮』「고공기考工記」에서 도성 내에 꼭 있어야 한다고 명시한 건축물이다. 따라서 수도를 건설할 때 『주례』의 요소들이 계획자들의 머릿속에 있었다는 점을 알 수 있는데, 이는 매우 중요한 역사적 의미가 있다. 종묘나 사직이 처음부터 수도 계획에 포함된 것은, 우리 역사에서는 조선이 처음이었기 때문이다. 신라와 고려에도 종묘와 사직이 있었지만 모두 건국 후 한참이 지난 뒤에야 건설되었다. 신라에서는 7세기 신문왕대에 종묘를 도입하였고, 사직은 그보다 늦은 8세기에 건설하였다. 고려의 종묘와 사직은 건국 후 1세기 가까이 지난 10세기 성종대에 도입되었다. 고려에서 왕건이 수도를 개경으로 옮기고 첫 해에 한 것은 5부 방리를 설치하고 10곳의 사찰을 둔 것이었다. 그만큼 조선에서 수도를 건설하며 종묘와 사직, 그리고 시장과 도로를 수도 계획의 요소로 포함하였다는 것 자체에 대해서 주목할 필요가 있다.

그럼 『주례』「고공기」는 무슨 책인가. 『주례』는 『주관경周官經』이라고도 불리는 책으로서 중국 고대 주나라의 관제와 예법을 담고 있다고 알려진 책이다. 전체가 천·지·춘·하·추·동관의 여섯 개 챕터로 구성되어 있는데, 이것이 국가의 주요 기관들을 나타낸다. 중국에서 국가 기관을 다섯도 아니고 일곱도 아닌 하필이면 여섯(6부 체제)으로 구분한 것은 바로 『주

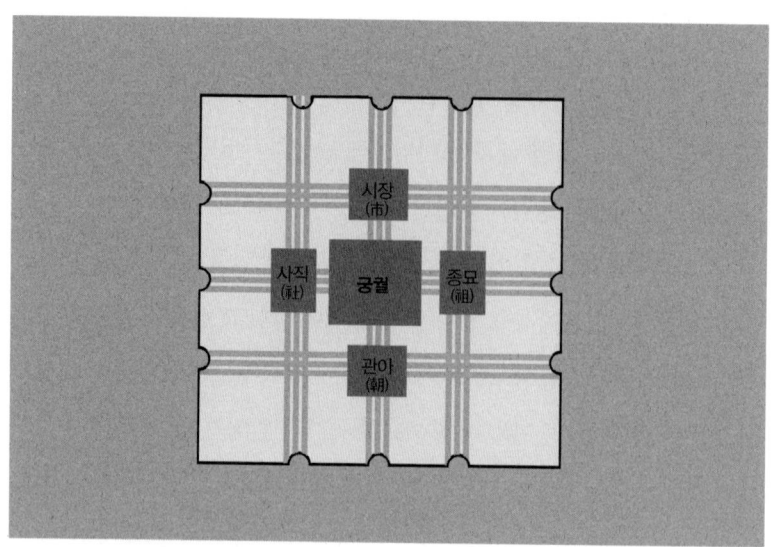

「주례」「고공기」의 도성 그림 개념도
정사각형의 도성을 건설하고 각 성벽에 3개씩 문을 낸다. 도성 안에는 9개의 도로가 남북─동서로 교차하는데 3개의 성문을 지나야 하기 때문에 후대 학자들은 1개의 도로에 3개의 길이 있는 것으로 해석하였다. 가운데 남면하는 궁궐이 있고 좌우에 종묘와 사직이, 전후에 관아와 시장이 위치하는 것이 기본이지만, 구체적으로 궁궐로부터 얼마나 어떤 방식으로 떨어져 있어야 하는가에 대해서는 규정이 없다. 이 때문에 그 구현 방식은 수도마다 같지 않았다.

례」의 짙은 영향에 근거한 것이었다. 조선도 마찬가지여서 이·호·예·병·형·공조의 6조를 두었으며, 이 순서 역시 『주례』의 편명에 각각 부합한다.

유교 문화권에서 주나라는 가장 이상적인 국가로 인식되어 온 만큼 『주례』는 국가의 이상적 관제나 예법을 담고 있는 책으로 유학자들에 의해 오래전부터 주목받아 왔다. 그러나 그만큼 논란이 많았던 책이기도 하다. 진위 여부, 실제 저작 시기와 저자 문제 등 많은 논란거리를 안고 있었고, 특히 마지막 편인 「동관」은 통째로 사라져서 한나라 때 「고공기」라는 책으로 보완한 만큼 논란의 여지는 더욱 컸다. 『주례』 자체에 대한 경학 사상의 논란은 이 글의 범위를 훨씬 벗어나므로 이쯤에서 접어두자. 여하간 중요한 것은 많은 유학자가 이상적인 국가로 생각하는 고대 주나라의 관제나 예법이 『주례』에 담겨 있다고 믿어 왔기 때문에 이를 여러 방식으로 해석하고 재해석하며 이상적인 국가 체제를 구축하기 위한 자산으로 삼아 왔다는 점이다.

이중에서도 『주례』의 「고공기」 편에는 수도 계획과 관련된 주요한 원칙들이 간략하게 소개되어 있다. 성곽은 방형이며 각 면마다 세 개의 문이 있다는 것, 도성 안에는 아홉 개의 남북 방향 도로와 아홉 개의 동서 방향 도로가 있고 3등급으로 구별되는 폭의 도로가 있다는 것 등이다. 그중 '전조후시前朝後市 좌조우사左祖右社'라는 원칙이 있는데, 남면하고 있는 궁궐의 앞(남)에 관아를, 뒤(북)에 시장을 두고, 궁궐의 왼쪽(동)에 종묘를, 궁궐의 오른쪽(서)에 사직을 둔다는 뜻이다. 이 원칙을 참조한다면 권중화, 정도전 등이 정했다는 터에 대한 설명이 어느 정도 이해가 간다. 규모가 큰 건물군일 뿐 아니라 기준 위치를 정하는 데 가장 공을 들여야 하는 것이 궁궐과 종묘이기 때문에 실록에는 이 두 건축물의 입지에 대한 설명만을 수록하고 나머지는 도면으로 설명을 대체했던 것으로 보인다.

그런데 조선 초 한양의 수도 계획을 세울 때 『주례』를 얼마나 의식하며 적용했는지는 약간 논란이 있다. 『주례』식의 계획이라 한다면 네모반듯한 성곽이 노성을 둘러싸고 종묘와 사직, 관아와 시장 등의 여러 요소가 중앙의 궁궐을 중심점으로 삼아 대칭적으로 입지해야 한다. 그러나 실제 건설된 한양의 모습은 대칭의 '대' 자도 갖다 붙일 수 없을 만큼 제멋대로 생겨 있다. 성곽은 산세에 따라 건설되다 보니 찌그러져 있고, 주산이 서북쪽에 치우쳐 있는데 그 밑에 궁궐을 배치하니 궁궐도 치우쳐 있다. 종묘와 사직도 대칭이 아니고 궁궐 북쪽에는 시장이 있을 만한 자리도 없다. 산세의 모양(서북쪽과 남쪽이 높고 동남쪽이 낮은 것), 주요 산에 주요 건물들을 배치하는 방식, 산의 능선을 따라 성곽을 건설하는 것 등은 개경과 동일하다. 그렇기 때문에 한양은 지형에 따라, 혹은 풍수에 따라 건설된 도성이며 그다지 『주례』에 입각하지 않았다고 평가하는 것이 일반적이었다.

한양이라는 수도의 모습은 개경과 비교할 때 전혀 새로운 무엇이라는 느낌이기보다는 전반적으로 매우 비슷한 모습인 점은 틀림없다. 수도의 계획 도면을 만들 때 참여한 인물들 면면을 보면 그럴 수밖에 없기도 하다. 전통적으로 지리 지식이 뛰어나다고 인정받았던 권중화나 김주, 이직 같은 사람들이 참여하였다는 점은 계획안을 만들 때 이전의 지리 지식을 많이 참고하였다는 의미일 것이기 때문이다. 그러나 그렇다고 하여 『주례』에 입각하지 않았다고 평가하는 것은 다시 생각해 볼 필요가 있다.

한양이 『주례』에 입각하였는지를 평가하려면 먼저 당대에 『주례』에 입각한 수도 계획이 무엇이라고 인식하였는지를 설명할 수 있어야 한다. 『주례』식 수도 계획이란 개념은 고정불변의 것이 아니라, 시대와 사회에 따라 매우 다를 수 있기 때문이다.

이러한 부분을 이해하는 데에는 독일식 개념사의 성과가 상당히 도움이 된다고 생각한다. 개념사는 1970년대 독일에서 체계를 갖춘 이후

지평을 넓혀 가고 있는 새로운 분야이다. 개념사에서는 언어와 실재 사이에 결코 안정적인 관계가 존재하지 않는다고 본다. 양자의 관계는 모호한데, 언어도 현실도 늘 변화하고 있을 뿐만 아니라 두 가지가 서로 영향을 미치면서 관계를 맺기 때문이다. 어떤 때는 두 가지가 함께 변화하기도 하지만 어떤 때는 그렇지 못한 때도 있다. 그렇기 때문에 개념사에서는 옛날 사람들이 당시 현실에 대해 어떻게 의미를 부여하였는지 그 과정을 분석하며, 다른 한편으로는 옛날 사람들이 언어를 사용하는 것에 당시 현실이 어떠한 영향을 주었는지를 동시에 분석한다.

『주례』는 몇천 년 전에 존재했던 한 나라에 대한 이야기를 성글게 담고 있는 책에 불과하고, 다른 많은 경전들이 그래왔듯이 이는 다양하게 해석되며 현실에 적용되어 왔다. 유교 문화권에서 제도개혁론자들은 늘 『주례』를 언급하곤 하였지만, 그『주례』는 늘 조금씩은 다른 개념이었다. 마찬가지로『주례』식 도성에 제일 가깝다고 평가되는 중국의 수도들조차도 따지고 들어가면 세세한 부분에서는 일치하지 않는다. 현실의 조건이 달랐으며, 개념에 대한 이해가 시대에 따라 달랐다. 그런 만큼 그 구현은 동일할 수가 없다.

한양의 모습을 본다면, 그들의『주례』적 수도 계획 개념을 역으로 추정해 볼 수 있다. 적어도 그들은 수도의 형태 — 방형의 성곽이나 대칭의 건축물 — 에 중점을 둔 것은 아니었고, 그보다는『주례』에서 언급하고 있는 수도 계획의 요소를 적용하려고 했다. 바로 이 지점이 당대의『주례』적 수도 계획의 개념이었다. 그런 점에서 전에 없던 요소들이 첫 수도 계획부터 고려되었다는 점들은 그만큼 『주례』를 현실에 반영하고자 한 노력이 있었다고 평가할 만하다. 세세한 구성에서 꽤 차이가 벌어지는 것은, 그만큼 시기가 다르고 지형이 다르며 삶의 터전을 만들어온 지리 인식이 다르기 때문이었다. 어차피 『주례』라는 책 자체가 지리서가 아닌 이론서이기 때문에 이러한 변용은 어쩔 수 없는 것이기도 하다. 한양의 수도 계획을 평가할 때에는 새로운 지향과 오래된 전통, 현실적 한계 등을 아울러 한 시선에 넣고 깊고 넓게 생각해 볼 필요가 있다.

자, 그런 점에서 다시 권중화, 정도전 등이 정했다는 새 궁궐의 입지 이야기에 다시 집중해 보자. 그들은 고려 숙종 때 지은 옛 궁궐터(남경 연흥전)가 너무 좁다고 하며 그 남쪽 평탄지에 해방의 산을 주산으로 삼아 궁궐의 자리를 잡았다고 하였다. 경복궁의 현 입지를 놓고 이 이야기를 역으로 추정해 보자면 남경 연흥전 터가 경복궁 뒤쪽의 구릉지에 있었는데, 그 공간이 좁았다고 해석하는 것이 순리이다. 이 사료만 놓고 보면 이 이상으로 해석할 수가 없다. 그렇기 때문에 현재 남경 연흥전 터는 대체로 경복궁 후원이나 청와대 인근으로 추정되곤 한다.

그런데 정말 남경 연흥전 터가 경복궁 뒤쪽이었을까? 앞서 언급했던 것처럼 연흥전의 주산이었던 면악이 삼각산이냐 부아악(백악)이냐를 놓고 말이 있었다는 이양달의 후일담 등을 보면, 어쩌면 이 무렵엔 이미 남경 연흥전 터는 잊혀진 상태였을지도 모른다. 그렇다면 저 말은 역으로 경복궁의 주산이 옛 남경의 주산이었다고 '주장하는' 것일 수도 있다. 남경 설화가 조선의 건국을 정당화하는 이야기였다는 점을 떠올려 보면, 옛 남경의 주산을 그대로 따랐다는 것도 건국을 정당화하기 위한 레토릭이었을 가능성이 있다. 본격적인 발굴이 이루어진 것은 아니지만, 경복궁 일대보다는 다른 지역에서 고려 중기까지 거슬러 올라갈 수 있는 유물들이 더 많이 나온다는 점은 이러한 설을 뒷받침하는 자료일 수도 있다.

어느 쪽이 맞는 것일까? 아직까지는 판단을 유보하려고 한다. 이양달의 이야기를 보면 경복궁 뒤쪽이 실제 고려 시기 남경 연흥전 터가 아니었을 수도 있지만, 그의 이야기 역시 기억에 의지하여 몇 단계를 거친 것인 만큼 백 퍼센트 신뢰할 수는 없다. 서거정의 『필원잡기』에 수록된 내용이란 팔십 줄의 노인이 한 이야기를 십 대도 안 된 소년이 들었다가 나중에 기록한 것이니 말이다. 개인적으로는 청와대와 그 일대를 한번 제대로 발굴해 보면 재밌겠다 싶기는 하지만, 다른 한편으로는 괜히 손대느니 후손들에게 고이 잘 물려주는 것이 상책이라는 생각도 든다. 발굴은 늘 파괴를 수반하기에 후손의 몫을 남겨둔다고 하지 않던가.

사실 진짜 중요한 것은 남경 연흥전의 위치보다도 저 글의 후반부이다. 진짜건 가짜건 간에 "남경 연흥전 터는 좁았다, 그래서 우리는 그 아래 평탄하고 넓은 땅을 새롭게 선택했다."라는 부분. 경복궁 터는 어쨌거나 새로이, 특히 '평탄하고 넓다平衍廣闊'라는 점에 방점을 두고 선택된 자리라는 의미이다. 송악 아래 높은 구릉지대에 위치한 고려의 본궐과는 전혀 다른 형태의 땅. 그래서 고려인들에게는 어쩌면 익숙지 않을, 그런 땅에 새 국가의 새 궁궐 자리를 잡은 것은 분명 의도가 있는 행위였다.

경복궁은 어떻게 구성되었나

1394년 12월부터 시작된 경복궁 공사는 약 10개월간의 공사를 거쳐 이듬해인 1395년(태조 4) 9월 완성되었다. 종묘와 새 궁궐, 그리고 궁궐 앞의 관청들이 완성되었음을 기록한 실록에 따르면 창건 당시 경복궁의 전각 규모는 총 775칸 정도로, 이를 표로 정리해 보면 다음과 같다.

창건 초기 경복궁의 전각 구성

구분	건물 이름	칸수	비고
내전	연침(燕寢)	7	[강녕전(康寧殿)]
	이방(耳房) 및 행랑(行廊, 穿廊포함)	49	
	동소침(東小寢)	3	[연생전(延生殿)]
	천랑(穿廊)	12	
	서소침(西小寢)	3	[경성전(慶成殿)]
	천랑(穿廊)	12	
	보평청(報平廳)	5	[사정전(思政殿)] 시사(視事)하는 곳
	이방(耳房) 및 행랑(行廊, 穿廊포함)	82	
	내전 칸수 소계	173	

외전	정전(正殿)	5	[근정전(勤政殿)] 조회를 받는 곳
	행랑(行廊, 穿廊포함) 및 수라간	38	
	동루(東樓)	3	[융문루(隆文樓)]
	행랑(行廊)	28	
	서루(西樓)	3	[융무루(隆武樓)]
	행랑(行廊)	28	
	전문(殿門)	3	[근정문(勤政門)]
	행랑(行廊) 및 각루(角樓)	26	
	오문(午門)	3	[정문(正門)]
	행랑(行廊), 수각(水閣) 및 각루(角樓)	75	
외전 칸수 소계		212	
궐내 각사	등촉인자방(燈燭引者房)		
	상의원(尙衣院)		
	양전사옹방(兩殿司饔房)		
	상서사(尙書司)		
	승지방(承旨房)		
	내시다방(內寺茶房)		
	경흥부(敬興府)		
	중추원(中樞院)		
	삼군부(三軍府)		
	동서누고(東西樓庫)		
궐내각사 칸수 소계		390여	
이상 칸수 합계		775여	

* 홍순민, 1996, 『조선왕조 궁궐 경영과 "양궐체제"의 변천』, 서울대학교 국사학과 박사학위 논문, 77면 〈표 2〉 축약 재인용
** [ ]는 칭도진이 명명한 전각명이다.

당시 경복궁은 전체적으로 내전 173칸, 외전 212칸, 궐내각사가 390여 칸, 총 775칸 정도의 규모로서 궁궐의 전체 영역을 감안하면 건물의 밀집 정도는 그다지 높지 않았다. 고종대 중건된 경복궁은 건물들의 밀집 정도가 이보다는 5~6배 정도 높았던 것으로 추정된다.

위의 표를 얼핏 보면 어려운 말들이 많지만, 행랑을 제외하고 보면 기본 구조는 명쾌하다. 압축해 보면 연침(침전, 7칸)과 그 동서의 소침(작은 침전), 보평청(5칸), 정전(5칸)과 주변의 동서 누각과 문이 기본 구성 요소였고, 이들 전각들을 행랑이 감싸거나 사이사이 연결하고 있는 직사각형의 구조였다. 이 실록의 기록을 바탕으로 몇몇 연구자들이 초창기 경복궁 도면을 추정한 바가 있다. 연구자에 따라 약간씩의 차이는 있지만, 남북 중축선 위에 정전, 보평청, 연침의 세 전각이 일렬로 늘어서고 좌우대칭의 배치라는 기본 윤곽은 동일하다.

단일한 남북 중축선(정남-정북은 아니지만)과 대칭의 구조는 경복궁의 이미지를 우리나라의 다른 어떤 궁과도 다르게 만드는 핵심적인 요소이다. 조선 초 명당지세의 기준이기도 하였던 고려의 법궁 본궐은 송악산 구릉을 따라 층층이 올라가며 건축물들이 구성된 형태였다. 그래서 단일한 중축선이 가능하지 않음은 물론, 대칭도 불가능했다. 또한 경복궁 이후에 건설된 다른 궁궐에서도 경복궁과 같은 정연하고 대칭적인 구성이 나타나는 곳은 없다. 태종대 건설된 창덕궁, 성종대 건설된 창경궁, 광해군대 건설된 경덕궁(경희궁) 모두 약간의 구릉을 끼고 지세에 따라 형성되었다. 일반 민간의 건축물들도 구릉지를 끼고 건설된 경우가 많았기 때

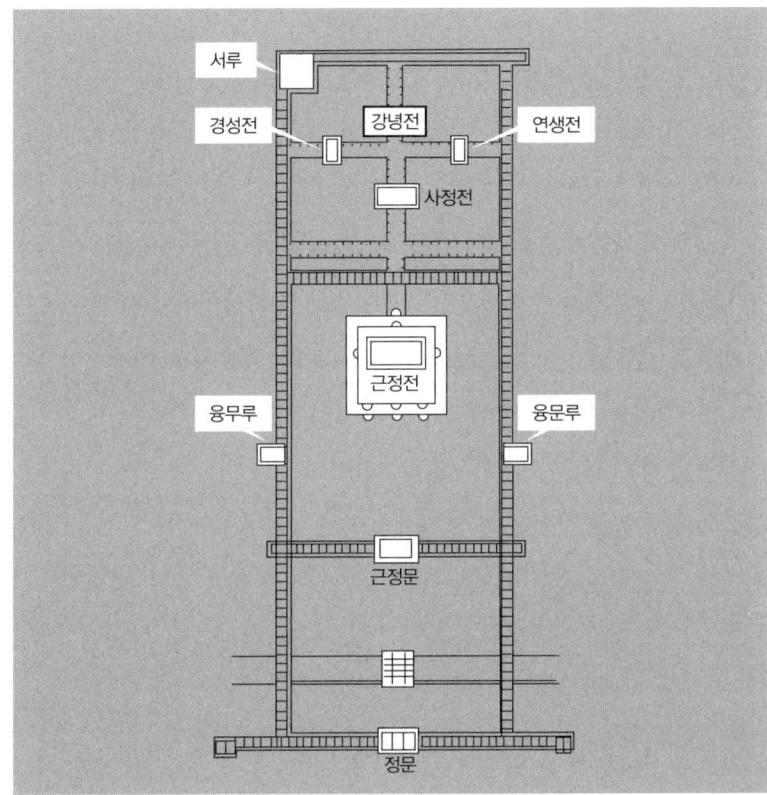

초기 경복궁 배치 추정안
몇몇 학자들이 실록의 기사를 바탕으로 추정안을 작성한 바 있다. 하지만 기록에 칸수만이 나와 있을 뿐 칸의 크기나 연결 방식 등에 대해서는 나와 있지 않아서 학자마다 약간씩의 차이를 보인다. 여기에서는 곽순조의 추정안을 소개한다. (곽순조, 2000, 「궁궐운영을 통하여 본 조선전기 경복궁의 배치특성에 관한 연구」, 성균관대학교 건축학과 석사학위 논문)

문에 경복궁의 구성은 더욱 이질적이다. 그래서인지 많은 한국인이 지세에 따라 '자연스러운(자연스럽게 배치되었다고 믿는)' 창덕궁은 좋고 편안하다고 느끼지만 경복궁은 어딘가 불편하고 휑뎅그렁하다고들 한다.

그런데 앞서 이 궁궐의 입지를 선정한 과정을 보면, 북쪽에 위치한

산 쪽으로 좀 더 붙여서 구릉을 끼고 궁궐을 지을 수도 있었는데, 일부러 이러한 자리를 찾아왔음을 잘 알 수 있다. 지금이야 평탄한 지대가 건물을 짓기 편한 지형일지 모르겠지만, 옛날 기준에서 보면 역으로 물난리가 나거나 땅이 저습하여 토대가 약할 가능성이 높다. 실제 경복궁은 백악에서 내려오는 두 물줄기가 좌우로 감싸고 흐르는 지역이어서 원 지형이 저습지였을 가능성이 높다. 비공식적인 자리에서 주워들은 이야기이기는 하지만, 경복궁 일대에서 시굴과 발굴 작업을 진행한 적이 있으신 어떤 선생님은 경복궁의 원 입지가 저습지였기 때문에 이를 보토하고 기반을 다지기 위해 많은 작업을 한 흔적이 보인다고 하신 적이 있다. 이렇게 품이 많이 드는데도 굳이 이 평탄하고 넓은 자리를 찾은 것은, 의도적으로 지금 보는 것 같은 정연한 구성을 염두에 둔 것이 아니라 할 수 없다.

그렇다면 왜 굳이 익숙하지 않은 정연한 구성이 필요하였던 것일까? 실제 경복궁의 이러한 정연한 구조는 정작 살아가는 데에는 그다지 편리하지도 않을 뿐만 아니라, 의례의 동선을 구성하는 데에도 썩 편하지 않았다는 평가가 많다. 그런데 왜 그랬던 것일까. 이럴 때 흔히 많이 나오는 가설이 이 시기에 '예禮'를 중요한 가치로 생각했기 때문이라는 것이다. 그러나 '대칭'이 곧 '예'인지, 대칭을 통해서만 예가 구현되는지는 잘 모르겠다.

이보다 더 흔한 가설은 중국의 궁궐들, 특히 명의 남경 궁궐에서 영향을 받았다는 것이다. 많이들 그런 식으로 영향관계를 찾으려고 한다. "조선의 ○○은 원/명/청의 ○○에서 영향을 받아 형성되었다."는 설명은 여러 글에서 손쉽게 찾을 수 있는 문구다. 그러나 이 가설도 좀 더 진지하게 생각해볼 필요가 있다.

역사가들은 부족한 정보들을 연결하여 그럴싸한 서사를 만들어내는 사람들이기 때문에, 항상 '영향관계' 같은 것을 과장하는 경향이 있다. "A씨와 B씨가 동문수학하였기 때문에 둘 사이에 상당히 긴밀한 관계가 있었다." 같은 서술이 대표적이다. 하지만 우리가 살아 봐서 알지만, 초등학교 6년 동안 같은 반에 있었어도 안 친한 아이들과는 끝까지 친해지지 않는다. '동문수학'이라는 정보는 흥미 있는 서사로 연결될 수 있는 좋은 정보기는 하지만, 이러한 정보들에 대해서 역사가들은 신중해질 필요가 있다.

그렇다면 양자의 영향관계를 신중히 판단하려면 어떤 절차가 필요할까? 저술에 대한 방법론으로 제시한 것이기는 하지만, 여기에서도 퀜틴 스키너의 주장을 주목하고자 한다. 그는 두 저술 사이의 영향관계를 입증하려면 다음 세 가지 조건이 충족되어야 한다고 이야기했다. 첫째 A의 주장과 B의 주장 사이에 진정한 유사성이 존재해야 한다. 둘째 B는 A 말고는 해당되는 주장을 발견할 수 없어야 한다. 셋째 그 유사성이 우연일 가능성이 매우 낮아야 한다. 그렇지 않을 경우 영향에 대한 설명은 단지 신화적 허구에 불과하다고 스키너는 결론지었다.

이 세 가지 조건을 조선의 경복궁과 명의 남경 궁궐 사이의 영향관계에 적용하여, 이 조건이 모두 다 충족되는지를 입증할 수 있을까? 물론 사료에는 없지만 고려 말부터 명에 사신으로 드나들던 인물들에게, 명 남경의 장엄한 구조가 부지불식간에 큰 영향을 주었을 수도 있다. 영향을 받았다는 얘기를 굳이 하기 싫어 기록에 남기지 않았을 수도 있다. 그러나 영향관계에 대한 추정은 스키너의 지적만큼 연구자들이 더 신중하고도 정밀하게 고민할 필요가 있다. 그렇지 않다면 너무 나태한 서술이 되기 쉽다.

또한 어쩌면 고민의 지점은 그곳이 아니어야 할 수도 있다. 영향은 주는 자의 것이 아니라 받는 자의 것이기 때문이다. 어디에서 영향을 받았다는 설명은 완전하지 않으며, 중요한 것은 왜 그 영향을 선택하였는지가 더 중요하다. 경복궁에 대해서라면, 좀 더 고민할 필요가 있다.

여하간 이렇게 종묘와 궁궐이 완성된 지 약 한 달이 지난 1394년 10월 5일 을미일, 기념비적 행사가 거행되었다. 새 수도 한양에 건설된 새 종묘에서 처음으로 태조의 친제가 거행된 것이다. 종묘에서 임금이 초헌을, 세자가 아헌을, 우정승 김사형이 종헌을 거행했고 임금은 자리로 돌아와 중외의 조하를 받았다. 당시 이 제례를 위해 정도전 등이 의주와 음악을 새로 갖추는 데 상당히 노력하였다고 전하는 것을 보면, 첫 친제에 걸맞게 상당히 엄숙하면서도 격조 있는 의례였을 것이다.

종묘 행사는 참여 대상인 관료들 이외에는 볼 수 없어서 그 높은 격조를 공유할 대상이 많지 않았지만, 종묘에서 궁으로 돌아가는 환궁의 길은 달랐다. 제례를 마치고 종묘를 나선 태조 이성계는 평두련平兜輦을 타고 시가에 이르렀다. 아마도 종묘 정문 앞에서 남쪽으로 내려와 종로와 만나는 지점, 흔히 종묘동구라고 불리던 곳이 아니었을까 싶다. 이곳에는 성균관 생도들이 가요를 올리려고 기다리고 있었다. 성균박사의 인솔 아래 태학생들은 세 편의 가요를 올렸다. 첫째는 천감天監이니 천명 받은 것을 찬양한 것이요, 둘째는 화산華山이니 도읍 정한 것을 찬양한 것이요, 세째는 신묘新廟이니 종묘를 세워서 친히 제사를 드린 것을 찬양한 것이었다. 천명을 받고, 새 도읍을 정하고서, 새 종묘에서 제사를 지낸 이날의 의미를 정확히 읊은 것이었다.

장관은 여기서 끝이 아니었다. 어가가 종로 거리를 따라 서쪽으로 움직이며 운종가에 이르자 전악서 소속의 여악들이 노래를 부르며 춤을 올렸으며, 임금은 세 번이나 가마를 멈추고 이를 구경하였다. 이날 행사의 절정은 새 궁궐의 정문인 오문 앞에 임시로 차려진 막차에서 교서를 반포한 것이었다. 이날을 기점으로 이전까지 지은 죄를 사면하고 고려 때 체납된 각 지방의 세금을 면제하였다. 백성을 근본으로 삼을 것이며 농업과 잠업, 교화를 나라의 바탕으로 삼을 것이라는, 국정의 기조를 천명한 교서였다. 새 도읍에는 아직 갖추어져야 할 것들이 산적해 있었지만, 이날의 장엄한 행사는 상징적으로 새 도읍이 완비되었다는 선언이었다.

임금의

큰 복은 무엇인가:

경복

───

종묘 친제를 마치고 사흘 후, 새 궁궐에서 잔치가 벌어졌다. 종묘 제사에 참여한 집사관에게는 품계를 하나씩 올려주고, 고위 관료들에게는 내구마 한 필씩을 하사하였다. 특히 정도전에게는 거기에 더하여 금으로 장식한 각대까지 하나 더 내리며 공을 치하하였다. 그리고 그 자리에서 정도전은 새 궁궐의 이름, '경복景福'을 다음과 같이 지어 올렸다.

전하께서 즉위하신 지 3년이 되던 해, 한양에 도읍을 정하시고 먼저 종묘를 세운 다음 궁궐을 건립했습니다. 그 이듬해 10월 을미일(5일)에 상께서는 친히 곤룡포와 면류관을 갖추고 선왕先王과 선후先后에게 새 종묘에서 제사를 지내고, 이어 군신들에게 새 궁궐에서 잔치를 여셨습니다. 이것은 신神의 은혜에 감사하며 미래의 복을 받기 위한 것이었습니다.

술이 세 순배가 돌자 신 정도전에게 명하시기를, '지금 도읍을 정하여 종묘에 제사 지내고 새로운 궁궐이 낙성되어 여러 군신들과 잔치를 열게 되었으니, 그대는 마땅히 궁전의 이름을 지어서 나라와 더불어 길이 빛나도록 해야 할 것이다.'라고 하셨습니다.

신이 분부를 받자와 삼가 손을 모으고 머리를 조아려 『시경詩經』 주아周雅에 있는 '이미 술에 취하고 이미 군주의 은덕에 배부르니 군자는 영원토록 그대의 크나큰 복(경복景福)을 받으십시오.'라는 시詩를 외우고, 새 궁궐을 경복궁이라고 이름 짓기를 청하옵니다. 전하와 자손께서 만년 태평의 왕업을 누리시옵고, 사방의 신민으로 하여금 길이 보고 느끼게 하시옵소서.

(『삼봉집』 권4, 기 경복궁)

이 글에서 먼저 주목해야 할 부분은 이름을 지어 올리는 상황과 그 분위기이다. 사흘 전 새 종묘에서 첫 친제를 지낸 후, 이날 새 궁궐에서 대대적인 연회가 펼쳐졌다. 군주가 조상에 대한 제례를 원만히 잘 치렀음을 축하하고 그 공을 나누는 자리였다. 그런데 이 분위기는 바로 정도전이 언급한 『시경』의 분위기이기도 하였다.

정도전이 언급한 편은 『시경』「대아大雅」의 생민지십生民之什 편 중에서도 기취既醉 장이었다. 생민지십 편의 시들은 대체로 주나라에서 교사郊祀(천자가 교외에서 하늘과 땅에 지내는 제사)를 지내는 예법과 관련되는 것으로 추정되는데, 그중에서도 기취 장은 제사 후 풍성하게 음복한 이들이 군주의 은덕에 감사하며 그에 대한 답으로 시를 올려 큰 복을 받을 것을 칭송하는 내용이다. 해동의 주나라가 되기를 꿈꾸는 나라, 조선에서 바로 이때 종묘 친제를 기념하며 연회를 벌인 것과 딱 맞춤이지 않은가.

술이 세 순배 돌아 모두들 기분 좋게 술기운이 올랐을 무렵, 군주가 개국의 일등 공신인 신하에게 이렇게 좋은 날 새 궁궐의 이름을 지으라는 영광된 명을 내린다. 그러자 군주의 은덕에 감격한 신하가 일어나 바로 이 분위기에 딱 맞는『시경』의 한 대목을 읊으며 군주에게 기원한다. 큰 복(경복)을 받으시라고. 그리고 그것을 새 궁궐의 이름으로 하자고. 이렇게 성대하면서도 아름다운 모습은 당연히 치밀한 계획 아래 거행된 섬세한 의례일 수밖에 없다. 종묘 친제부터 이날의 경복궁 연회, 그리고 전각명의 찬진은 모두 정교한 계획 아래 준비된 것이다.

그렇다면 기취 장에서 언급된, 군주가 받기를 기원한 큰 복은 구체적으로 어떤 것인가? 바로 훌륭한 자손이 계속 등장하여 국운이 영원히 이어지라는 것이었다. 조상에 대한 제례를 충실히 잘 치르는 군자 자신이 이미 효자이다. 그런 군자가 죽음을 잘 맞이하고, 그가 죽은 후에도 그처럼 효자인 자손이 그를 계승할 것을, 그리고 그 자손이 또 훌륭한 배필을 얻어 좋은 자손이 잇달아 나오기를 기원하는 것이 기취 장의 내용이다. 오래오래 이 왕업이 계속되기를 기원하는 것이야말로 개창한 지 이제 3년이 된 새 왕조가 품을 수 있는 가장 큰 바람이 아니었을까.

한편 '경복'이라는 이름이 궁궐에 부여되었다는 것 자체도 한번 고민해 볼 필요가 있다. 일단 고려의 법궁은 이름이 없다. 대체로 본궐이나 본대궐이라는 명칭으로 불리기는 했지만, 이를 이름으로 본다는 건 내 이

경운궁 현판
덕수궁의 옛 이름인 경운궁의 현판으로, 고종의 글씨다. 가로가 113센티미터, 세로가 45센티미터의 크기로, 작은 축에 속한다. 경운궁의 정문이었던 인화문 현판이나 대한문의 이전 이름인 대안문 현판이 가로 길이가 3미터가 넘는 것을 보면, 이 현판은 실내에 걸렸을 가능성이 크다. 궁의 이름은 지어진 후 널리 알려지지만, 외부에 드러나게 되는 것은 아닌 셈이다. (국립고궁박물관 소장)

름이 '본인'이라는 소리와 같다. 그래서 한때는 천자의 궁궐에는 이름이 없고 제후의 궁궐에만 이름이 있다는 주장도 있었다. 고려의 법궁에 이름이 없었던 것은 내부적으로 천자국을 지향했기 때문이고, 조선은 제후국을 '지향'했기 때문에 이름을 지었다는 것이다. 그러나 고려가 천자국을 지향했다는 것부터 논란의 여지가 있을 뿐 아니라, 천자국의 궁궐은 이름을 짓지 않는다는 근거도 딱히 찾을 수가 없으므로 이 가설은 설득력이 떨어진다.

그런데 또 한 가지 이상한 점이 있다. 정도전은 경복궁에 대해 이렇게 이야기했다.

궁궐이란 것은 임금이 정치를 하는 곳이요, 사방에서 우러러보는 곳입니다. 신민들이 함께 조성한 바이프로, 그 제도를 장엄하게 하여 존엄함을 보이게 하고, 그 명칭을 아름답게 하여 보고 감동되게 하여야 합니다. (앞의 글)

다시 말해, 경복궁이라는 이름을 '보고' 사람들이 감동을 받을 수 있도록 해야 한다는 말이었다. 그런데 그 이름을 어디에서 볼 수 있는가? "경복궁"이라 새겨진 현판은 걸린 곳도, 걸린 적도 없다. 경복궁이건 창덕궁이건 창경궁이건 모든 조선의 궁궐은 궁궐의 이름을 밖에 게시한 바가 없다. 경운궁만이 궁 이름의 현판이 전하는데, 이는 중화전 안에 걸렸던 작은 현판이었다. 즉 밖에서는 보이지 않는 공간인 것이다. 중국의 자금성도 그 이름을 게시하지는 않았다. 그렇다면 그 이름은 어디에서 보여지는 것일까? 경복궁이라는 이름의 뜻은 그리 어렵지 않게 읽어 낼 수 있지만, 그 이름을 지은 이유에 대해서는 여러 모로 의문이 남는다.

침전은 편안한 공간인가:
강녕전, 연생전, 경성전

경복궁의 이름을 설명했으니, 이제 정도전이 지은 전각의 이름들을 살펴보자. 정도전이 소개한 대로 가장 안에 위치한 침전부터 편전을 거쳐 정전을 지나, 가장 밖에 위치한 정문으로 순서를 잡을 것이다. 뒤에서 서술하겠지만, 이 순서 역시 의미가 있었다.

개인의 사적 공간으로 가장 대표적인 곳은 침실일 것이다. 정도전은 군주의 침실인 침전의 이름을 편안하다는 뜻의 '강녕'으로 하겠다는 이야기로, 경복궁의 전각 이름을 서술하기 시작하였다. 강녕은 『서경』「홍범」편에서 언급한 다섯 가지 복 중 세 번째에 해당하는데, 정도전이 강녕을 든 것은 이것 하나로 오복이 모두 포괄되기 때문이었다. 그렇다면 그가 침전에 담은 '편안함'이란 뜻은, 임금님께서 사적인 공간인 침전에서 편안하게 거처하시며 오복을 누리시라는 기원의 이미였던 것일까? 그의 이야기를 들어 보자.

신이 살펴보니, 홍범洪範의 아홉째 오복五福에서 셋째가 강녕康寧이었습니다. 대개 임금이 마음을 바루고[正心] 덕을 닦아[修德] 황극을 세우면 오복을 누릴 수가 있습니다. 강녕은 바로 그 오복의 하나인데 그 중에서 강녕만 든 것은 그를 들면 나머지(壽·富·攸好德·考終命)가 모두 포함되기 때문입니다. (『삼봉집』 권4, 기 강녕전)

글의 내용을 볼 때 그가 이야기하고자 했던 지점은 오복을 누리시라는 기원보다는 임금이 마음을 바르게 하여 덕을 닦아야 한다는 지점에 있음을 쉽게 알 수 있다. 정도전은 전각의 이름에 덕담이나 담아내지는 않았다. 이는 앞으로 나올 다른 전각명에서도 마찬가지이다. 그런데 그의 글에서 임금에게 덕을 닦으라고 하는 얘기는 쉽게 이해할 수 있는데, 그 중간에 황극을 세운다는 이야기는 낯이 설다. 황극이 무엇이기에 이를 세워야 하는 것일까? 이것을 이해하려면 먼저 『서경』 「홍범」 편의 성격부터 짚고 넘어갈 필요가 있다.

「홍범」 편은 홍범구주洪範九疇라고도 하는데, 은나라의 유신인 기자箕子가 주 무왕의 신하가 되기를 거부하는 대신, 그에게 나라를 다스리는 올바른 방법을 충고한 내용이다. 기자조선으로도 유명한 기자가 바로 이 편의 주인공이다. 이 편을 홍범구주라고도 하는 이유는 오행五行·오사五事·팔정八政·오기五紀·황극皇極·삼덕三德·계의稽疑·서징庶徵·오복五福 등의 아홉 가지 범주로 정치가 구분되어 실현된다고 설명하고 있기 때문이다. 정도전이 홍범의 아홉째라고 한 것은 바로 이 아홉 가지 범주 중 오

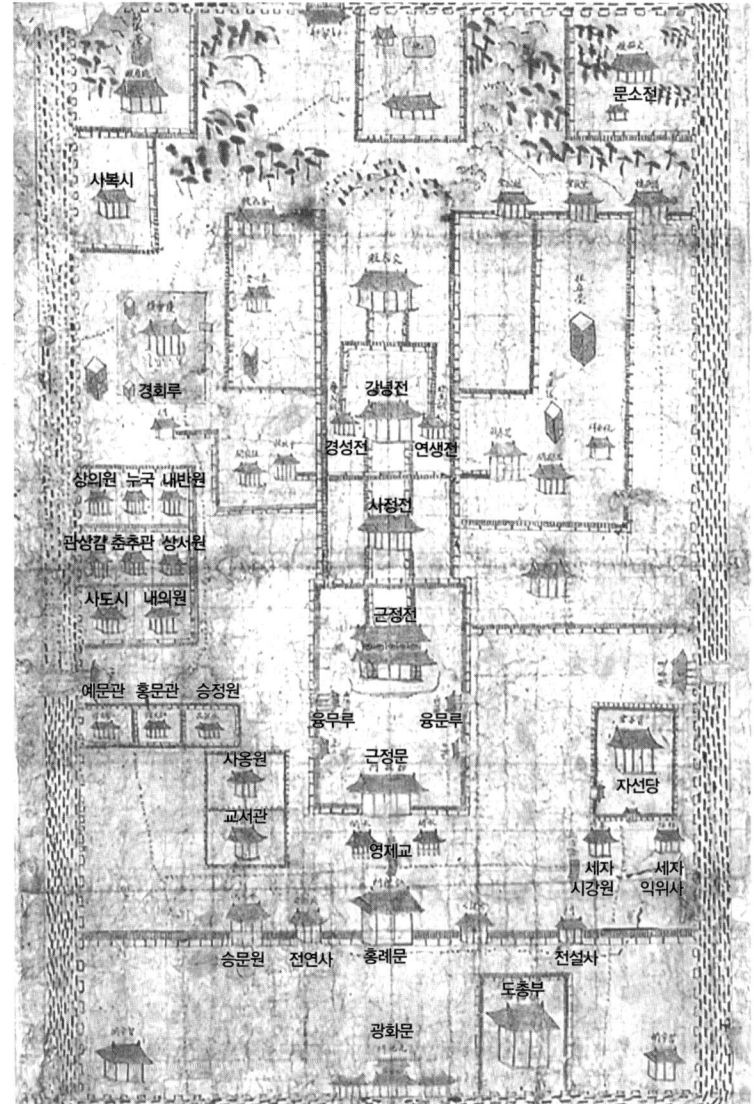

경복궁도
대체로 1767~1772년 사이 제작된 것으로 추정되는 경복궁 배치도이다. 임진왜란 이전의 경복궁을 그린 배치도는 전란 직후보다 18세기 영조대에 주로 만들어졌다. 영조가 경복궁 터에서 친잠례를 거행하며 이 터와 왕조 창업의 의미를 되새겼던 영향이었다. 이 그림에서도 연생전 오른편에 친잠례에 활용된 채상대 등을 그린 것이 확인된다. (국립민속박물관 소장)

복이 마지막이라는 이야기였다.

원래 「홍범」 편은 오행에 관한 이야기가 담겨 있었기 때문에 일찍부터 주목받아 온, 유명한 편이었다. 온갖 재해를, 하늘이 인간 행위의 잘잘못에 대해 직접적으로 상과 벌을 내리는 것이라고 인식하여 이를 음양오행으로 해석하던 관념이 팽배하던 한나라 때부터 「홍범」 편은 빈번히 인용되어 왔다. 그 시절 「홍범」 편의 해석은 오행의 운용이 중심이었고, 여기에 나머지 여덟 개의 범주를 연결시키면서 정치하는 방법을 설명해 왔다. 쉽게 설명하자면, 하늘에서 벼락이 치면 이건 오행 중 아무개에 해당하는 것이니, 군주가 그 오행과 서로 관련되어 있는 오사 중 아무개를 행하면 재변을 없앨 수 있다는 식을 의미한다.

이러한 해석 방식에 변화가 오기 시작한 것은 송나라 때 신유학이 흥성하면서였다. 송대 신유학의 성립과 관련이 깊은 경전이라고 하면 흔히 『대학』과 『중용』만을 생각하지만, 사실 「홍범」 편은 『대학』, 『중용』에 이어 송대에 가장 많은 주석이 나올 정도로 신유학의 정치 사상 형성과 밀접한 관련을 맺고 있었다. 특히 그 해석 전환의 중심이 되었던 개념이 바로 '황극'이었다.

송대 주희 이전까지 황극에 대한 일반적인 이해는 이를 대중지도大中之道, 즉 크고 중용을 지키는 도라는 의미로 해석하는 것이었다. 이러한 해석에서는 임금이 딱히 중요하게 거론될 필요가 없었다. 그런데 주희는 황皇을 군주로, 극極을 지극至極의 뜻으로 해석하여 군주가 세우는 표준이라고 해석하였다. 즉 황극을 세운다는 것은 군주가 도덕의 지극한 표준에 걸맞도록 바른 마음을 갖춘다는 의미가 되며, 이러한 해석에 따라 홍범구주는 황극을 중심으로 나머지 여덟 개의 범주들이 연결되는 형태로 이해되었다. 오복을 받을지, 아니면 육극(오복의 반대가 되는 여섯 가지 나쁜 결과)을 받을지는 전적으로 황극이 제대로 세워졌는지 여부에 달려 있다는 것이었다. 주희의 이러한 해석에 힘입어 「홍범」편은 성리학적 군주관과 경세관을 담은 핵심적인 편으로 주목받을 수 있었다.

그렇다면 정도전은 어찌하여 침전에서 황극을 세우는 문제를 이야기했던 것일까? 그는 다음과 같이 이야기하였다.

> 마음을 바루고 덕을 닦는 일은 여러 사람이 다 보는 데서는 애써 실천하지만, 한가하고 혼자 있을 때는 쉽게 안일에 빠져서 경계하는 뜻이 매번 게으르게 됩니다. 그래서 마음을 바로잡지 못하는 바가 있고 덕이 닦여지지 못하는 바가 있어, 황극이 서지 못하여 오복이 이지러지게 됩니다. (『삼봉집』 권4, 기 강녕전)

사람은 다른 사람들과 함께 있을 때에는 누구나 도덕적인 척하기 때문에 본색이 드러나지 않지만, 혼자 있을 때에는 그 본질이 감춰지지 않고 그대로 드러난다. 그러므로 정도전은 군주가 도덕적으로 수양하는 것은 다른 장소도 아닌 바로 침전, '편안히 홀로 있는 곳'에서부터 시작해야 한다고 이야기하는 것이다. 그런 의미에서 군주의 침전은 개인의 비밀스럽고 사적인 공간이 아니라, 바른 정치를 실행하기 위하여 자기 자신을 더욱 다그치며 수양해야 하는 준비의 장소였다. 조선의 군주에게 비밀스럽고 개인적인 사적 장소는 허락되지 않았던 것이다.

그렇다면 군주가 수양하는 방법은 무엇인가? 강녕전 기문의 마지막 부분에서 정도전은 "원컨대 전하께서는 무공의 시를 본받아, 안일을 조심하고 경외를 보존하여[戒安佚而存敬畏] 황극의 무궁한 복을 누리소서."라고 하였다. 바로 '계안일'과 '존경외'가 황극을 세울 수 있는 방법인데, 흥미롭게도 이 문구는 『대학연의』의 편목인 '숭경외崇敬畏', '계일욕戒逸欲'에서 한 두 글자만 바꾸었을 뿐 사실상 동일한 의미를 띠고 있다. 여기에서도 이 시기 『대학연의』의 위상을 다시금 볼 수 있다.

『대학연의』의 숭경외와 계일욕이라는 두 편목은 『대학』의 성의誠意, 정심正心을 해설하는 편이었다. 결국 강녕전 기문에서 정도전이 주장한 황극을 세우는 법은 성의정심에 있었다고 하겠다. '정심'과 '성의'는 『대학』의 8조목인 '성의, 정심, 격물, 치지, 수신, 제가, 치국, 평천하'의 시작에 해당한다. 격물과 치지가 외물外物에 대한 학습과 연구를 뜻한다면, 정심은 아직 움직이는 바가 없는 상태의 마음을 바르게 하는 것, 성의는 무언가를 하려고 할 때 발동되는 의지를 진실하게 하는 것을 의미한다. 쉽게 비유하자면 아무 것도 안 하고 있을 때에도 진지하고 차분하게 마음을 잘 가다듬고 있는 것이 정심이라면, 성의는 일단 공부를 시작하면 열심히 할 것만 생각하고 딴 짓을 하지 않는 것과 같다. 이러한 정심과 성의는 자기 수양의 기초이며 제가, 치국, 평천하까지 이어지는 경세의 시작이다.

한편 강녕전 영역에는 연생전과 경성전이라는 두 소침이 있는데 동쪽의 연생전은 봄, 서쪽의 경성전은 가을에 비유하여 음양오행에 따라 이름을 붙인 것이었다.

> 천지는 만물을 봄에 생장시키고, 가을에 성숙시키고, 성인은 만백성을 인仁으로 생장시키고 의義로 제어합니다. 성인은 하늘을 대신하여 만물을 다스린다고 하는 것이니, 정치의 강령을 베푸는 것은 하나같이 천지의 운행에 근본을 둡니다. 동쪽 소침을 연생전, 서쪽 소침을 경성전이라고 하였으니, 이것은 전하께서 천지의 생장과 성숙을 본받아 정치의 강령을 밝히는 것을 보이려는 것입니다. (『삼봉집』 권4, 기 연생전·경성전)

음양오행설에서는 '동쪽=봄=생장=인仁' / '서쪽=가을=성숙=의義'라고 대비하여 설명하는데, 윗글에서 바로 이러한 전형적인 설명을 볼 수 있다. 봄에 만물이 생장하고 가을에 성숙하는 것은 천지의 당연한 이치, 곧 자연의 법칙성인 천리天理를 의미한다. 성리학자들은 이러한 자연의 법칙성이 모든 인간에게 내재해 있는 도덕적 본성의 근거가 된다고 주장하였다. 정도전은 바로 이러한 천리에 따라 군주가 정사를 펼치는 것이라고 한 것이다.

이를 바탕으로 침전 일곽을 종합적으로 본다면 중앙의 연침인 강녕전은 황극을, 좌우의 소침은 천리의 운행을 의미한다. 즉 황구을 세운 군주가 천리에 따라 정치를 주관하는 것을 상징한다. 정도전이 강녕전과 두 소침에 담은 이름의 무게는, 편안히 거처하는 침전이라는 뜻의 '연침'이라는 일반명사가 무색할 지경이다. '편안함'라는 단어의 의미를 '게으르게 늘어져 있을 수 있음'이 아니라 '너무 도덕적이어서 거슬릴 일이 없음'으로 바꾼 그는, 침전에 이어 그 남쪽에 세운 편전에도 소박하지만 결코 그 의미는 단순하지 않은 이름을 붙였다. 바로 '사정전', '정치에 대해 생각하다'라는 이름이었다.

투명한 정치에 대한 갈망:

사정전

사정전이라는 이름을 설명하기 전에 먼저 보평청報平廳이라는 원래의 명칭부터 주목할 필요가 있다. 앞서 갓 완공된 경복궁의 전각 규모를 설명하는 기사에서 사용된 보평청이라는 명칭은 고려 공민왕대 처음 등장하기 시작해서 간간이 사료에 등장하는 전각의 이름이다. 그러다가 태조대 경복궁, 태종대 창덕궁이 건설되면서 각각 보평청이라는 건물이 건설되는데, 이후 이름이 바뀌면서 이 명칭은 사라지게 되었다. 이런 점들을 볼 때 보평청이라는 명칭은 고려 말 조선 초에 한시적으로 쓰인 이름이었다.

보평청은 무엇을 위한 건물이었을까? 『고려사』에 따르면 "'보평'의 예는 정사를 처결하고 법령을 선포하는 것"(『고려사』, 권134, 열전47 우왕 6년 5월 헌부 상소)이며, 보평청은 "임금이 몸소 나와 국가의 모든 일을 친히 처리하며 날마다 경연을 열고 노성한 학자들을 맞이하다가 나라 다스리는 방도를 강론하여 성현의 학문을 연구"(『고려사』, 권134, 열전47 우왕 6년 11월 백군녕의 상소)하는 곳이라고 하고 있다. 즉 보평청은 왕이 직접 신하들을 만나 정무를 보고, 경연을 여는 편전과 같은 기능을 하는 곳이었다.

"임금이 직접 나와서 신하들을 만나 정무를 본다.", "임금이 날마다 공부를 하면서 나라 다스리는 방법을 연구한다." 이러한 이야기는 지금의 우리 기준에서는 너무나도 당연해 보인다. 물론 21세기에도 이 기준을 전혀 지키지 않는 정치인이 있을 수 있다는 사실을 알게 되기는 하였지만, 여하간 이 정도는 우리에게 지극히 상식적인 기준이라고 할 수 있다.

군주가 공개된 장소에 나와서 공적으로 관료들을 만나는 것은 정치의 공공성과 투명성을 담보하는 데 있어서 가장 중요한 요소이다. 그렇게 하지 않는다면 필경 군주와 접하는 사람들이 제한되기 마련이고, 결국은 군주와 만날 수 있는 소수의 사람들이 권력을 좌지우지하게 되어 있다. 이는 원 간섭기를 살았던 고려의 관료들이 뼈저리게 경험했던 일이었다. 성리학 도입에 한 역할을 하기도 했던 백문보白文寶(?~1374)는 충숙왕(재위1313~1330, 복위1332~1339)이 연경에서 본국으로 돌아온 후 보인 행태에 대해 다음과 같이 비판하였다.

> (충숙왕은) 항상 깊숙한 궁전에 거처하면서, 조정의 신하들을 접견하지 않고 정사를 보는 것을 즐겨하지 않았다. 이로 인하여 소인들이 함께 나와서 …… 벼슬을 팔고 형벌을 팔아 못하는 짓이 없었다. (『고려사절요』 권24, 충숙왕 15년 7월)

군주가 공적인 장소에서 공개적으로 정사를 결정하지 않는다면 결국 문고리 권력자들만이 득세하기 마련이다. 백문보만이 아니라 이제현도 비슷한 주장을 하였다. 어린 나이로 즉위한 충목왕(재위 1344~1348)을 보좌한 이제현은 도평의사사에 글을 올려 다음과 같이 임금이 매일 편전에 나와야 한다는 주장을 펼쳤다.

"임금과 신하는 한 몸과 같으니 임금과 신하가 접근하지 않으면 되겠는가? 지금 재상들은 연회가 아니면 서로 만나지 않으며 특별히 부르지 않으면 자진하여 갈 수 없는 형편이니 이것이 무슨 도리인가? 마땅히 임금을 매일 편전에 나오게 하여 재상들과 함께 정사를 의논하게 하거나 혹은 정기적으로 만나는 날을 정하여 신하가 임금에게 가서 회의를 가지게 하되, 아무리 일이 없을 때라도 이를 폐지하지 말아야 한다. 그렇게 하지 않으면 대신은 점차 멀어지고 환관은 점차 친하여져서 백성의 행복과 고통, 그리고 나라의 존망에 관한 문제들을 임금이 알게 할 수 없을 것이다."(『고려사』 권110, 열전23 이제현)

조정의 신하들과 임금이 자주 만나지 않는다면 환관들이 득세를 한다. 그리고 이는 결국 임금이 백성들의 진정한 삶이나 국정을 알지 못하게 하고 만다는 것이 그의 주장이었다.

한편 보평청이라는 공간은 이렇게 군주와 신하가 공개적으로 만나 정사를 논의하는 장소일 뿐만 아니라, 임금이 공부를 하는 장소라는 점도 주목할 필요가 있다. 공부하는 통치자라는 것은 지금 우리에게는 너무 당연하게 생각되지만, 사실 임금이 꼭 공부를 해야 하는 것은 아니다. 임금이 공부까지 열심히 하면 좋지만, 근본적으로 임금이 임금인 이유는 그의 혈통 때문이지 공부의 문제는 아니다.

개인의 수양과 공부가 중요하다는 인식은 성리학에서 강조되기 시작하였다. 성리학은 기본적으로 모든 사람이 착한 본성을 가지고 있기 때문에 깨우침을 얻고 수양을 하면 성인이 될 수 있다는 논리를 바탕으로 한다. 이를 역으로 이야기하자면, 진정한 성인군주가 되려면 군주도 수양을 해야 한다는 의미이기도 하였다. 이러한 논리에 따라 성리학자들은 군주의 수양과 학문을 강조하여, 이와 관련된 책들을 편찬하고 이를 제도화하는 방법들을 고민하였다.

임금의 공부는 단지 지식을 닦는 데만 목적이 있는 것이 아니었다. 왕이 된 지 몇 달이 채 되지 않았을 때 이성계는 자신이 나이가 많다며 경연을 하자는 신하들의 청을 거절한 적이 있었다. 그때 간관들이 다음과 같이 상소하였다.

"군주의 학문은 한갓 외우고 설명하는 것만이 아닙니다. 날마다 경연에 나가 선비를 맞이하여 강론을 듣는 것은, 첫째는 어진 사대부를 자주 접견함으로써 군주의 덕성을 이끌어 내기 위함이요, 둘째는 환관과 궁첩을 되도록 멀리함으로써 그 나태함을 떨쳐버리게 하기 위해서입니다." (『태조실록』 권2, 태조 1년 11월 14일)

임금의 경연은 경전의 글귀 한두 구절을 더 외우고 안 외우고 하는 것이 중요한 것이 아니라, 좋은 사람들을 더 많이 만나서 환관이나 여색에 빠지는 것을 방지하는 것이 목적이라는 설명이었다. 조선에서 그토록 경연을 강조하고 이를 제도화하는 데 힘썼던 것은 바로 이러한 맥락에서였다.

　　이처럼 신하들과 정사를 논의하고 경연을 펼치는 장소로 설정된 보평청과 같은 공간이 이전에도 있었을까? 물론 고려 전기에도 편전이 있어서, 이곳에서 임금이 신하들과 정사를 의논하고 형벌을 결정하곤 했다. 그러나 고려 시기에는 이러한 편전 역할을 하는 곳이 여러 곳이었으며, 경연은 아직 제도화되어 있지 못하였다. 그에 비할 때 이 시기 성리학에 입각했던 관료들은 보평청 혹은 편전에, 신하들과 공식적으로 정사를 논의하는 장소이자 임금이 이들과 공부를 하는 장소라는 특별한 위상을 부여하였다.

　　바로 이렇게 임금의 수신이 이루어지고 정무를 보아야 하는 보평청에 정도전이 부여한 이름이 '사정思政'이다. 그는 "천하의 이理는 생각하면 얻고, 생각하지 않으면 잃습니다."라는 말로, 이 이름을 선택한 이유를 설명하기 시작하였다.

> 많은 사람 중에는 지혜롭고 어리석고, 어질고 불초한 사람들이 있으며, 많은 일 가운데는 시비와 이해가 뒤섞여 있습니다. 그러니 (임금이) 진실로 깊게 생각하고 세밀하게 관찰하지 않는다면 어떻게 일의 옳고 그름을 변별

하여 처리하겠으며, 어떻게 사람의 어질고 어리석음을 알아서 쓰고 쓰지 않겠습니까? (『삼봉집』 권4, 기 사정전)

임금은 수많은 사람과 온갖 일에 대해 판단을 내려야 하는 사람이다. 그러한 판단을 시작하는 출발은 바로 '생각'이며, 그 생각을 통해 천하의 이치에 도달해야 한다는 뜻이다.

한편 사思, 다시 말해 '생각'은 앞서 강녕전에서도 나왔던 홍범구주의 두 번째인 오사五事(용모貌·말言·봄視·들음聽·생각思) 중의 하나이다. 오행이 하늘의 도(天道)라면, 오사는 사람의 도(人道)의 근본으로서 특히 수양 공부와 연관이 되었다. 그중에서도 사思를 가지고 학문에 힘쓰면 식견이 넓어지고 예지가 통하여 격물치지格物致知를 할 수 있다고 보았다. 이로 본다면 정도전은 고려 말 이래 경연의 장소로도 중시된 보평청이라는 공간에 격물치지를 위한 가장 기본적인 방법에 해당하는 '사', 생각을 제시한 셈이다.

그런 의미에서 강녕전과 사정전은 하나의 짝이 된다. 군주는 연침인 강녕전에서 정심성의를 바탕으로 심법을 바로잡아 황극을 세워야 한다. 그리고 사정전에서는 세상의 이치에 나아가는 방법에 대하여 사思를 비롯한 오사를 지극히 하는 격물치지의 공부에 힘써야 한다. 정심성의와 격물치지는 수신이라는 동전의 양면이었고, 강녕전과 사정전은 군주의 수신을 상징하는 공간으로 마련된 것이었다.

'부지런함'의 근거:

훈요십조와

근정전의 차이

근정전은 궁궐에서 가장 크고 멋지게 만들어진 정전이다. 중국이나 우리나라의 궁궐 건축에서 가장 장엄하고 위엄이 있으며 화려함을 자랑하는 정전은 국가의 의례 중에서도 가장 규모가 크고 격식이 있는 의례를 위해 마련된 장소였다. 정도전은 이러한 정전에 부지런할 근勤, 정사 정政 자를 써, '근정'이라는 이름을 지었다. 임금이 정사에 부지런해야 한다는 뜻이다.

    임금이 부지런해야 한다는 것은 참으로 지당한 말이다. 임금뿐이겠는가? 어떤 사람에게든 부지런함은 굉장히 중요한 덕목이다. 그러나 이는 너무나도 소박하고 단순한 이름이기도 하다. 정전이라는 건물은 워낙 장엄하기 때문에, 그에 걸맞게 거창한 이름이 붙는 경우가 대부분이었다. 중국에서는 하늘을 상징하는 천天이나 건乾, 북극성이나 태극을 상징하는 글자들이 사용되어 왔고, 고려에서도 하늘의 덕을 뜻하는 건덕전乾德殿이라는 이름이 부여되었다. 그런 점에서 볼 때 '정치에 부지런하라'는 이 이름은 지나치게 소박한 느낌이 있다. 하지만 고려 말 조선 초 상황에서 이 '부지런함'의 해석은 누가 진정한 모범 군주의 모델이 될 수 있는가와 관련된, 매우 중요한 문제였다.

정도전은 근정전 기문에, 『서경』에서 인용한 순임금, 우임금, 주 문왕의 부지런함에 대한 글을 언급하며 그들의 부지런함을 본받아야 한다고 이야기했다. 그러면서 한나라 당나라의 임금들은 아첨하는 측근들의 꾐에 빠져서 나태해졌기에 그들을 따라 해서는 안 된다고 하였다. 여기에서 우선 한나라 당나라의 군주가 아닌 하·상·주 삼대의 군주들을 이상적 군주의 모범으로 꼽는 성리학적 맥락을 읽을 수 있다. 진정한 선왕은 삼대의 선왕들뿐이라고 일갈하며 연복사 중수 공사를 반대한 정탁이나, 당 태종의 정사를 담은 『정관정요』가 아닌 『대학연의』를 읽어야 한다고 했던 이 시대 관료들의 주장과 일맥상통하는 지점이었다.

그런데 이 지점에서 정말 주의를 기울여야 할 부분은 주 문왕 이야기의 출전이 『서경』 「무일」 편이라는 점이다. 이는 모범이 되는 선왕의 상을 고려 태조가 아니라 삼대의 군주로 전환하려고 했던 이 시기의 노력과도 깊이 관련되어 있기 때문이다.

「무일」 편은 왕건이 남긴 훈요십조의 마지막인 제10조에서 언급된 경전이다. 훈요십조에서는 서경 순주 이야기를 담은 제5조나 연등회, 팔관회를 당부한 제6조, 지역 차별과 관련된 제8조가 너무 유명해서 제10조는 아는 사람이 적다. 그렇지만 이 조항은 훈요십조를 총괄하는 마지막 조항으로서, 왕건이 이러한 훈요를 남긴 이유를 요약하고 있는 중요한 부분이다. 훈요 제10조는 다음과 같다.

나라를 가진 자는 근심거리가 없도록 경계하여 경전과 역사서를 널리 보아 옛일을 거울로 삼아 오늘날을 경계한다. 주공은 큰 성인으로서 「무일」한 편을 성왕에게 올려 그를 경계하였으니, 마땅히 그림으로 그려 붙여 드나들 때에 보고 자기를 반성하도록 하라.

위에서 나오듯이 「무일」 편은 주 문왕의 동생인 주공이 조카인 성왕에게 한 충고를 담은 편이다. 그 내용은 비교적 단순한데, 네 가지 정도로 요약할 수 있다.

1) 백성들의 농사일이 어려움을 알고 조상의 공덕을 잊지 말 것
2) 은나라의 중종, 고종, 조갑 등은 백성의 어려움을 잘 알아 나라가 오래가고 수명도 길었으나 후대 왕은 백성들의 수고로움을 알지 못하고 즐거움만을 탐했기 때문에 단명하였음
3) 주나라의 태왕과 왕계, 문왕 등도 백성들의 수고로움을 알고 부지런하였기 때문에 나라를 얻었으니, 향락에 빠지지 말고 이를 계승하여 실천할 것
4) 백성들이 국왕에 대하여 비판할 경우 이를 억누르지 말고 스스로의 잘

못을 반성할 것

    간단하게 정리하자면 임금인 것에 취해서 향락에 빠지지 말고, 조상이 얼마나 힘들게 나라를 세웠는지, 백성들이 얼마나 어렵게 사는지 등을 잊지 말라는 이야기를 은나라와 주나라의 여러 임금들의 사례를 들어서 설명한 내용이다. 한 마디로 하자면 '초심을 잊지 말라'와 '백성들에 대한 공감력을 가져라' 정도라고나 할까?

    「무일」 편은 추상화된 철학적 내용이라기보다는 가까운 사례들을 통한 현실적인 훈계에 해당한다. 시대와 나라를 가리지 않고 통치자라면 갖추어야 할 보편적인 덕목이기에 그간 중시되지 않은 것은 아니지만, 그렇다고 대단하게 주목을 받을 만한 편도 아니었다. 그런데 태조 왕건은 수많은 경전 중에서도 왜 하필 이 「무일」 편을 선택했던 것일까?

    그 단서는 「무일」 편 자체의 내용 구조에서 찾을 수 있다. 주공이 「무일」 편을 저술한 이유는, 창업의 고난을 겪었던 선대 왕들에 비해 성왕은 왕실에서 탄생하여 왕으로 키워졌기 때문에 어려움을 몰라 향락에 빠질 가능성이 높다고 보았기 때문이었다. 그가 예로 든 인물들은 젊은 시절 어려움을 겪었던 인물이었고, 일반 백성의 어려움을 충분히 이해하며 이를 바탕으로 정치를 펼쳤기 때문에 오래도록 왕위를 누릴 수 있었다고 주공은 역설하였다.

    그런데 바로 이러한 「무일」 편의 저술 의도는 훈요와도 일치한다. 서문이라고 할 수 있는 훈요 첫머리의 신서에서 왕건은 다음과 같이 훈요를 남기는 이유를 밝혔다.

> 내가 듣건대, 순 임금은 역산에서 밭을 갈다가 마침내 요 임금의 선위를 받았고, 한나라 고제는 패택에서 일어나 드디어 한 나라의 제업을 일으켰다. 나 또한 가난하고 평범한 집안에서 일어나 사람들에게 잘못 추대되어 여름에는 더위를 두려워하지 않고 겨울에는 추위를 피하지 않으면서 몸과 마음을 괴롭힌 지 19년 만에 삼한을 통일하고, 외람되이 왕위에 있은 지 25년이다. 이 몸은 이제 늙었으나 다만 염려되는 것은 후대 계승자들이 제멋대로 욕심을 부려 기강을 무너뜨릴까 크게 근심스럽다. 이에 훈요를 기술하여 후세에 전하니 아침저녁으로 펴 보고 길이 거울로 삼기를 바란다.

태조는 자신이 미천한 집안에서 일어나 열심히 노력하여 왕업을 이루었으나, 후손들은 그렇지 않으니 기강을 무너뜨릴까 걱정스럽다고 하였다. 「무일」편에서 주공이 성왕에게 훈계하게 된 계기와 정확히 같은 이유였다. 이처럼 「무일」편은 태조 왕건이 자신의 경우와 동일시할 수 있는 내용 구조를 갖추고 있었기 때문에, 후대에 이 편은 태조 왕건을 상징하는 것으로 수용되었다.

훈요에 언급된 이래 「무일」편은 정치적으로 태조 왕건의 전통적 권위를 드러낼 필요가 있을 때마다 활발하게 활용되었다. 대표적인 시기가 12세기였다. 예종(재위 1105~1122), 인종(재위 1122~1146) 등의 군주들은 훈요에 따라 서경에 새로운 궁궐을 창건하고 순주를 하고서는 「무일」편을

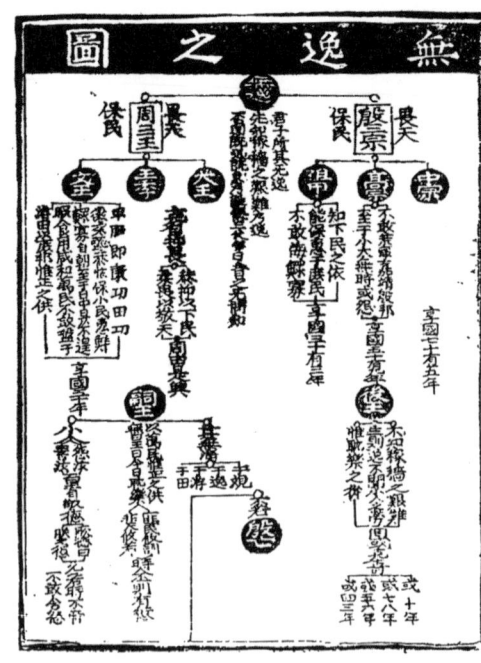

권근의 「입학도설」 중 무일지도
「입학도설」은 1390년(공양왕 2) 권근이 처음 공부하는 사람을 위하여 그림을 붙여 저술한 성리학 입문서이다. 입문서이기 때문에 성리학의 기본 도서와 세계관, 인간관 등에 있어서 가장 기본적인 사항만 추려서 담고 있는데, 그 마지막 그림으로 무일지도가 포함되어 있다. 이 편은 기본적으로 제왕들을 위한 내용이기 때문에 초학자들에게 필요한 내용은 아니다. 그럼에도 이를 그림으로 설명한 것은 그만큼 이 시기 지식인들이 '무일'의 전유專有에 골몰하였음을 보여 준다.

진강하는 자리를 열곤 하였다. 전자가 풍수도참에 의거한 행위였다면, 후자는 유가의 경전이라는 점에서 매우 모순되어 보일 수 있지만, 실상 이 두 가지는 훈요 5조와 10조를 따르는 것이었으며, 미란다와 크레덴다로서 태조유훈의 권위에 의거한다는 점에서 같은 층위에 있었다.

「무일」편은 텍스트로 읽혔을 뿐만 아니라, 궁궐 안에 중요한 상징물로 걸려 있기도 하였다. 훈요십조에서도 이 편을 그림으로 표현하여 궁궐 안 전각에 걸어 두라고 하였는데, 실제로 건덕전이나 회경전과 같은 정전에 이 편의 내용을 그린 병풍이 설치되곤 하였다. 특히 흥미로운 점은 병풍이 설치된 자리가, 조선의 궁궐로 따지자면 근정전의 어좌 뒤 일월오봉병 자리였다는 점이다. 창업주인 태조의 고난과 업적을 상징하는 「무일」 편이 정전 뒤에 배치되었다는 것은 고려의 왕권이 무엇에 의지하고 있었는지를 상징적으로 보여 준다.

「무일」 편을 태조의 상징으로 읽는 전통적 해석에 변화가 오기 시작한 것은 공민왕대 무렵부터였다. 공민왕은 「무일」 편을 여러 벌 필사하여 가까운 신하나 재상들에게 나누어주거나 이를 진강하게 하였는데, 특히 남경 천도 논의를 하거나 장단 백악으로 순주하였을 무렵에 활발하였다. 별경으로의 순주와 「무일」 편이 함께 묶이는 이러한 패턴은 12세기 예종이나 인종처럼 태조유훈을 실천한다는 점에서 동일한 층위에 있는 것이었다. 그런데 이 무렵부터는 「무일」 편을 이런 식으로 소비하는 것에 대한 반론이 등장하였다. 공민왕이 윤택尹澤(1288~1369)에게 「무일」 편을 강의하라고 하자 윤택은 이렇게 이야기했다.

> "전하께서는 성왕이 능히 주공의 교훈을 잘 받아들이었으며 주공에게 엄숙하고 공손하게 대하였던 것을 본받으십시오." (『고려사』 권106, 열전19 윤택)

윤택은 태조가 훈요에서 말한 것처럼 고난을 딛고 왕업을 연 창업자를 잊지 말라는 의미로 해석하지 않았다. 군주가 신하의 훈계를 잘 받아들이고 존중하였다는 점이 바로 이 편의 핵심이라고 한 것이다. "니도 우리 시조인 태조 할아버지 같은 군주가 될 거야!"라며 열심히 「무일」편을 나누어 주는 임금에게, "이 편의 진짜 핵심은 신하 말을 잘 들으라는 거거

든요?"라고 대꾸한 셈이다. 이때 윤택의 해석에 대한 공민왕의 반응도 주목할 만하다. 『고려사』에는 "왕이 그 말에 얼굴빛이 달라졌다."고 서술되어 있다.

공민왕은 확실히 어느 정도 윤택의 충고를 수용하려고 했던 것 같다. 신돈을 숙청하고 친정에 나서려고 할 무렵 공민왕은 보평청에 「무일」편을 써서 게시함으로써 자신의 새로운 정치 의지를 표방하였다. 궁궐 전각에 「무일」편을 게시한다는 사실 자체는 이전의 전통과 크게 다르지 않은 것 같지만, 전각이 바뀌었다는 점을 주목해야 한다. 그 이전 「무일」편이 걸렸던 곳은 회경전이나 건덕전 같은 정전이었다. 이러한 장소는 의례를 통해 권력을 과시하고 창출하던 곳으로서, 이곳에 걸린 「무일」편은 전통적 권위의 창업주를 계승하고 있음을 상징하는 것이었다.

그런데 이와 달리 공민왕이 친정을 표방하며 「무일」편을 건 곳은 보평청이었다. 앞서 말했듯이 이 시기 보평청은 군주와 바른 신하들이 공식적으로 소통하는 장소로서 중시된 전각이었다. 이곳에 「무일」편을 걸었다는 점은 공민왕이 윤택이 건의한 의미, 즉 "군주가 신료들의 훈계를 잘 받아들여" 정사를 펼치겠다는 의미를 표방한 것으로 보아야 할 것이다. 이는 공민왕 자신이 「무일」편에 대한 새로운 해석을 받아들이지 않을 수 없었다는 점을 보여 준다.

태조의 권위를 열심히 현창하였던 공양왕도 「무일」편을 써서 게시하곤 하였다. 그러나 이때에는 오히려 이런 행위 자체가 비판의 단서가 되어 버렸다. 「무일」편을 게시하였으면서도 실제로는 왕이 부지런하지 않다고 간관들이 비판하였던 것이다. 이는 창업자를 계승한다는 상징과는 전혀 무관하게 「무일」편이 '부지런하라'는 의미 그 자체로 읽혔음을 뜻한다.

    이처럼 '부지런함'에 대한 재해석은 이 시기 기존의 전통적 권위를 해체하고 모범 군주의 상을 새로이 제시하는 데 있어서 매우 중요한 문제였다. 정도전이 정전의 이름을 '근정'이라 하며 부지런함의 새로운 근거로 삼대의 군주를 제시한 것은, 이제 진정한 모범 군주는 태조 왕건이 아니라 삼대의 군주여야 한다는 의미였다. 이는 정도전만이 몰두하였던 문제가 아니었다. 한때 정도전과 각을 세웠던 하륜이나 권근도 무일에 관한 새로운 해석에 동참한 바가 있었고, 심지어 태종이 즉위 후에 개성에 새로 지은 정전의 이름도 '무일전'이었다. '부지런함'의 재해석은 그 시대의 중요한 과제 중 하나였고, 그런 점에서 '근정'은 결코 소박하거나 작은 이름이 아니었다.

임금의 부지런함은 어떠해야 하는가

부지런함의 모범을 삼대의 군주로 설정하며 태조 왕건의 권위를 해체하는 것만큼, 정도전이 근정전 기문에서 하고자 했던 또 한 가지 중요한 이야기는 "임금의 부지런함은 어떠해야 하는가?"라는 문제였다. 부지런하다는 것은 모두에게 필요한 미덕이기는 하지만 경우에 따라서는 대단한 미덕이 아닌 때도 많다. 멍청한데 부지런하거나, 틀린 방향으로 부지런한 경우들은 주변과 자신에 피해를 주면 주었지 좋은 영향을 끼치진 못한다는 점을 우리는 잘 알고 있다. 정도전 역시 이 문제를 파고들었다.

경복궁이 완성되기 반 년 전쯤에 치러졌던 전시殿試의 책문에서 정도전은 임금의 부지런함에 대한 좀 더 구체적인 질문을 제기한 적이 있다.

『서경』을 살펴보니 이르기를, '문왕은 아침부터 해가 질 때까지 밥 먹을 여가도 없게 일하여 만민을 다 화평하게 살게 했다.'고 하였고, 또 '문왕은 여러 말과 모든 옥獄에 대해서 마치 일할 것이 없는 것처럼 하였다.'고 했는데, 여기에서 '여가가 없었다.'고 하는 것은 무엇인가?

예부터 임금이 부지런히 힘써서 나라를 얻었고 편안히 놀다가 나라를 잃지 않는 이가 없다. 그러나 다만 부지런할 줄만 알고 부지런히 해야 하는 까닭을 알지 못하면, 그 폐단이 가혹하게 살피는 데 그치고 말아 다스림에 도움이 없다고 한다. 그렇다면 임금이 임금으로서 부지런히 해야 할 일은 무엇이란 말인가? (『삼봉집』 권4, 책제 전시책)

이 글에서 문왕이 밥 먹을 틈도 없이 부지런했다는 이야기는 앞서 거론한 「무일」편에 나오는 이야기로, 근정전 기문에도 인용이 된 바로 그 부분이다. 그 뒤에 이어지는 문왕이 할 일이 없는 것처럼 했다는 이야기는 『서경』 「입정」편에 나온다. 이 두 가지 이야기는 사실 모순처럼 보인다. 밥 먹을 틈도 없이 일했다는 사람이 정작 여러 말이나 옥사 같은 일을 하지는 않았다니, 좀 이상하지 않은가? 그러나 바로 이 모순이야말로 임금이 진정으로 부지런해야 할 바가 무엇인지에 대한 설명이기 때문에, 「무일」편과 「입정」편을 같이 보아야 한다는 것이 주희의 주장이었다.

그렇다면 왜 주희는 「무일」편을 볼 때 「입정」편을 꼭 같이 봐야 한다고 하였을까? 그는 「무일」편을 보아야 문왕이 부지런했다는 사실을 알 수 있고, 「입정」편을 보아야 문왕이 무엇에 부지런했는지를 알 수 있다고 하였다. 바로 임금이 진정 부지런해야 할 바에 대한 지적이었다. 정도전은 근정전 기문의 마지막에서 다음과 같이 이야기하였다.

선유先儒가 '아침에는 정사를 처리하고, 낮에는 어진 이를 방문하고, 저녁에는 조정의 법령을 만들고, 밤에는 몸을 편히 쉰다.'고 말했는데 이것이 임금의 부지런한 것입니다. 또 (어떤 이는) '어진 이 구하는 데는 부지런하고, 어진 이 임명하는 데는 빨라야 한다.'고 하였습니다. 그래서 신이 이것이 (임금이 부지런할 바라고) 올리는 것입니다. (『삼봉집』 권4, 기 근정전·문)

정도전이 인용한 두 이야기의 핵심은 쓸 데 없이 바쁘게 굴지 말고 "어진 이를 찾고 그를 임명하는 것"이 바로 임금이 부지런할 바라는 것이다. 두 이야기 중에서도 후자는 「입정」편의 주석으로 인용되어 있기도 하였다.

문왕의 부지런함은 흔히 진시황이나 수문제와 대비되곤 하였다. 진시황이나 수문제는 유가에서 대표적으로 꼽는 문제적 군주지만, 이들이 게을러서 나쁜 군주였던 것은 아니었다. 진시황은 아침부터 밤까지 서류 결재를 하느라 잠을 못 이룰 지경이었고, 수문제도 일하느라 바빠서 밥 먹을 시간도 없었던 인물이었다. 그런데 왜 이들은 문제적 군주가 되었던 것일까? 주희를 비롯한 성리학자들은, 이들이 바빴던 이유가 군주가 할 일이 아니라 밑의 사람들이 처리하면 되는 일까지 쓸 데 없이 간섭하며 처리했기 때문이라고 보았다. 요즘 용어로 얘기하자면 이들이 시시콜콜 간섭해대는 '마이크로매니저'였다는 의미이다.

정도전이 전시의 책문에서 이야기한 것도 이와 같았다. 군주가 아랫사람을 믿지 못해 권한을 제대로 위임하지 않고 쓸 데 없이 바쁘게 굴면 "그 폐단이 가혹하게 살피는 데 그치고" 나라 다스리는 데에는 전혀 도움이 되지 않는다는 의미였다. 정도전은 임금은 부지런히 정사를 돌보되, 그 부지런함의 요체는 오로지 현인을 등용하여 그에게 위임하는 것에 있음을 근정전의 기문을 통해 이성계에게 이야기한 것이다.

이러한 주장은 그의 군주론과 일치한다. 정도전은 잘 알려져 있다시피 재상 중심의 통치체제를 추구하였고, 그에 따라 군주의 위상과 역할을 상당 부분 제한하자는 입장이었다. 정도전은 군주는 상징적인 최고 권력자로서 그가 행사하는 실질적인 권한은 재상을 선택하고 임명하는 것, 그리고 그 재상과 협의해 정사를 결정하는 것이라고 보았다. 그 점에서 왕권의 역할을 좀 더 중시하였던 태종과 정도전의 길은 차이가 났을지도 모른다. 그러나 그 차이가 그렇게 크지는 않았다. 태종의 오른팔이었던 하륜도 공양왕에게 「무일」편과 「입정」편을 함께 쓴 족자를 바친 적이 있었다. 「무일」과 「입정」의 세트를 통해 임금의 부지런함에 대해 고민했던 것은 이 시대의 과제로서 당대 지식인들이 공유하고 있었던 문제의식이었던 것이다. 정도전의 구상 그대로 왕권과 관료제가 운영되지는 않았지만, 조선은 주변 어느 나라보다도 재상권을 중시하는 동시에, 국왕과 재상을 견제할 수 있는 장치들을 마련하려고 부심했던 국가였다.

政과 正,

德과 得:

정문

―――

경복궁 전각 기문의 대미를 장식하는 것은 오문午門의 이름을 정문正門이라고 붙인 것이다. 여기서 오문은 지금으로 따지면 흥례문에 해당하는데, '흥례문'이라는 이름은 고종 때 붙여진 것이고, 정도전은 정문이라고 이름 지었다. 그는 기문의 첫머리에서 다음과 같이 이야기하였다.

> 천자와 제후가 비록 그 형세는 다르지만 남면南面하고서 정치를 하는 것은, 모두가 정正을 가지고 근본으로 삼으니 대개 그 이치는 하나입니다.
> (『삼봉집』 권4, 기 정문)

중국 고전에서 천자는 만승의 나라를 다스리고 제후는 천승의 나라를 다스린다고 하니, 둘은 나라의 크기에서 큰 차이가 있다. 그러나 정도전의 강조점은 나라의 크기는 다르지만, 모두 '정', 즉 '바름'을 근본으로 하여 정치를 한다는 점에서 동일하다는 것에 있다. 그가 이 문에 '바름'이란 의미를 부여한 것은 다음과 같은 이유에서였다.

명령과 정교政敎가 반드시 이 문을 통해 나가니, 살펴서 신실한 뒤에 나가게 하면, 참소하는 말이 행하지 못하고 거짓이 의탁할 곳이 없을 것입니다. …… 이 문을 닫아 괴이한 소리를 하는 기이하며 사특한 백성을 끊고, 이 문을 열어 사방의 어진 이를 오게 하는 것은 이 모두가 정正의 큰 것입니다.
(『삼봉집』 권4, 기 정문)

요약하자면 이 문을 열어 올바르고 진실된 말과 어진 이만이 드나들게 하고, 이 문을 닫아 거짓되고 사특한 사람을 끊어 내는 것이 바로 '바름'이라는 의미이다. 옳고 그른 것을 명명백백하게 가리는 것이 바로 '바름'이었다.

그렇다면 이 '바름'의 주체는 누구일까? 이 역시 그가 위 글을 쓰기 위해 인용한 출전에서 힌트를 얻을 수 있다. 『서경』의 「순전」편에는, 순임금이 왕위에 오른 후 용龍이라는 인물을 납언이라는 관직에 임명한 내용이 나오는데, 거기에 바로 '명령과 정교를 살펴서 신실하게 한 후에 내보내면 참언이 행해지지 못할 것이다'라는 말이 나온다. 문구가 완전히 동일한 것은 아니지만, 담고 있는 내용은 동일하다.

납언이라는 관직은 주석에서 주나라의 내사나 한나라의 상서, 위진 이래의 중서문하에 해당한다고 하고 있어서 바로 재상을 의미하는 것임을 알 수 있다. 이 점을 보면, 시시비비를 바로잡아야 한다는 의미를 담은 '정문'의 뜻은 재상에게 부여된 책임과도 같다.

재상이 옳고 그름을 가려야 하는 이유는 바로 군주를 바로잡는 데에 목적이 있다. 정도전은 1391년 공양왕에게 올린 상소에서, '바름'이란 '자신을 바로잡는 것'이며, 이것이 정치의 근본이라고 하였다.

"덕德이란 얻는 것[得]이니 마음에 얻어지는 것을 말하며, 정政이란 바루는 것[正]이니 자신을 바루는 것[正其身]을 말합니다. 그런데 덕이란 것은 타고났을 때부터 얻는 것도 있고, 수양을 한 뒤에야 얻어지는 것도 있습니다. 전하께서는 도량이 너그러우시고 천성이 자애로우시니 타고났을 때 얻은 것이 그러한 것입니다. 그러나 전하께서 평일에 글을 읽어 성현이 이루어 놓은 법을 고찰하지 않으시고, 일을 처리하시어 당대의 중요한 일을 알아가지 못하시니 어찌 감히 덕이 닦아지고 정령에 잘못이 없겠습니까?" (『삼봉집』 권3, 상공양왕소)

정도전은 정치[政]란 정正, 즉 바름을 의미하며 이는 바로 군주가 자기 자신을 바로잡는 것을 의미한다고 하였다. 정政은 정正이며, 덕德은 득得이라는 것은 『논어』 「위정」 편에 실린 주희의 주석에 나오는 유명한 어구다. 정正이 자기 자신을 먼저 바로잡는다는 의미로 분명히 사용된 것은 「안연」 편에서이다. 이 편에서 정치를 어떻게 하면 되냐고 계강자가 질문하자 공자는 "정치는 바름이니, 당신이 먼저 솔선수범해서 바르게 된다면 누가 감히 바르지 않을 수 있겠냐"고 대답하였다. 『논어』에 자주 나오는 이 표현은 유교 문화권에서는 일종의 상식이었다. 남에게 잘 하라거나 어쩌라고 하기 전에 너부터 잘 하라는. 들리는 얘기로는 요새 중국의 시진핑이 제일 좋아하는 문구도 "정자정야政者正也"라고 한다. 위에서 본 글 외에도 여러 글에서 정도전은 이 문구를 사용했다. 이런 점들을 종합해 볼 때 정문 기문에 드러내 쓰지는 않았지만 그 행간에는 군주가 자기 자신을 바로잡는 것도 담겨 있었을 것이다.

이상에서처럼 그는 경복궁 가장 안쪽의 전각에서부터 바깥으로 나오며 그 이름의 뜻을 서술하였다. '강녕전(연침) – 사정전 (보평청, 이상 내전) – 근정전(정전) – 정문'의 순서는 이 책에서 자의적으로 정한 순서가 아니라, 정도전이 정한 순서를 따른 것이다. 그리고 이러한 순서는 바로 '군주의 정심성의 – 격물치지와 정사(천하의 이치를 얻는 법) – 구체적인 정사의 내용(천하의 일을 다스리는 법) – 요약'에 해당하는 구성으로서 큰 틀에서 『대학』의 팔조목인 '성의 – 정심 – 격물 – 치지 – 수신 – (제가) – 치국 – 평천하'를 구현하고 있는 것이기도 하였다. 수신부터 평천하까지, 내면의 수양부터 외면의 정치까지가 이제 성리학을 통해 이루어져야 한다는 주장이었다. 이는 이념적으로 이 이전과 구별되는 지점이다.

고려 시기 내내 내면의 수양은 유학이 어떻게 할 수 있는 부분이 아니었다. 10세기 최승로崔承老(927~989)는 대놓고 내면의 수양은 불교로 하고 정치는 유교로 하는 것이라고 상서하였다. 고려 말에도 국왕들은 승려를 스승으로 삼으면서 그들에게 어떻게 내면을 수양할 수 있는지를 묻곤 하였다. 그런데 이제 성리학을 통해 내면의 수양에 대한 철학적 기반을 제공할 수 있게 된 것이다.

정도전이 담은 뜻은 이 시대 새로운 정치와 사회 개혁을 희망했던 이들이 공감하고 있었던 것이기도 하였다. 성리학에 기반하여 군주가 수신을 하고, 이를 바탕으로 올바른 신하들과 바른 정치를 펼쳐 나가는 것. 그리고 그들이 꿈꾼 정치는 무엇보다 백성들에 대한 공감에 기반을 두고 있었다.

『춘추』에서는 백성에게 부역시키는 것이나 토목 공사를 일으키는 일들을 몹시 삼갔으며, 어렵게 여겼습니다. 임금이 된 이가 백성을 부려 자기를 봉양하게 하는 것만 능사로 삼아서는 안 되니, 넓은 방에서 편안하게 거처할 때에는 빈한한 선비를 도울 생각을 하고, 시원하고 서늘한 전각에서는 시원한 그늘을 나누어줄 방법을 생각한 뒤에야 만백성의 봉양을 저버리는 것이 거의 없을 것입니다. (『삼봉집』 권4, 기 경복궁)

통치자는 자신이 누리는 즐거움과 안락함을 모든 백성들에게 나누어주는 데에 전력을 기울여야 한다. 그것이 올바른 정치이며, 정치가 존재해야 하는 이유였다. 정도전의 이러한 바람은, 이제 새 군주를 통해 찬찬히 실현될 수 있을 것만 같았다.

4

굴절,

그러나 연속

왕자의 난, 개경으로의 복귀

조선 건국의 여정에서 그 마지막 걸림돌이었던 정몽주를, 암살이라는 지극히 폭력적인 행위로 제거했던 인물이 이방원이었다. 그러나 정작 새 왕조가 건국된 후 그를 위한 자리는 마련되지 않았다. 이성계가 즉위한 지 한 달 남짓 되었던 8월 20일, 세자와 개국공신을 책봉하였지만 정안군 이방원에게는 그 어느 것도 주어지지 않았다.

    이성계의 나이가 적지 않았던 만큼 다음 임금이 될 세자는 곧 다가올 새로운 권력이기도 하였다. 그런데 이때 선택된 것이 강씨 소생의 막내였던 방석李芳碩(1382~1398)이었다. 1382년생이었으니, 세자로 책봉되었을 무렵 그의 나이는 11세에 불과하였다. 방석이 선택된 이유는 무엇이었을까. 제1차 왕자의 난이 일어난 무렵의 기록을 보면, 정도전 등이 이 어린아이를 끼고 권력을 좌지우지하려고 하였다고 나와 있어서 이들이

방석을 추천한 것처럼 되어 있다. 그러나 세자 책봉 당시의 기록을 보면 이는 공신들이 아니라 태조 이성계의 뜻이었다.

당시 공신들의 대표라 할 수 있던 배극렴, 조준, 정도전 등은 나이와 공로로 세자를 책봉하자는 의견이었다. 이 의견을 그대로 따랐다면 생존해 있는 형제 중 가장 나이가 많은 영안군(훗날 정종)이나 공로가 컸던 정안군(태종)이 세자로 책봉되었을 것이다. 그러나 태조는 강씨를 존중하여 강씨 소생의 아들 중 형인 방번李芳蕃(1381~1398)을 세자로 삼고자 하였다. 방번이 워낙 광망하고 경솔하며 볼품이 없어서 세간의 평이 좋지 않자, 공신들이 하는 수 없이 차선책으로 막내인 방석을 세자로 삼자고 한 것뿐이었다.

그런데도 당시 실록을 보면, 임금에게 그런 뜻이 있더라도 누군가 나서서 장자나 공로가 있는 사람으로 세워야 한다고 간절히 말했어야 했는데 아무도 그런 말을 한 사람이 없었다며 책망하는 사론이 붙어 있다. 사실 이 사론만 보아도 세자 책봉이 공신들이 아니라 태조의 뜻이었다는 점을 알 수 있다. 공신들을 책망하는 사론인데도 그저 '왜 그때 옆에서 안 말렸냐' 정도의 이야기밖에 못하지 않는가. 그러나 임금에게 다른 것도 아닌, 세자 책봉에 대해 이러저러한 이야기를 하는 것이 쉬울 턱이 없다. 한양 천도 과정에서도 알 수 있지만, 일단 작정을 한 이성계를 말리는 것은 매우 힘든 일이었다. 그런 점에서 적어도 세자 책봉 문제만 놓고 보면, 훗날의 사단을 만든 직접적인 책임은 아버지인 태조 이성계에게 있었다. 다만 아직 이 단계에서는 이것이 일대 쿠데타로까지 번지리라는 예상은

할 수 없었다.

　1398년 제1차 왕자의 난이 발생한 이유에 대해서는 몇 가지 가설이 있다. 실록에서는 정도전 등이 먼저 왕자들을 치려고 하여서, 이방원을 비롯한 왕자들이 "하는 수 없이" 정당방위를 했다고 '주장'한다. 그렇지만 이 주장은 승자의 주장일 뿐으로 평가되고 있다. 그에 비해 학계에서 일반적으로 거론하는 것은, 태조대 내내 명에서 표전表箋(조선이 보낸 외교문서)이 무례하다며 계속 트집을 잡으며 정도전 등을 압박해왔다는 점이다. 그러자 정도전 등이 군사 훈련을 강화하여 요동을 공격하려 하면서 왕자들의 사병을 혁파하려고 하였다는 것이다. 여기에서 좀 논란이 되는 부분은, 당시 정도전 등이 실제로 요동을 공격할 의사가 있었는지, 아니면 이것이 그저 왕자들의 사병 혁파를 위한 핑계였던 것인지 하는 부분이었다. 그러나 뒤에 다시 이야기하겠지만 이 무렵 이성계가 병중이었는데, 그럴 때 요동 공격을 준비했다는 것을 액면 그대로 받아들이기는 쉽지 않다.

　그렇다면 쿠데타라는 극적인 방법이 동원되었던 계기에는 무엇이 있었을까? 우선 난이 발생하기 2년 전인 1396년(태조 5) 세자의 어머니인 현비 강씨가 죽었다는 점을 짚고 넘어갈 필요가 있다. 방석을 세자로 책봉했던 것 자체가 현비 강씨에 대한 이성계의 존중에서 비롯되었다는 것을 생각하면, 현비의 죽음으로 세자 편의 중요한 방패막이가 사라진 셈이었다.

　현비의 죽음이 간접적 배경이었다면, 그보다 더 직접적인 원인은 왕자의 난이 발발하기 바로 얼마 전에 이성계가 병에 걸렸다는 점이다.

정확히 어떠한 병인지는 알 수 없지만, 아마도 풍질, 즉 중풍이었을 것으로 추정된다. 그가 이후 풍질로 승하했고, 그의 할아버지인 도조도 풍질이 있었으며, 갖다 붙인 명분이긴 해도 아들인 정종이 태종에게 선위했을 때에도 풍질이 있다고 했던 점으로 보면 가족력이었을 가능성이 있다. 고려 말에도 그랬지만 이성계의 건강 악화는 늘 중요한 사건을 폭발시키는 기폭제였다.

태조가 병이 났다고 기록되기 시작한 5월 말부터 갑작스럽게 진도陣圖 훈련이 강화되었다. 이전에는 한 해에 한두 차례 진행하고 1년 전만 해도 훈도관을 나누어 보내고 차근차근 훈련하는 분위기였던 진도 강습은, 이 무렵에는 며칠에 한 번씩 강습 상황을 점검하고 잘 못하면 심하게 매질을 할 정도로 강압적으로 진행되었다. 그리고 여기에 여러 왕자들이 참여하지 않는 것을 논핵하고, 이를 익히지 않으면 중한 처벌을 가하자는 등의 압박이 가해졌다.

이러한 점들을 볼 때 이성계의 와병이라는 위기 상황을 맞아 군사력의 향방이 고민되면서, 그 통제를 위해 진도 훈련이 행해졌을 가능성이 크다. 정도전만이 아니라 태조도 환관을 보내 진도 연습을 시찰하곤 했다는 점을 볼 때 이성계도 그러한 방향에 동의하고 있었던 것으로 보인다. 그렇지만 이방원을 비롯한 왕자들에게는 결단을 내려야 하는 결정적 순간이 다가온 셈이었다. '병세가 악화된 아버지는 언제 죽을지 모르는데, 차기 왕위는 막내 동생인 방석에게 돌아간다. 아직 어린 방석이 즉위하면 권력은 그를 둘러싼 정도전, 남은, 그리고 방석의 장인인 심효생沈孝生

(1349~1398) 등에게 돌아갈 것이다.' 이것이 그들의 눈앞에 닥쳐온 상황이었다.

결국 이성계의 병세가 한창이던 1398년(태조 7) 8월 26일, 제1차 왕자의 난이 발생하였다. 정도전, 남은, 심효생 등이 모두 죽고 강씨 소생의 방번, 방석이 죽었다. 처음에 이성계는 사태를 그리 심각하게 받아들이지 않았던 것 같다. '어차피 누가 왕이 되더라도 다 내 자식이 아닌가' 하는 태도를 보였던 이성계는, 방석은 몰라도 방번까지 죽임을 당할 것이라 예상하지는 못하였다. 거기에 강씨 소생 딸이었던 경순궁주의 남편 이제李濟(?~1398)도 살해당했다. 이후 여승이 되기로 마음먹은 경순궁주가 머리를 깎을 때, 이성계는 이를 지켜보며 눈물을 뚝뚝 흘렸다고 전한다.

한편 태조 주변에서 총애를 받았던 환관들 몇몇도 이때의 난으로 목숨을 잃었다. 그중에 김사행金師幸(?~1398)이라는 환관도 있었다. 이 사람은 공민왕대 이래 사료에 자주 등장하는데, 특히 건축 공역을 진행하는 데에 능력이 있었다. 노국공주의 영전을 만들었던 것부터 시작하여 이 시기의 굵직굵직한 건축 공사가 이 사람의 손을 거쳤다. 연복사 공역도 이 사람의 손을 거쳤을 가능성이 크고, 태조대 만들어진 화려했던 흥천사는 물론, 한양의 성균관 건설을 담당했던 이도 이 사람이었다. 투명하고 검소한 정치의 추구라는 측면에서 볼 때 그는 분명 정치 발전을 막는 퇴행적인 인물이었으나, 14세기 왕조 전환기 건축사적인 측면에서는 매우 의미가 있는 인물이었다.

난이 종결되고, 적장자가 왕위에 올라야 한다는 명분 아래 정종이 즉위했다. 이성계는 태상왕이라는 존호를 받았다. 그리고 이듬해 2월 관료들의 반대를 무릅쓰고 정종은 한식에 맞추어 어머니 한씨의 무덤인 제릉에 참배를 하러 떠났다. 이복동생들을 죽여 그 핏줄을 끊어 버리고서는 친어머니의 무덤으로 제사를 드리러 간 이 행위에서, 핏줄에 대한 강한 집착과 그 순수성에 대한 차별의식이 읽히지 않는가? 개인적으로 이 기록을 읽을 때면 섬뜩한 느낌을 지울 수가 없다. 그런데 제릉 참배의 진짜 중요한 의미는 다른 곳에 있었다. 이 능은 개성 남쪽에 있었기에, 이곳에 참배하러 간다는 것은 옛 수도 개경으로 임금이 다시 행차할 것이라는 의미였기 때문이다.

아니나 다를까 정종은 제릉을 참배한 뒤 개성 수창궁 뒷산에 올라 "고려 태조의 지혜로 여기에 도읍을 세운 것이 어찌 우연이었겠느냐!"라고 탄식하였다. 그러더니 다시 개경으로 수도를 옮기겠다는 의사를 표명하였다. 그리고 한양으로 돌아와 아버지에게도 이 사실을 알렸다.

1399년(정종 1) 3월 7일, 개경으로 천도하는 행렬이 한양을 출발하였다. 이성계는 지금의 종로구 정동에 있었던 아내 강씨의 무덤인 정릉을 둘러보며 읊조리듯 말했다.

"처음에 한양으로 옮긴 것은 내 뜻만이 아니었고, 나라 사람과 의논한 것이었다."(『정종실록』 권1, 정종 1년 3월 7일)

이성계는 무덤 앞에서 한참 동안 눈물을 흘렸다. 원래 윗사람은 아랫사람들의 지지와 찬성을 실제보다 과장해서 생각하는 법이다.

　이틀 후 개경에 도착한 이성계는 환한 낮을 기다려 성안으로 들어가지 않고 새벽에 슬쩍 들어가 버렸다. 이후에도 개경 사람들 보기가 민망하다며 날도 밝기 전에 움직이곤 하였다.

> "내가 한양에 천도하여 아내와 아들을 잃고 오늘날 돌아왔으니, 실로 도성 사람에게 부끄럽다. 그러므로 반드시 출입을 밝지 않은 때에 해서 사람들이 보지 못하게 해야겠다." (『정종실록』 권1, 정종 1년 3월 13일)

　개경으로 돌아온 이성계의 참담한 심정이 잘 드러나지 않는가. 돌아온 직후 그는 어둑어둑할 때 움직이는 것은 물론이거니와 금강산에 간다, 평주 온천에 간다 하며 어떻게든 개경을 벗어나려고 하였다. 개경으로 돌아왔다는 것은 이성계에게 이만큼 치욕이자 충격이었다. 이는 태종 즉위 후 다시 한양으로 천도할 것을 줄곧 종용했던 그의 심리를 이해할 수 있는 단서이다.

　이성계의 충격과는 달리 개경으로 돌아온 것은 대다수 관료와 백성들에게 환영을 받았다. 한양으로의 천도는 광범위한 동의 아래 단행된 것이 아니어서, 관료층 내부는 물론이고 도성민, 특히 도성 상인층의 거센 반발을 낳았다. 한양을 건설한 후 개경에서 시장이 서는 것을 금지했음에도 개경의 큰 상인들은 새 도읍으로 이주하려들지 않았다. 태종이 즉위하고 한양으로 다시 천도한 이후 5년이 지난 1410년(태종 10) 무렵까지도 상인들은 개경과 한양 모두에 집을 지어 놓고 두 곳을 왕래하면서 지낼 정도였다. 아직 정치적, 경제적 중심으로서 개경의 헤게모니는 해체되지 않았던 것이다. 이러한 상황에서 개경 환도는 동생들을 죽이고 쿠데타로 왕위에 오른 정종과 이방원에게 자신들에 대한 주변의 차가운 시선을 무마할 수 있는 좋은 계기였다.

다시 한양으로 갈 수 있을까

1400년 11월 13일, 태종이 개경의 수창궁에서 즉위하였다. 개경의 수창궁은 우왕대에 중창된 고려의 궁궐이지만 태조 이성계와 태종 이방원, 두 차례나 조선 임금의 즉위식을 치른 장소이다. 그날은 마침 동짓날이기도 했다. 음양설에서 동지는 음이 가장 긴 날로, 이날을 지나면 이제 양이 길어지기 시작한다고 본다. 따라서 1월 1일보다도 새로운 시기의 시작점으로 중시되어 온 날이었다. 아마도 태종의 즉위는 이러한 상징적 의미를 지닌 날에 딱 맞춘 행사였을 것이다.

정종의 재위 기간 중에는 동복형제끼리 싸운 제2차 왕자의 난이 발생하여 넷째였던 방간李芳幹(1364~1421)이 숙청되었다. 이복형제를 제거한 지 만 2년도 지나지 않은 때였다. 결국 즉위 2년여 만인 1400년(정종 2) 11월 11일, 정종은 자신의 자질이 부족하다며 개국 때부터 이방원의 공이 컸다는 이유를 들어 동생인 방원에게 선위하였다. 정종이 이 소식을 아버지인 태상왕 이성계에게 전하자, 이성계는 이렇게 삐딱한 대답을 툭 던졌다. "하라고도 할 수 없고, 하지 말라고도 할 수 없다. 이제 이미 선위하였는데 다시 무슨 말을 하겠는가!" 하지 말라고 해 봤자 안 할 일이 아니지 않느냐, 이미 다 저질러 놓고 뭐하러 내게 말하냐는 태도. 태종은 이렇게 아버지 이성계와 삐그덕대며 왕위에 올랐다.

이성계의 입장에서는 새 왕조를 연 지 몇 년 되지도 않아서 자신의 아들끼리 싸움이 나서 서로 죽이기에 이른 작금의 상황이 너무나도 창피하여 분노하지 않을 수 없었다. 그렇다고 언제까지 아들과 척을 지고 살 수도 없는 노릇이었다. 태종이 즉위한 날인 13일, 오대산에서 돌아온 이성계는 ― 이때도 그는 해가 뜨기 전에 개경으로 들어왔다 ― 즉위 후 처음으로 태상전에 문안을 온 태종에게 이렇게 이야기하였다.

"네 형은 한양으로 돌아가서 내 마음을 위로하고자 하였는데, 그 뜻이 이미 정해졌다. 네가 능히 내 뜻을 받들 수 있겠느냐?" (『정종실록』 권6, 정종 2년 11월 13일)

물론 정종은 한양에 돌아가겠다고 한 적이 없다. 도리어 개경에 새로 종묘를 지어 아예 다시 수도를 삼으려고 할 정도였다. 그러나 아버지의 이야기에 태종은 "어찌 감히 명령을 따르지 않겠"느냐고 대답할 수밖에 없었고, 이제 한양으로의 재천도는 아버지와 아들의 관계를 개선하기 위한 대전제가 되었다.

이때부터 한양 재천도에 관한 논의가 거듭되었다. 즉위한 지 한 달 만에 수창궁에 화재가 났을 때부터 1404년(태종 4)까지, 몇 개월에 한 번씩 한양 재천도 논의가 벌어졌으나 쉽게 결론이 나지 못했다. "새 도읍은 태상왕이 창건한 땅이고, 옛 도읍은 사람들이 편안하게 여겼기 때문에"(『태종실록』 권4, 태종 2년 7월 11일 임진) 관료들의 의견도 분분하여 임금이 결단하기 힘든 상황이었던 것이다. 이런 상황에서 1402년(태종 2) 태종이 생각해 낸 절충안이 양경제兩京制였다. 주나라의 성왕도 새로 지은 낙읍에 종묘를 두었지만 거주는 호경에 하지 않았느냐는 이야기를 통해, 신도 한양에 종묘를 그대로 둔 채 태종 본인은 구도인 개경에 있어도 되지 않겠는가 하는 의사를 밝힌 것이다.

어떻게든 신도와 구도를 절충해 보려고 했던 태종의 생각은 이때 갑자기 나온 것이 아니었다. 그로부터 6개월 전에도 태종은 순행하는 곳마다 종묘를 세워 제사하는 것이 어떠할지 신하들에게 물은 적이 있었다. 이는 한양의 종묘를 폐하지 않으면서 개경에도 종묘를 세우려는 뜻이었는데, 이때에는 개경에 도읍을 정하지 않고 단지 순행하기 위해 종묘를 짓는 것은 옳지 않다는 상소로 더 이상 진전되지 못하였다. 여기서 아직 '양경제'로까지 구체화되지는 못하였지만, 한양과 개경 모두를 폐하지 않으려는 태종의 모색을 읽을 수 있다.

태종이 생각해 낸 양경제는 주나라 성왕대의 양경제가 어떠했느냐를 놓고 논란이 일어 더 이상 논의가 진척되지 못하였다. 사실 주나라 때 양경제가 어떠했냐는 논란 때문에 논의가 중지되었다고 볼 수는 없다. 개경과 한양 양자를 다 폐하지 않으려는 절충론을 밀고 가려면 그럴싸한 근거라도 있어야 하는데, 근거마저 논란이 되니 더이상 밀어부칠 수가 없었던 것이다. 그래도 이때까지만 해도 관료들 사이에 개경을 편하게 여기는 의견이 많기는 해도, 한양의 종묘를 옮겨 오는 것에는 문제가 있다고 여기는 이들이 다수였다. 종묘를 이리저리 옮기는 것이 새 왕조의 체면에 도움이 될 턱이 없기 때문이다.

그런데 이듬해인 1403년(태종 3)이 되자 분위기가 일변하였다. 관료들은 종묘와 사직을 아예 개경으로 옮기자고 계속 건의하였다. 관료들의 거센 요청이 밀려들자 결국 개경에 아예 도읍을 정하고 옛 고려의 본궐이 있던 건덕전 옛 터에 새 궁궐을 짓기로 결정되었다. 이렇게 분위기가 급변한 것은 1402년 11월에 발발한 조사의 난이 진압된 결과였다. 실록에는 안변부사이자 현비 강씨의 인척이었던 조사의趙思義(?~1402)가 강씨의 원수를 갚겠다며 반란을 일으켰다고만 나와 있지만, 그 배후에는 이성계가 있었다. 조상 무덤에 제사를 드리겠다는 명분으로 동북면에 가 있었던 이성계가 깊이 관여하고 있었던 것인데, 이 난이 실패로 끝나면서 이성계의 입지가 좁아진 셈이었다. 아마도 이것이 아예 개경으로 수도를 옮겨버리자는 관료들의 강경론이 대세를 이룬 바탕이 되었을 것이다.

그럼에도 태종은 여전히 절충안을 고민하며, 1년 후인 1404년(태종 4) 7월 10일에 관료뿐만 아니라 종친들까지 불러 모아 도읍에 관한 일을 다시 의논하게 하였다. 태종의 속내를 읽은 남재南在(1351~1419)와 조준이 이 자리에서 다시 양경제를 제기하였지만 다른 관료들은 여전히 종묘를 개경으로 옮기자고 하여 합의가 도출되지 못하였다. 결국 태종은 두 도읍을 때때로 순행할 것이며 다시는 이에 대해 논의하지 않겠다고 선언하였다.

그런데 두 달이 지난 9월 1일, 이러한 결론은 뒤집히고 만다. 태상왕 이성계가 태종에게 전한 다음과 같은 이야기 때문이었다.

"처음으로 내가 한양에 천도하였으니, 천도하는 번거로움을 내가 어찌 모르겠는가. 그러나 송도는 왕씨의 옛 도읍이니, 그대로 거주할 수 없었다. 지금 왕이 다시 이곳에 도읍하는 것은 시조의 뜻에 따라 움직이는 것이 아니다."(『태종실록』 권8, 태종 4년 9월 1일)

이렇게 아버지의 말이 떨어지자마자, 태종은 의정부에 다음과 같이 한양 천도를 명하였다.

"한성은 우리 태상왕이 창건한 땅이고, 사직과 종묘가 있으니, 오래 비워 두고 거주하지 않으면, 선조의 뜻을 계승하는 효도[繼志]가 아닐까 한다. 내년 겨울에는 내가 마땅히 옮겨 거주할 것이니, 응당 궁실을 수리해야 할 것이다."(앞 기사)

태종은 선왕이 뜻을 계승하는 효도, 즉 계지술사繼志述事를 가장 큰 명분으로 내세웠다. 그러나 사실 태조가 한양으로 돌아가고자 하는 뜻을 비춘 것이 한두 번도 아닐 뿐더러, 한양 천도에 대한 태조의 각별한 관심을 태종이 이전에 몰랐던 것도 아니다. 그런데 왜 유독 이 시점에서는 이러한 태조의 언사가 태종으로 하여금 과감하게 한양 천도를 단행하게 한 것일까?

　　실록의 뉘앙스에는 미처 표현되지 못하였지만 조사의의 난 이후 계속 불편하였던 태조와 태종의 관계 속에서, 태조가 이때의 언사에 '한양 천도만 다시 하면 내가 너를 승인하겠다'는 최종적 의미를 강하게 담았던 것일 수 있다. 그런 데다 마침 바로 전달인 8월에 태종은 큰아들인 양녕대군을 세자로 책봉하였다. 세자 책봉은 탄탄한 왕업의 미래를 보여 주며, 대를 이어 정사가 행해질 것을 상징한다는 점에서 중요한 의미를 띤다. 태종이 한양 천도를 결정한 날은, 책봉된 세자가 한양의 종묘에 가서 자신의 책봉을 고하였던 날이기도 하였다. 바로 이러한 시점에 맞추어 태조의 최종적 요구와 세자를 통한 장래 계승을 꾀하는 태종 사이에 적극적인 타협이 이루어진 것이 아닐까. 어쩌면 이 모든 것은 태조와 태종이 몰래 기획한 일인지도 모른다. 여하간 이렇게 전격적으로 한양 천도가 결정된 후 태조와 태종의 관계는 극적으로 개선되었다.

500년 수도, 개경의 관성

태조가 한양으로 천도하겠다는 명을 내렸지만 이를 그대로 추진하기에는 문제가 있었다. 여전히 한양 천도를 반대하는 이들이 대부분이었고, 태종의 오른팔이라 할 하륜은 이 틈에 다시금 무악이 최상의 천도지라는 의견을 적극 개진하였다. 그러자 태종은 무악을 답사하겠다면서 1404년(태종 4) 10월 2일 조준, 하륜, 권근 등과 여러 종친, 윤신달, 유한우, 이양달 등의 서운관원을 데리고 무악으로 떠났다. 앞서 태조대 천도 논의에도 참여했던 바로 그 서운관원들이었다. 그런데 이때 논의의 과정을 보면 태종이라는 인물의 캐릭터가 확연하게 들어온다.

　10월 4일 무악 중봉에 오른 태종은 한강변에 흰 깃발을 세우게 하고 사방을 둘러보고는 도읍이 들어설 만한 땅이라며 칭찬을 그치지 않았다. 그러면서 산을 내려와 명당을 찾으며 서운관원들에게 거리낄 것 없이 자기 소신대로 말하라면서, 한양과 무악 중에 어디가 더 나으냐고 물었다. 그러자 윤신달은 다음과 같이 이야기하였다.

"지리로 논한다면, 한양은 앞뒤에 석산이 험하여 명당에 물이 끊어지니, 도읍으로 삼을 수가 없습니다. 이 땅(무악)은 도참서로 고찰한다면, '왕씨 5백 년 뒤에 이씨가 나온다'는 곳입니다. 이 말이 이미 허탄하지 않았으니, 그 책은 매우 믿을 만합니다. '이씨가 나오면, 삼각산 남쪽에 도읍을 만들고 반드시 북쪽 대로를 막을 것'이라 하였는데, 지금 무악은 북쪽에 대로가 있으니 이 땅이 도참서에 바로 합치합니다." (『태종실록』 권8, 태종 4년 10월 4일)

한양은 도읍할 만한 땅이 아니며, 무악이야말로 도참서에 나오는 땅이라는 이야기였다. 유한우도 비슷한 논리로 한양은 도읍할 땅이 아니며 무악이 도읍지라는 입장을 펼쳤다. 태조 때만 해도 쌍심지를 켜고 무악은 말도 안 되며 나라 안에서 남경이 개경 다음 땅 정도는 된다고 했던 것이 생생한데, 이렇게 180도로 입장을 바꾼 것이다. 이미 처음 지세를 볼 때 태종이 무악을 마음에 들어 하는 것 같고, 하륜은 누구나 다 아는 태종의 오른팔이었으니 이들은 아마도 이 정도 선에서 뜻을 맞춰 주면 된다고 생각했던 게 아닐까. 다만 같은 서운관원이라도 이양달은 약간 다른 주장을 하였다.

"한양이 비록 명당에 물이 없다고 말하나, 광통교 위로는 물이 흐르는 곳이 있습니다. 전면에는 물이 사방으로 빙 둘러싸고 있으므로, 웬만큼 도읍할 만합니다. 이 땅(무악)은 규국規局(풍수적으로 바람직한 형국)에 합치하지 못합니다. 그러나 도읍하려고 한다면, 여기는 명당이 아니고, 아래쪽에 명

당이 있습니다."(앞 기사)

한양이 그렇게 나쁜 땅은 아니고 웬만큼은 되는 곳이며, 무악은 약간 문제가 있기는 하지만 좀 아래쪽으로 잡는다면 괜찮다는 입장이었다. 이 사람은 아마도 눈치가 없거나 조금은 소신이 있는 인물이었을 것이다. 서운관원의 대답을 모두 들은 태종은 흐뭇해하기는커녕 도리어 다음과 같이 추궁하기 시작하였다.

"내가 어찌 신도(한양)에 이미 이루어진 궁실을 싫어하고, 이 풀이 우거진 땅을 좋아하여, 다시 토목의 역사를 일으키겠는가? 다만 석산이 험하고, 명당에 물이 끊어져, 도읍하기에 불가하기 때문일 뿐이다. 내가 지리서를 보니, '먼저 물을 보고 다음에 산을 보라.' 하였다. 만약 지리서를 쓰지 않는다면 그만이지만, 쓴다면 명당에 물이 없는 곳은 도읍을 삼을 수 없다는 것이 명확하다. 너희들이 모두 지리를 아는데, 처음에 태상왕을 따라 도읍을 세울 때, 어찌 이러한 까닭을 말하지 아니하였는가?"(앞 기사)

한양이 석산이 험해서 좋지 않은 땅이라면 태조대 한양을 도읍으로 택할 때 왜 한 마디도 하지 않았냐는 비수 같은 질문이었다. 그러자 윤신달은 "신은 그때 마침 어버이의 상을 당해 호종하지 못하였습니다." 하고 답하였다. 거짓말이다. 그는 분명 태조대 무악을 답사했을 때 그 자리에 있었다. 유한우는 자신에게 결정권이 없었다는 비겁한 변명을 하였다. 이양달은 한양이 그렇게 물이 없는 것이 아니라고 하는 동시에 유한우처럼 자신에겐 결정권이 없었다는 이야기를 하였다. 그러자 태종은 내 앞에서도 너희들이 이렇게 거짓말을 하는데, 다른 데서는 승복을 하겠냐며 비아냥댔다.

다른 경우에도 태종의 이러한 스타일이 잘 드러난다. 함정을 팠다가 걸려들면 가차 없이 추궁하는 태도, 상대에 대한 거침없는 조롱, 자신이 신뢰하는 이는 어떻게든 감싸주지만(이 경우엔 하륜이 그 대상이었다) 그렇지 않을 경우에는 가혹하게 숙청할 수 있는 냉혹함, 목적을 달성하기 위해서라면 나쁜 수단도 거침없이 사용할 수 있는 과단성. 이런 인물을 상사로 모시기에 어떨지는 각자의 판단에 맡긴다.

태종이 이렇게 이들을 추궁했던 것은 수도를 옮겼다 돌아갔다 다시 옮기는 이 상황을 어떻게든 모양 좋게 만들어야 했기 때문이었다. 그는 서운관원들을 추궁하며 이렇게 이야기하였다.

"네가(이양달) 도읍을 세울 때 태상왕을 따라가 놓고서는, 명당이 물이 끊어지는 땅이어서 도읍을 세우는 데 불가하다는 것을 어찌하여 알지 못하였느냐? 어찌하여 한양에 도읍을 세우고 크게 토목의 역사를 일으켜서 부왕을 속였는가? 부왕이 신도에 계실 때 편찮아서 거의 위태하였으나 회복되었다. …… 그 후 변고가 여러 번 일어나고 하나도 좋은 일이 없었으므로, 이에 송도에 돌아간 것이다. 지금 나라 사람들은 내가 부왕이 도읍한 곳을 버린다고 허물한다." (앞 기사)

태조대 한양에 도읍을 세운 것은 다 아랫사람들이 기망했기 때문이며, 안 좋은 땅에 거처하여 변고가 났기에 송도에 돌아온 것이라는 이야기이다. 자기들에게 유리한 명분을 참으로 적절히 만들어내지 않았나? 어쨌거나 제1차 왕자의 난 이후 자신들이 주도하여 개경으로 돌아갔던 것이기에, 태종 입장에서는 이 부분의 명분도 다져 놓을 필요가 있었던 것이다. 이제 와서 모양 빠지게 "사실 개경 환도는 내가 잘못한 것이고, 이제 아버지 말대로 한양으로 재천도하겠어."라고 말할 수는 없는 노릇 아닌가.

이틀 후 한양에 간 태종은 다음과 같이 이야기하며 종묘에서 점을 쳐서 최종적으로 도읍지를 정하겠다고 하였다.

"내가 송도에 있을 때 여러 번 물난리와 가뭄 같은 재변이 있었으므로, 하교하여 구언하였더니, 정승 조준 이하 관료 중에 신도로 돌아가는 것이 마땅하다고 말한 자가 많았다. 그러나 신도도 또한 변고가 많았으므로, 도읍을 정하지 못하여 인심이 안정되지 못하였다. 이제 종묘에 들어가 송도와 신도, 무악을 고하고, 그 길흉을 점쳐 길吉한 데에 도읍을 정하겠다. 도읍을 정한 뒤에는 재변이 있더라도 이의가 있을 수 없다."(『태종실록』 권8, 태종 4년 10월 6일)

개경으로 돌아갔지만 여러 재변이 계속되었으며, 한양이나 개성이나 다 변고가 많고 무악도 말이 많으니 종묘에서 점을 쳐서 결정하겠다는 이야기였다. 어디가 더 나은 땅인지를 가리자거나 일방적 명령의 형식이 아닌, 더 높은 신의 권위를 빌어 이론의 여지를 막겠다는 것이었다. 이는 매우 영리한 발상이었다. 명령의 형식이었던 태조대나 정말 좋은 땅이 어딘지 가려 보자고 나섰던 세종대의 후유증을 생각해 보면 더욱 그러하다.

종묘에서 친 점은 동전을 던지는 척전 방식이었다. 미리 입을 맞추지 않은 이들은 종묘에서 점을 치려면 시초점으로 하자거나, 점괘는 의심나는 게 많아서 정하기 어렵다는 등의 속 모르는 소리를 했다. 그러나 태종은 동전을 던지는 방법이 제일 분명하다며, 고려 태조는 무엇으로 도읍을 정했냐고 물었다. 그러자 조준이 기다렸다는 듯 척전을 했다고 답하였다. 역시 거짓말이다. 어느 기록에도 태조 왕건이 동전 점을 통해 개경에 수도를 정했다는 이야기는 없을 뿐더러, 자기 근거지에 도읍을 정하는데 점을 칠 필요가 있을 리가 없다.

동전을 던진 결과 신도가 2길 1흉, 개성과 무악은 2흉 1길이 나왔다. 이것으로 한양 재천도가 결정되었다. 종묘에 데리고 들어간 신하들의 구성도 이 척전의 권위를 더하기 위해 상당히 신경을 쓴 것이었다. 이때 참여한 인물들은 종친(이천우李天祐(?~1417)), 재상(조준), 간관(김희선金希善(?~1408)과 조휴趙休(?~1411)), 지신사(후대의 승지, 박석명朴錫命(1370~1406))의 다섯 그룹으로 구성되었다. 그만큼 모양새를 신경 쓴 것이다. 앞에서 말했듯이 어떤 때는 형식 그 자체가 이념이기도 하다.

그렇다고 하여 이 시기 관료들이 바보도 아니고, 저러한 동전 점의 결과를 그대로 수긍했을 리가 없다. 천도를 결정하고 창덕궁을 새로 지어 완공한 이듬해, 진짜 한양으로 천도할 때가 되자 관료들은 다시금 격렬히 천도를 반대하는 상소를 올렸다. 권근도 몇 차에 걸쳐 천도를 반대하는 상소를 올릴 정도였다. 결국 태종은 "송도는 군신이 폐하는 땅"이라는 말이 있지 않느냐는 이야기까지 꺼내며 한양 천도를 밀어붙였다(『태종실록』 권10, 태종 5년 8월 9일). "송도는 군신이 폐하는 땅"이라는 이야기는 공양왕이 꺼냈던 이야기였다. 어떤 의미에서 자신들의 역성혁명을 지칭하는 이야기까지 꺼내고, 평소 도참이라면 질색하던 과거 급제자 출신의 태종이 이만큼이나 윽박질러야 했을 만큼 한양 천도는 쉽지 않았다. 500년 도읍지 개경의 관성은 그만큼 강력하였다.

공간의 전환, 그리고 구질서의 해체

―――――――

 어떤 일이 진행되고 나면 원래의 의도를 넘어서는 결과가 발생하기 마련이다. 한양 천도 역시 마찬가지로, 수도의 이전은 고려의 전통이 깨어지는 또 하나의 중요한 계기가 되었다. 수도 개경을 중심으로 하고 있던 고려의 구질서가 깨질 수밖에 없었던 것인데, 대표적인 것이 국왕의 순주와 비보풍수 체계였다. 비보풍수란 일반적으로 풍수적인 단점을 보완(비보)해주는 것을 의미하는데, 여기에서는 특히 수도인 개경을 비보하는 것을 의미한다.

 고려의 국가적인 풍수 행위는 개경을 기준으로 한 것이 많았다. 예를 들어 연복사 중수 공사는 담선법회와 관련이 깊었는데, 이것이 개경이라고 하는 땅과 밀접한 관련이 있었다는 점은 앞서 살펴본 바 있다. 그런데 한양으로 도읍을 옮기자 개경과 관련 깊은 담선법회를 열 근거가 사라지게 되었다. 1394년(태조 3)에 조계종 승려들이 담선하는 법을 할 것을 청하였을 때, 도평의사사에서는 다음과 같이 언급하며 담선법회의 거행을 반대하였다.

"전 왕조에서 담선하는 법은 송도의 지리를 위해서 설행하던 것이온데, 이제 전하께서 이미 새 도읍으로 옮겼으니 어찌 송도의 옛일을 쓰겠습니까?"(『태조실록』 권6, 태조 3년 12월 15일)

이 이야기가 나온 무렵은 하늘과 땅의 신과 한양 주변의 산천에 공사 시작을 고하면서 새 수도의 여러 건축물들을 본격적으로 건설하기 시작하던 때였다. 아마도 조계종에서는 새 수도 건설 시점이니 전통적으로 수도를 보좌하기 위해 거행되던 담선법회를 열자고 하였던 듯한데, 불교 의례를 축소하려는 관료들이 이를 반대한 것이다. 여기서 흥미로운 점은 수도가 개경에서 한양으로 바뀌었기 때문에 더 이상 담선법회가 필요하지 않다는 논리가 성립될 수 있었다는 것이다. 이렇게 고려의 전통 하나가 단절되었다.

태종대의 한양 천도는 전국의 사찰을 정리하는 기준을 변경시키는 중요한 계기가 되기도 하였다. 고려 말부터 적폐의 온상으로 꼽혀 왔던 불교 교단은 어떤 방식으로건 정리될 필요가 있었다. 1405년 한양 천도 이후 본격적으로 교단 재편 논의가 시작되었는데, 이 시기 논의를 보면 지방과 새 도읍에 대표적인 선종과 교종 사찰을 하나씩 정하여 남겨두자는 것이 주요 골자였다. 문제는 그 기준을 무엇으로 삼을 것인가 하는 점이었다.

고려 말부터 이 무렵까지 불교 교단 정비의 기준은 『도선밀기』와 지방 각 고을의 『답산기』에 등록된 절인지의 여부였다. 분명한 자료가 남아 있지는 않지만, 기록들을 볼 때 훈요십조의 제1, 2조에서 당부되었던 것처럼 고려에서는 비보사사라는 명목으로 국가적으로 관리하는 사찰들이 있었던 것으로 보인다. 그리고 그것이 『도선밀기』와 각 지방 『답산기』 등의 자료에 수록되어 있었던 것이다. 이러한 사찰들은 단순히 종교 기관으로서의 역할뿐만 아니라 지방 행정 체계를 보조하는 역할도 담당하고 있었다. 문제는 고려의 지방 행정 체계가 크게 변화하면서, 비보사사 중에서도 어떠한 것들은 크게 쇠락하여 오히려 국가의 보조가 필요할 정도였다는 점이다. 이제 이러한 사찰들을 『도선밀기』나 지방 『답산기』 같은 옛날 기준에 맞추어 재정비를 하자면 어떤 절들은 이미 망했는데도 국가가 보조하여 억지로 부활을 시켜야 하고, 어떤 절들은 현재 번성하고 있는데도 정리를 해야 하는 역설적 상황에 놓이게 된다.

그러던 중 이 무렵 의정부는 다음과 같은 이야기를 하였다.

"전 왕조의 밀기(도선밀기)에 소속된 각 사찰은 그 명목이 옛 도읍의 명당을 비보한다는 것이니, 새 도읍의 명당에는 실제로 손해나 이익이 없습니다." (『태종실록』 권11, 태종 6년 3월 27일)

앞의 담선법회 때와 비슷하게,『도선밀기』에 수록된 사찰은 옛 수도인 개성을 비보하는 것이기 때문에 새 수도와는 아무런 관계가 없다는 것이다. 이는 기존의 정비 기준에서 벗어나 완전히 새로운 교단 정비의 기준 제시로 이어졌다. 1407년 사간원에서는 아예 새로운 방안을 제시하였다. 이미 망한 비보사사를 복구하느니 현재 유지되고 있는, 산수가 훌륭한 곳에 위치한 대가람을 택하라는 것이었다. 고려 말 이래『도선밀기』와 지방『답산기』의 틀에 갇혀 있었던 기존 방법에 비하면 이는 매우 혁신적인 발상이었다. 이러한 발상의 전환은 수도가 변경되었기 때문에 가능할 수 있었다. 최종적으로 태종대 불교 교단 정리는 사간원의 방침에 따라 각처의 명찰을 남기는 방향으로 시행되었다.

한편 국왕 순주의 개념 역시 성립되기 힘들었다. 원 간섭기 이래 국왕 순주의 전통이 상당 부분 원래의 맥락을 잃고 단절되기도 하였지만, 그것이 아니더라도 논리적으로 순주의 필요성이 제기될 수 없었다. 원래 고려에서 국왕이 별경이나 별궁에 순주를 하는 것은 지맥의 근본이 서경(평양)이고, 개경의 지덕은 쇠할 때도 있고 왕성할 때도 있기 때문에 잠시 쉬어 줄 필요가 있다는 논리에서 나온 것이다. 그렇게 설정된 별경들은 개경을 중심으로 하면서, 이를 보좌하는 형식이었다. 그러나 한양에 대해서는 지덕이 쇠할 때가 있다거나 이를 보좌할 별경이 필요하다는 등의 논리가 만들어진 적이 없었다. 오히려 고려 말 한양은 그 지덕이 새로 흥성하니 국왕의 순주가 필요하다고 인식되었던 땅이었다. 이 때문에 한양 천도 후에는 국왕이 순주할 새로운 별경을 건설한다는 것이 논리적으로 성립하기가 힘들었다.

또한 왕조 성립 초기에 한양의 지덕이 쇠한다는 등의 이야기는 거의 역심이 의심되는 불온한 것일 수밖에 없다. 실제로 이 무렵에는 조선이 얼마나 갈지를 놓고 점을 치다 걸려서 처형된 사람도 있었고, 이 왕조는 30년 밖에 못 간다는 등의 참설이 떠돌아 주동자를 잡아들인 적도 있었다. 태종은 이러한 예언과 술수에 민감하게 반응하였고, 여러 차례 이와 관련한 서적들을 몰수하여 소각해 버렸다.

이처럼 국왕의 순주나 비보사사의 체계처럼 개경이라는 공간과 직접적으로 관련을 맺고 있었던 고려의 구질서는 한양 천도를 계기로 해체될 수밖에 없었다. 아마도 태조나 태종이 천도를 단행하였을 때 이 정도 효과까지 기대하였던 것은 아니었을 것이다. 그러나 공간의 전환은 예상외로 많은 변화를 가져온다.

아버지의 죽음과

태종의

새로운 공사

1405년 10월 한양으로 돌아오는 길, 태종이 먼저 한양으로 들어와 새 궁궐에 짐을 풀었다. 보름쯤 후에 태조가 한양으로 떠났다. 태종이 중간에 마중을 나왔고, 태조는 이제부터 한 도읍으로 정하여 살 수 있느냐고 다시 물었다. 태종은 그 뜻을 받들겠노라고 답하였다. 그는 이 말을 지키듯 아버지가 살아 계신 동안에는 한양 안의 여러 건물을 보수하는 것 외에는 손대지 않았고, 정종대 개경으로 돌아가는 계기를 만들었던 어머니의 무덤인 제릉에도 참배하러 가지 않았다. 1406년에 평주 온천에 다녀오는 태조를 문안하기 위해 개성에 들렀을 때 잠깐 시간을 내 제릉을 참배한 것이 전부였다.

 그러던 차 1408년(태종 8) 5월 24일, 태조 이성계가 창덕궁의 별전에서 지병인 풍질로 승하하였다. 태조는 넉 달 후인 9월 9일에 양주 건원릉

健元陵에 안장되었으며, 태종은 2년 후인 1410년(태종 10) 8월 3일에 3년상을 마치고 탈상하였다. 이제 태종은 아버지 눈치를 보지 않고 자신의 뜻을 펼칠 수 있는 기회를 갖게 되었다.

태종 앞에 놓인 선택지는 다양했다. 일단 지난한 천도 과정이 무색해지기는 하겠지만 개성으로 돌아갈 수도 있었다. 실제로 아버지가 돌아가신 직후인 1409년(태종 9)과 1410년(태종 10), 태종은 연이어 제릉을 참배하였다. 1409년 참배 때에는 개성에 시장이 서지 못하게 한 조치를 해제하기도 하였다. 이러한 태종의 행동은 사람들로 하여금 다시 개성으로 돌아가는 것이 아닌가 하는 의심을 품게 하기에 충분하였다. 시종하는 신하들까지 가족들을 모두 이끌고 개성으로 오기 시작하자, 한양의 주민들은 앞다투어 집을 팔고 이러저러한 핑계를 대며 개성으로 돌아오고자 하였다.

그러나 태종은 개성으로 돌아가는 것을 선택하지 않았다. 또한 관료들도 개성으로 돌아가지 못하게 하였다. 한양으로 돌아오는 과정에서도 그 명분을 보기 좋게 꾸미기 위해 무척 힘들었는데, 이제 와서 다시 그런 과정을 거친다는 것은 부담이 너무 클 수밖에 없다. 대신 그는 한양을 재정비하기 시작하는데, 그 첫 단추가 바로 정릉을 이장하는 작업이었다.

본래 신덕왕후 강씨의 능인 정릉은 1396년(태조 5), 지금의 정동교회 자리에 건설되었다. 이복동생들을 모두 죽이고 자신의 생모인 한씨를 정실로, 강씨를 첩으로 규정한 마당에 수도 한복판에 위치한 강씨의 능이 태종의 눈에 거슬리지 않았을 리가 없었다. 그저 아버지가 살아 계신 동

광통교에 사용된 정릉 석물
신덕왕후 강씨의 능인 정릉은 태종에 의해 현재의 위치로 이전되고, 원래의 모습은 '정동'이라는 지명과 광통교 교각을 만드는 데 사용된 석물 일부로만 남게 되었다. 화려한 석물 조각을 통해 태조가 아내를 위해 들였던 공을 상상해 볼 수 있다. (문화재청 사진)

안 참고 있었을 뿐이었다. 결국 1409년(태종 9) 2월 23일 정릉은 현재의 위치인 사을한沙乙閑의 산기슭으로 옮겨졌다. 이장을 위한 후보지를 선정하고 재목과 역꾼을 준비하는 필요 시간을 계산한다면 정릉 이장은 태조를 건원릉에 안장한 즉시 진행되었을 가능성이 크다. 능을 옮기는 것뿐만 아니라 정릉 옛 터의 정자각은 태평관의 북루를 새로 짓고 관사를 개축하는 데에, 석물들은 광통교의 다리를 수리하는 데에 사용하고 봉분은 흔적이 없도록 평평하게 만들어 버렸다. 이로써 태조비 신덕왕후 강씨의 기념물은 수도 내에서 사라지게 되었다.

정릉은 흔적도 없이 사라졌지만, 정릉의 원찰로 건설된 흥천사는 그대로 유지되었다. 오히려 퇴락하지 않도록 신경 써서 수리할 정도였다. 태종이 굳이 흥천사를 수리하고 유지했던 논리는 바로 효孝였다. 그는 송나라 때 경학가인 호안국胡安國(1074~1138)이 『춘추』에 단 주석 내용이 마음에 든다며 다음과 같이 이야기하였다.

> "무릇 아버지가 경영한 것이 너무 의리에 해롭지 않다면, 어찌 감히 경솔하게 헐어버려서 아버지의 잘못을 드러내겠는가? 흥천사는 태조께서 지으신 것이다. 평소 내게 부탁하시기를, '잘 수리하여 만세에 전하게 하라.'고 하셨는데, 그 말씀이 아직도 귀에 쟁쟁하다. 지금 형세가 기울어 무너지게 생겼으니, 내 어찌 감히 좌시할 수 있겠는가? 장마 전에 수리하여 공역을 끝내는 것이 내 소망이다." (『태종실록』 권19, 태종 10년 5월 14일)

태종이 마음에 든다고 했던 호안국의 주석은, 나라의 안위나 치란에 관련된 긴급한 일이 아닌데도 굳이 선대의 잘못을 드러내는 것은 군부君父를 업신여기는 마음이 있는 것이라고 비판한 부분이었다. 이 논리에 따라 태종은 태조가 건설한 것들을 경솔하게 헐어 버리는 것은 아버지의 잘못을 드러내는 일이므로 그렇게 할 수 없다고 주장한 것이다.

사실 태종이 굳이 흥천사를 헐지 않았던 이유가 무엇인지는 정확히 알 수 없다. 그는 아버지와는 달리 그다지 불교에 신심이 있었던 사람도 아니었지만, 그렇다고 당대 사람들의 불교적인 문화에서 그렇게 떨어져 있는 사람도 아니었다. 태종 역시 뒤로는 부모를 추모하는 데 필요한 불교적 행위들을 할 만큼 했다. 어쩌면 흥천사 자체에는 전혀 관심이 없었으나 아버지가 공들여 만든 것을 관료들이 바로 헐자고 드는 것 자체를 왕권에 대한 도전이나 침해로 봤을지도 모르겠다.

당대의 유신들은 흥천사에 대해서는 비판하였으나, 태종이 내미는 이 논리 자체에 대해서는 비판할 수가 없었다. 굳이 선대의 잘못을 드러내지 않는다는 것은 정치의 연속성과 안정성을 위해서도 반드시 필요한 것이었고, 이를 이루는 효는 이 윤리적 세계가 기초하는 가장 근본적인 주춧돌이었기 때문이다.

태종은 이후에 한양의 거의 모든 곳에 손을 댔다. 창덕궁을 수리하고, 그 앞에 관아들이 들어올 조방을 만들었으며, 개천을 준천하고 종로 거리에는 시전 행랑을 건설하였다. 문묘를 수리하고, 도성 주변에 여러 단묘를 정비하였으며, 세종대 상왕으로 있을 때에는 별묘인 영녕전을 종묘에 새로이 개축하게 하였다. 그 무렵 행했던 도성의 전면적인 보수는 이러한 수리의 정점이었다. 그런 만큼 한양은 사실상 태종의 손에 의해 완전히 새롭게 정비된 것이라 해도 과언이 아니다. 그렇지만 이렇게 새로이 정비를 하면서도 그는 태조대 이루어진 것들을 무자비하게 철거하는 방식을 택하지는 않았다.

흥천사를 유지하는 것은 개창조인 태조의 권위를 보존하는 동시에 그를 계승하는 자신의 **효심**과 **덕**을 드러내는 것이기도 했다. 왕실에서 3년상을 치르지 않고 27일 만에 상을 마치는 역월제를 택하는 것이 일반적이었을 때, 굳이 3년상을 고집하여 치른 것도 태종이었다. 이러한 행위들

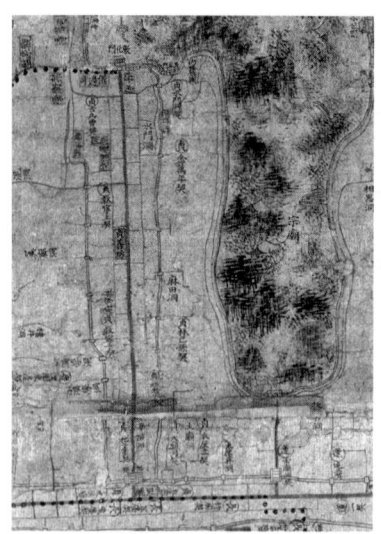 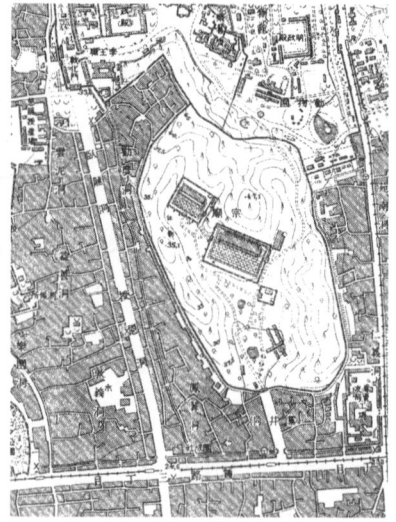

창덕궁 앞 거리의 모습
18세기에 그려진 도성대지도와 일제 시기인 1922년에 만들어진 『조선지형도집성』에 실린 창덕궁 앞의 모습. 돈화문 앞에서 종로까지 이어진 길 좌우로 일정 간격으로 구획된 공간들이 보이는데, 이 조직이 태종대 조방 행랑을 건설한 흔적으로 보인다. (도성대지도: 서울역사박물관 소장)

은 효를 체현하는 군주로서 태종의 이미지를 형상화하려고 한 것이었으며, 태종대 수도 건설 사업의 주요한 논리였다. 그러나 이런 모든 노력에도 불구하고 태종은 아버지가 지은 궁에는 도저히 들어가기 싫었다. 그렇다고 버릴 수도 없었다. 태종에게 경복궁은 계륵이었다.

태종에 의해 재탄생한 한양

태종은 1412년(태종 12) 1차 행랑 공사를 시작하며 원래 계획을 위해 마련했던 인원과 자재를 돌려 경회루를 건설하고, 창덕궁 돈화문과 그 앞에 조방朝房 472칸을 건설하였다. 1차 행랑 공사 때 원래 공사하기로 했던 곳은 현재의 광화문 사거리부터 창덕궁 동구까지, 즉 종로 시전 행랑의 핵심부였는데 이때 경회루와 조방을 건설하기로 변경되면서 정작 중요한 시전 행랑의 건설은 그 이듬해로 연기되었다.

 조방은 궁궐에서 거리가 먼 관아에서 신속히 입궐하거나 명령 교환이 원활하도록 궁궐 가까이에 두었던 대기소 같은 곳이다. 그런데 단지 대기소를 짓기 위해 472칸이나 되는 행랑을 마련했을까? 이때의 조방 건설은 단순한 연락소 건설이 아니라, 창덕궁 일대의 공사를 통해 태종의 권력을 현창하기 위한 목적이 컸다.

 1411년 무렵부터 태종은 창덕궁 안팎에서 많은 공사를 시작하였다. 1411년에 누가과 침전을 짓고 진선문 밖에 금천교를 건설하였는데, 이 무렵 의정부 조방도 진선문 밖에 건설하였다. 이 점은 매우 의미심장하다. 의정부의 연락소인 조방을 창덕궁 진선문 밖에 건설했다는 것은 원래의 의정부 건물과 가까운 경복궁을 그다지 사용하지 않겠다는 뜻이기 때문이다. 태종의 이러한 뜻이 확장되어 1412년 아예 창덕궁 앞에 조방 472칸을 건설하기에 이른 것으로 보인다.

1412년에는 조방과 함께 창덕궁의 정문인 돈화문도 건설되었다. 그리고 이듬해 1월 27일 새로 주조한 종에 변계량이 지은 글을 새겨 돈화문에 달았다. 종을 주조하여 돈화문에 건 것은 창덕궁 외전, 조방 건설, 경회루 건설 등 일련의 토목 공역을 매듭짓는 행위였다.

태조대 한양으로 천도한 후에도 주요 시설물들을 건설한 후 글을 새긴 종을 주조해서 종루에 걸었던 바가 있다. 이들은 훼손되지 않는 청동이라는 재질에 자신들의 공업을 새겨서 길이 남기고자 하는 명백한 의도를 지니고 있었다. 이렇게 기억을 영속화하고 싶었던 것이다. 태조대처럼 태종은 창덕궁의 궁성문인 돈화문루에 새로운 종을 주조해 걸어 자신의 정치적 업적을 선언하였다. 이 글에서, 조선의 창업과 간신(정도전 등)의 제거를 통한 위기의 돌파 등은 모두 태종의 공으로 칭송되었다.

한편 태조대 주조된 종과 돈화문루의 종은 종을 치는 목적과 대상에 있어서 차이가 있었다. 태조대의 종이 수도 한복판에서 "새벽과 어두울 무렵에 종을 쳐서 인민이 일어나고 쉬는 시한을 엄격하게 하는 것"(『태조실록』 권13, 태조 7년 4월 4일)을 목적으로 하고 있었다면, 돈화문루의 종은 "군신이 조회하는 시기를 엄격하게 하는 것"(『태종실록』 권24, 태종 12년 9월 15일)이 목적이었다. 태조대의 종이 수도의 전 인민을 대상으로 하는 것이라면, 돈화문루의 종은 군신, 특히 신하들을 대상으로 한다는 의미였다.

이러한 돈화문루 종의 목적에 걸맞게 돈화문루 앞길은 군신 관계를 엄숙히 하는 공간으로 단장되었다. 종을 내건지 몇 달이 지나지 않아 예조에서는 종묘와 궐문 앞에서 대소 신민들이 말에서 내리는 것을 격식으로 삼자고 건의하였다. 이곳은 특별한 상징이 있는 공간이니 대소신민들이 공경함을 표해야 한다는 것이었다. 건의에 따라 몇 달 후 종묘와 궐문의 동구에는 표목을 세워 관리의 품수에 따라 말에서 내리는 장소에 차등을 두었다.

이제 창덕궁 돈화문부터 종로까지 이어지는 그 길에는 좌우로 행랑이 들어차게 되었다. 표목이 있었기 때문에 관리들은 등급에 따라 미리 말에서 내려 행랑으로 둘러진 그 길을 따라 창덕궁을 향해 걸어가야 했다. 돈화문루의 종은 이들의 입궐과 퇴궐을 알리는 장치였고, 창덕궁 일대는 태종의 왕권을 시청각적으로 표방하는 공간이 되었다.

그에 비해 태조대 처음 건설된 종루는 1413년 2차 행랑 공사가 진행되면서 청운교靑雲橋 서쪽(지금의 인사동 입구)에서 광통교廣通橋 북쪽으로 이전되었다. 원래 위치에서 서남쪽으로 이동하게 된 것인데, 이로써 도성의 단일한 중심이라는 위치를 벗어나 시장의 중심으로 자리를 옮긴 셈이었다. 그리고 동쪽 돈화문루에 새로운 종이 걸리며 도성의 중심축은 두 개가 되었다. 이렇게 태조대 개국 창업의 표상은 태종에 의해 공간적으로 조정되었다.

2년 후인 1414년(태종 14) 무렵에는 성곽을 제외한 전반적인 도성 내 설비가 완료되었다. 2차, 3차 공사를 통해 행랑이 완성되었고, 선농단, 선잠단 등 수도 주변의 제단들도 이 무렵까지는 대부분 개축되거나 신축되었다. 태종 스스로도 이 무렵 '경읍京邑의 체모'가 대체로 완성되었다고 여겼으며, 하륜은「도성형승지곡都城形勝之曲」(도성의 모습을 읊은 노래)과「도인송도지곡都人頌禱之曲」(수도 주민들이 칭송하는 노래) 두 편을 지어 올렸다. 하륜의 악곡은 태조대 한양의 공사가 마무리되어가던 1398년(태조 7) 정도전이 올린「신도팔경시新都八景詩」에 짝하는 것이었다. 태종은 상왕으로 있을 때 성곽까지 전면 개축하였다. 태조대 만들어진 것, 그리고 미처 만들어지지 못했던 것 등이 모두 아들 태종에 의해 재조정되거나 새롭게 만들어졌다. 태조와 정도전의 한양 기획은 이렇게 태종에 의해 변화하였다.

버릴 수 없는 법궁

───

한양 천도는 아버지와 관계를 개선할 수 있었다는 점에서 태종에게 큰 의미가 있었다. 하지만 문제는 태종이 경복궁에 들어가 살고 싶지는 않았다는 점이다. 자신에 의해 죽음을 당한 정도전의 손길이 곳곳에 닿아있는 궁궐이 아닌가. 지나가다 전각 현판만 봐도 정도전이 생각날 만한 장소였으니, 태종이 경복궁을 탐탁하게 여겼을 리가 없다. 그는 천도를 결정한 당일(1404년 9월 1일) 이궁조성도감을 설치하고 며칠 후 서운관원들을 보내어 새 이궁 자리를 잡게 하였다. 그러나 아무리 임금이 꺼릴지라도 경복궁의 법궁 지위를 부정해서는 안 되었다. 성석린, 조준, 이무李茂(1355~1409), 조영무趙英茂(?~1414) 등의 고위 관료들은 이미 아버지가 지은 궁이 있지 않냐며 이궁 건설을 반대하였다.

반대에 부딪힌 태종은 '이궁조성도감'이라는 명칭을 '궁궐수보도감'으로 바꿀 수밖에 없었다. 새로 궁을 만드는 게 아니라 궁궐을 수리하겠다는 뜻으로 뭉뚱그린 이름이었다. 이궁을 건설하려는 태종의 시도는 일단 중지되었지만, 그렇다고 그가 순순히 경복궁에 들어갈 리가 없었다. 한 달 후 종묘에서 동전을 던져 개성, 무악, 한양 중 한양으로의 천도가 결정된 그날, 태종은 서운관원 등과 함께 아무 설명도 없이 슬쩍 종묘 북쪽 향교동에 새 이궁 자리를 정하였다. 이렇게 해서 건설된 궁궐이 바로 창덕궁이다.

지금은 조선의 궁궐이 다섯이기 때문에, 태종대 이궁 하나 더 건설하는 것을 가지고 뭐 이렇게 깐깐하게 굴 문제일까 싶은 생각이 들 수도 있다. 그러나 이 시기에 전대의 건축물을 존중한다는 것은, 권력의 전통적 권위를 창출하고 연속성과 안정성을 담보하는 데에 있어서 매우 중요한 문제였다. 그러지 않아서 큰 문제가 있었던 사례들이 가까운 시기의 반면교사로 남아 있었다. 바로 원 간섭기 때의 일이었다.

원 간섭기에는 원에서 고려의 전왕이 사망하지 않았는데도 새 왕을 책봉하여 즉위시켰다가 다시 전왕을 임금 자리에 복위시키는 경우들이 있었다. 원에서 왕위를 놓고 아버지와 아들을 경쟁시킨 셈이었는데, 충렬왕 – 충선왕, 충숙왕 – 충혜왕 등이 대표적인 사례였다. 이 과정에서 부자 사이는 극도로 악화되면서, 새 왕은 전왕의 정치를 상당히 비판하기에 이르렀다. 이러한 비판은 공간을 통해서도 가시화되었다. 새 왕은 전왕의 건축물들을 철거하여 새로운 기념물을 건설하거나 다른 건물들을 수리하는 데 써 버리곤 하였다. 충선왕(첫 즉위 1298, 재위 1308~1313) 같은 경우엔 퇴락한 본궐의 강안전을 보며 "부왕(충렬왕)이 30여 년 동안 연회나 열며 즐기던 때에 이 전각을 중수하였더라면 과인에게 오늘의 근심이 없었을 것이다."(『고려사』 권34, 충숙왕 1년 1월 을미)라고 콕 집어 비판하기도 하였다. 아버지 충렬왕이 지은 이궁들을 철거해 버리고 본궐(강안전)과 자신의 새 이궁(연경궁)을 건설한 충선왕의 생각이 잘 드러나는 말이었다.

전대의 정치에 대한 비판이 곧 현재 정치의 정당성과 명분을 가져오는 것처럼 인식하는 지금의 입장에서 볼 때에는 이런 식의 비판이 그렇게 문제 있다고 여기지 않을지도 모르겠다. 그러나 이는 잠깐의 권력을 강화할지는 모르겠지만, 장기적으로는 정치의 연속성과 안정성을 해치게 된다. 저렇게 전대의 건축물들을 철거해버리던 때에는 전왕 시기의 관료들도 전왕의 측근이라는 이유로 숙청해 버리곤 하였다. 그러다 다시 이전 왕이 복위하면 상황이 뒤바뀐다. 줄을 잘 서면 된다고 생각할지도 모르겠다. 그러나 그것도 한두 번이지, 저런 상황이 반복되면 관료 사회 전체가 힘들어질 수밖에 없다. 조정에 신하들이 남아나지를 못한다는 자조적인 한탄이 괜히 나왔던 게 아니다.

그뿐 아니라 이런 식의 비판은 전통적인 권위의 형성을 방해한다. 권위는 이전 시대의 시간과 내러티브를 통해 전통이라는 힘을 얻는다. 그런데 무조건적인 전대의 청산은 그러한 전통이 형성될 틈을 주지 않는다. 좀 쉽게 얘기하자면, 조상 도움은 하나도 못 받고 세대가 바뀔 때마다 맨땅에 헤딩해야 하는 상황이 되는 것이다. 그러므로 권위의 형성에서 중요한 지점은 청산과 계승이 적절한 균형점을 찾는 것이다. 적폐, 나라의 안위를 해치는 것은 비판하고 청산되어야 하는 것이 당연하다. 그러나 그렇지 않은 것은 정치적 안정성을 위해서 적절히 계승될 필요가 있다. 바로

이 지점이 태종의 고민이었다. 흥천사 공역을 놓고 나라의 안위를 해치는 문제가 아니라면 굳이 문제 삼아서 아버지의 허물을 들추어낼 필요가 없다고 한 이야기는, 바로 이 지점의 균형에 대해 이야기하고 있는 것이다.

흥천사도 그럴진대, 경복궁은 조선의 법궁이다. 당연히 후대의 군주가 계승·발전시켜야 할 의무가 있는 장소다. 궁궐은 정령政令이 나오는 곳으로서 한 시대의, 크게는 한 왕조의 정치를 총체적으로 상징한다. 태조가 조선의 시조였던 만큼 경복궁은 한 임금의 정치를 상징하는 것에 그치지 않고 조선의 정치를 상징하는 장소가 되었다. 바로 이 점이 태종에게 갈등을 일으키는 부분이었다. 일단 창덕궁을 지어 거주의 문제는 해결했지만, 마냥 경복궁을 비워둘 수만은 없었다.

법궁인 경복궁을 버릴 수도 없고, 그렇다고 거처하고 싶지도 않은 태종이 생각해낸 첫 용도는 창고였다. 이때까지만 해도 나라의 조운곡을 모아놓던 풍저창과 광흥창에는 창고 건물이 따로 없어서 노적된 쌀이 비에 젖어 부패하곤 하였다. 그래서 창고 건설 계획을 논의하던 중 태종은 경복궁을 창고로 쓰면 어떻겠느냐는 의견을 내었다.

"경복궁은 부왕께서 지으신 것으로 굉장히 크고 아름다우니, 버리고 거처하지 않는 것은 매우 옳지 못하다. 만약 왼편, 오른편, 뒤의 행랑들을 수리하여 양 창고(풍저·광흥창)의 곡식을 저장하면 (경복궁도 살리고, 창고 새로 짓는 공역도 생략할 수 있어) 두 가지를 온전하게 할 수 있을 듯한데, 경 등은 어떻게 생각하는가?"(『태종실록』 권12, 태종 6년 8월 5일)

신하들은 태종의 의견에 모두 찬성했다. 이에 따라 양 창의 곡식을 경복궁의 행랑으로 운반하여 보관하게 하였다. 법궁을 없애지 않고 활용했다는 점에서는 문제를 해결했다 볼 수 있을지 모르지만, 그래도 궁궐을 겨우 창고로나 사용한다는 것은 임시방편에 불과하였다.

그러던 중 태상왕 이성계가 승하하자 태종은 경복궁이 아닌 다른 궁궐들을 본격적으로 건설하기 시작하였다. 1411년(태종 11) 3월에는 창덕궁에 누각과 침실을 짓고 진선문 밖에 돌다리를 놓았으며, 7월부터는 임금이 되기 전에 살았던 영견방永堅坊의 본궁(지금의 서촌 일대)을 수리하고 연못도 파서 정자를 만들었다.

이러한 모습은 경복궁을 버리는 것으로 비추어졌다. 사간원에서는 당시 벌어졌던 모화루의 남지 조성과 영견방 본궁의 토목공사를 비판하면서 경복궁을 시좌소(임금이 거처하는 곳)로 삼아 사대부를 만나는 장소로 사용하라고 주장하였다.

"경복궁은 태조가 개국하던 초기에 창건한 것인데, 그 규모와 제도가 후세의 법이 될 만합니다. 전하가 여러 해를 비워놓고 거처하지 않으시니, 신등은 후세에 반드시 본받아서 (이곳을) 쓸모없게 만들까 두려우니, 그 태조의 창건하신 뜻에 어떠하겠습니까? 원컨대, 시좌소時坐所로 삼아서 매양 정기적인 조회 때에는 근정전에 좌기하여 사대부를 두루 인견하시며 신민이 바라는 바를 위로하소서."(『태종실록』 권22, 태종 11년 10월 4일)

이러한 분위기를 알고 있던 태종은 이미 경복궁을 단순한 창고가 아니라 사신 접대나 조하朝賀 같은 큰 규모의 의식을 치르는 곳으로 사용하겠다고 하면서 수리를 명한 바가 있었다. 자신은 거주하지 않더라도 후대 왕들이 경복궁에서 지내도록 하겠다고 거듭 밝히기도 하였다. 그러나 여전히 경복궁이 제 용도를 하지 못하고 있는 상황에서 태종이 다른 궁궐에 공력을 더욱 투자하자, 신하들에게는 경복궁을 버리려는 것으로 비추어진 것이다. 그 때문에 사간원에서는 단순한 의식용이 아니라 실질적인 국왕의 거처로 삼을 것을 주장하였다. 이에 대해 태종은 다음과 같이 반박하였다.

> 내가 어찌 경복궁을 쓸모없게 해서 안 쓰려고 하겠느냐? 내가 태조의 개창하신 뜻을 잘 알고 있고, 또 지리의 설이 괴이하고 허탄한 것도 안다. 그러나 어떤 술자가 '경복궁은 음양의 형세에 부합하지 않는다.'고 하니, 내가 듣고 의심이 없을 수 없다. 또 무인년(1398년, 태조 7) 규문의 일은 내가 경들과 말하기에는 부끄러운 일이다. 어찌 차마 이곳에 거처할 수 있겠는가! 조정의 사신이 오는 것과 성절의 조하하는 일 같은 것은 반드시 이 궁에서 할 것이기 때문에 때로 수리하여 기울고 무너지지 않게 하는 것뿐이다.
> (『태종실록』 권22, 태종 11년 10월 4일)

태종은 경복궁이 안 좋다고 했다는 지리설과 제1차 왕자의 난으로 인해 자신이 거주할 수는 없지만, 중요한 의례들은 이 궁에서 행하겠다고 밝혔다. 과연 그가 지리설을 얼마나 믿으면서 이런 이야기를 했을지는 조금 의심스럽다. 그는 여러 국면에서 자기 편리한 대로 지리설을 거론하거나 격렬히 비난하기도 했던 인물이다. 여하간 그의 말은 솔직한 심정을 잘 담고 있다. "나는 경복궁이 껄끄러워서 살고 싶은 마음은 없지만, 이곳이 중요한 곳이라는 점은 잘 안다."

거듭되는 관료들의 의구심을 잠재우기 위해서는 태종이 밝힌 대로 경복궁을 '제대로' 사용하겠다는 의지에 부합하는 조처가 필요하였다. 이때 그가 선택한 것은 바로 경회루의 건설이었다.

새로운 위상을 더하다:

경회루

경회루. 만 원짜리 구권의 뒷면을 장식했던 경복궁의 대표적인 누각이다. 인터넷을 찾아보면 "연회에 사용되었다", "단일 전각으로 가장 규모가 크다" 등의 설명이 달려 있곤 하다. 굳이 이런 설명이 아니더라도 경회루는 평지에 건설된 경복궁의 거칠 것 없는 호쾌한 기운이 살아 있는, 이 터의 장점을 가장 잘 담고 있는 장소라 할 수 있다.

태조대에도 누각이 건설된 적이 있었다. 연침인 강녕전의 서북쪽에 다섯 칸 규모로 마련된 이 누각은 일반적으로 '서루'라고 불리곤 하였다. 그러나 연못도 없었고 규모도 작아서 별도의 전각명이 붙여지지 않았던, 미미한 건물이었다. 이러한 누각을 일신한 것이 1412년(태종 12)이었다. 수도 안 간선도로변에 1차 행랑을 조성하는 공사가 한창이던 1412년 4월, 태종은 경복궁의 기존 누각이 협소하다며 새로 누각을 지으라고 명하였다.

고종대 중건된 현재의 경회루
임진왜란 때 소실된 후 돌로 만든 기둥만이 몇 개 남아 있던 경회루는, 고종대 경복궁을 중건하며 다시 세워졌다. 용을 조각하여 시각적 장대함을 꾀하였던 조선 전기의 경회루에 비할 때, 중건된 경회루는 삼재三才, 24절기, 『주역』의 64괘 등 상수학적인 상징들이 많이 동원되었다는 차이가 있다. (소종 사진)

    큰 누각을 경복궁 서쪽 모퉁이에 새로 지었다. 공조판서 박자청에게 명하여 감독하게 하였는데, 제도가 굉장하고 넓게 탁 트였으며, 또 못을 파서 사방으로 둘렀다. 궁궐의 서북쪽에 본래 작은 누각이 있었으니, 태조가 창건한 것이었다. 임금이 협착하다고 하며 고쳐 지으라고 명하였다. (『태종실록』 권23, 태종 12년 4월 2일)

    말이 고쳐 짓는 것이지, 위치도 바꾸었고 둘레에 연못까지 파는 엄청난 규모의 공사였다. 경회루를 짓느라 한창 진행 중이던 원래의 행랑 공사 계획이 변경될 정도였다. 공사는 일사천리로 진행되었다. 태종의 명이 내려진 지 20여 일 만인 4월 26일에 누각이 완공되었고, 5월 15일에 연못에 물고기를 풀어 놓았다. 그리고 5월 16일에 드디어 '경회루慶會樓'라는 이름을 정하였다. 이날은 마침 태종의 생일이기도 하였다. 공사의 시작부터 완공, 명명에 이르는 과정 자체가 매우 신속하게, 그리고 태종의 생일에 맞춘 것처럼 진행되었다.

건축의 형태도 태종의 취향이었다. 태종은 연못 옆의 높은 누각을 좋아해서, 궁궐을 수리할 때마다 빼놓지 않고 정자를 짓곤 했다. 즉위 초반 개경 추동楸洞에 있던 본궁을 고쳐 지을 때 청화정淸和亭이라는 정자를 지은 적이 있었다. 창덕궁에도 기본 전각들을 완공한 후에 바로 광연루廣延樓와 해온정解慍亭이라는 누각과 정자를 지었고, 경회루를 짓기 1년 전인 1411년(태종 11) 영견방 본궁을 수리할 때에도 못과 누각을 조성하게 하였다. 이때 판 연못의 동서 길이가 170척, 남북 길이가 150척에 다다랐다. 계산하기 편하게 1척을 30센티미터로 가늠하면, 영견방 본궁의 연못은 51×45미터 정도의 규모였다는 것인데, 지금 경회루 연못의 크기가 128×113미터 정도이니 경회루 연못의 4분의 1 정도 되는 면적이다. 경회루에 비하면 작은 규모지만 영견방 본궁이 정식 궁궐이 아니었다는 점을 생각해 본다면 만만치 않은 규모였다.

경회루라는 명칭 자체도 태종이 정한 것이나 다름없었다. 그는 경회慶會·납량納凉·승운乘雲·과학跨鶴·소선召仙·척진滌塵·기룡騎龍 등의 이름 후보를 하륜에게 주고, 하나를 고르게 하였다. 재밌는 것은 다음과 같이 단서를 달았다는 점이다.

"내가 이 누각을 지은 것은 중국 사신에게 잔치하거나 위로하는 장소를 삼고자 한 것이지, 내가 놀거나 편안히 지내려고 한 곳이 아니다. 실로 모화루慕華樓와 뜻이 같다"(『태종실록』 권23, 태종 12년 5월 16일)

거창하게 지은 이 누각은 결코 자신이 놀려고 지은 것이 아니라, 중국 사신이 머무는 모화루와 그곳의 연못처럼 공적인 장소로 만든 것이라는 뜻이다. 그런데 그가 준 이름 후보들은 경회를 제외한 나머지가 모두 탈속적이고 한가함을 즐기려는 뜻이 담겨 있었다. 이러한 후보들을 주고서 자신이 편안히 지내고자 하는 것이 아니라 사신 접대 같은 공식적인 의미가 있는 누각임을 강조한다면 이미 방향은 정해진 것이나 다름없다. 하륜은 그 의도대로 '경회慶會'라는 이름을 택하자고 건의하였다.

이름만 짓고 끝나는 게 아니었다. 태종은 경회루가 완공된 한 달 후, 하륜에게 기문을 짓게 하고 당대 명필로 꼽히던 한상경韓尙敬(1360~1423)에게 기문의 글씨를 쓰게 하였다. 전각 하나 짓고 그 내력을 줄줄이 기술하게 한 것은 그만큼 이 누각에 큰 의미를 부여했다는 것이다. 아니나 다를까 하륜은 경회루 기문에서, 기울어졌던 옛 누각을 일으켜 회복한 것이 곧 나라를 다스리는 것과 비슷하다고 하며 다음과 같이 서술하였다.

기울어진 것을 바르게 하고 위태한 것을 편안하게 한 것은 선대의 업을 보

존하는 것이요, 흙을 단단히 쌓고 땅을 깊이 파서 습기를 제거한 것은 나라의 터전을 견고히 한 것입니다. (『동문선』 권81, 기 경회루)

토대를 다지고 위태로운 누각을 보수한 것은 나라의 터전을 견고하게 한 것과 같다. 그런데 선대의 왕업을 보존한다는 것은 단순히 왕이라는 지위와 권력을 의미하는 것이 아니었다.

무릇 임금의 정사는 사람을 얻는 것을 근본으로 삼는 것이니, 사람을 얻은 뒤에라야 '경회慶會'라 이를 수 있을 것입니다. 삼가 생각건대, 우리 태조 강헌대왕께서는 성스럽고 신묘한 문무의 덕으로 온 나라를 편안하게 하셨고, 천자는 '조선'이란 국호를 내렸습니다. 드디어 화산의 남쪽에 도읍을 정하여 궁실을 세우고 전각 이름을 '근정'이라 하고, 또 그로써 문의 이름을 삼았으니, 나라를 소유한 근본을 삼은 바가 지극합니다. (앞 글)

태조가 나라를 소유할 수 있었던 근본은 정치에 부지런함, 즉 '근정'이었다. 이 근정의 의미는 단순히 정사에 부지런하다는 뜻이 아니라 정도전이 부여했던 바로 그 의미였다. 윗글의 첫머리에서 정치는 사람을 얻는 것을 근본으로 삼는다는 대목은 '임금이 어진 이를 얻고 임용하는 데 부지런해야 한다'는 정도전의 뜻과 정확히 일치한다. 하륜은 그 내용을 확장해 이렇게 어진 사람을 얻은 뒤에라야 경회, 즉 기쁘게 만나는 것이 된다는 이야기를 펼쳤다.

이러한 근정의 의미를 태종은 알고 있는가? 하륜은 태종이 그 의미를 누구보다 잘 알기에 누각에 '기쁘게 만나다'라는 뜻으로 '경회'라는 이름을 부여한 것이라고 하였다.

> (임금이) 한가로운 여가가 있을 때 군신 중에 도덕이 있고 정치의 대체를 아는 신하를 인견하는 것은 좋은 계획을 받아들이고 도의를 강론하여 다스림을 펼치는 근원을 바르게 하려는 것이니, 이로써 더욱 전하께서 참으로 근정의 근본을 알고 계심을 볼 수 있습니다. (앞 글)

이 전각을 마련한 것 자체가 바른 신하를 만나 좋은 계획을 받아들이고 도의를 강론하기 위한 것으로, 태종은 근정의 근본을 잘 알고 있다는 것이다.

그러면 군주와 신하가 어떻게 만나야 진정 기쁜 만남이 되는 것일까? 하륜은 덕 있는 군주와 덕 있는 신하가 만나는 것이 '경회'라고 하였다. 그러면서 하·은·주의 삼대부터 송에 이르기까지 여러 사례들이 있지만, "요·순·우·탕·고종·문왕·무왕 같은 이가 임금이 되고, 고요·기·백익·이윤·부열·여상·주공·소공 같은 이가 보좌가 되면 참으로 경회라" 이를 수 있고 그 외의 사례는 모두 이에 미치지 못한다고 보았다. 언급한 인물들이 모두 중국 삼대의 인물들인 점을 보면, 하륜 역시 정도전처럼 삼대를 지향하며, 어진 이를 얻는 것을 정사의 근본으로 삼는 정신을 갖고 있었다는 점을 볼 수 있다.

그런데 이 글의 진정한 방점은 그러한 건국의 이념보다도 선대의 뜻을 잘 계승하고 있는 태종의 덕에 대한 찬양이었다.

> 태조는 '근정'을 나라를 소유한 근본으로 삼아서 다스렸으며, 태종은 또 '경회'를 근정의 근본을 삼아 힘쓰니 창업의 아름다움과 계술繼述의 선함이여. 아! 성대하도다. 능히 삼대의 경회를 따르고 삼대의 정치를 이루어 그 교훈을 길이 세상에 남겨 '경복(큰 복)'을 한없이 누리게 될 것을 알고도 남음이 있도다. (앞 글)

계술은 '계지술사繼志述事'의 줄임말로, 선대의 뜻을 계승하여 선대가 미처 하지 못했던 일을 해 나간다는 의미이다. 『중용』에서는 계지술사가 곧 효라고 했을 만큼 이는 효를 실천하는 가장 핵심적인 방법이다. 태종이 계술의 선함을 지니고 있다는 말은 그가 진정한 효자라는 의미이기도 하였다. 정도전의 기문은 그 어디에도 태조의 창업을 칭송하거나 덕을 찬양하는 내용 없이 처음부터 끝까지 까칠까칠한 충고로 가득했다. 그러나 하륜의 기문은 이렇게 계술의 덕을 지닌 태종에 대한 칭송으로 마무리되었다.

기문을 작성하고 난 5일 후에는 세자인 양녕대군에게 경회루의 편액을 쓰게 하였다. 경회루에 세자가 직접 쓴 편액을 걸게 하다니, 이 얼마나 상징적 행위인가. 태조가 지은 궁궐은 그 아들인 태종이 이어 받았고, 그것이 미래의 세자로 이어질 것이다! 면면히 전승되어 왔고, 전승될 왕업은 이렇게 공간적으로 구현되었다.

    경회루가 건설되기 전까지 경복궁은 태종에게 버릴 수도 없고, 그렇다고 그대로 쓸 수도 없는 장소였다. 그러한 갈등 속에서 태종은 고려 말에 본궐이 그러했던 것처럼 경복궁에 주요 의례가 행해지는 장소라는 위상을 부여하였고, 경회루를 건설하였다. 태종의 가장 큰 업적으로 꼽히는 명으로부터의 책봉 — 즉 국제질서의 안정 — 은, 명나라 사신을 공식적으로 맞이하는 장소로 마련된 경회루를 통해 휘황찬란하게 재현되었다. 태종은 이렇게 경복궁에 자신을 상징하는 새로운 장소를 건설하고, 그곳에 자기 권력의 색채를 멋지게 입혔다. 이후 경회루는 유구琉球 사신이 조선의 삼대 장관 중 하나로 꼽는 대표적인 건물이 되었다.

5

궁궐의 안팎에

위치한 관서

관서의 위치는 무엇을 의미하는가

관료정치는 관직 제도의 틀 속에서 구현되기 마련이다. 경복궁은 그렇게 갖추어진 관제를 공간적으로 구현하기 위해 설정된 기준점이기도 하였다. '전조후시', 즉 궁궐의 앞에 관아가 위치한다는 원칙이 있기 때문이다. 또한 궁궐 안에도 궐내각사라고 불리던 몇몇 관청들이 있었다. 그런 점에서 궁궐과 관청은 서로 유기적으로 연동되어 있다. 연동된다는 관점에서 볼 때, 어떠한 관서들을 궁궐 안에 넣고 어떠한 관서들을 궁궐 밖에 배치하는지는 대충 정할 문제가 아니다. 무엇을 어디에 배치할지가 바로 정치의 방식을 드러내기 때문이다.

    경복궁의 완성을 기록한 실록 기사에는 이를 반영하듯 궁궐 안에 있었던 관청과 궁성 남문인 광화문 밖, 즉 지금 육조거리라 통칭하는 곳에 설치한 관청까지 한꺼번에 다음과 같이 소개하고 있다.

그 나머지로 주방·등촉방·인자방·상의원이며, 양전兩殿의 사옹방·상서사·승지방·내시다방·경흥부·중추원·삼군부와 동·서루고의 부류가 총 390여 간이다.

뒤에 궁성을 쌓고 동문은 건춘문이라 하고, 서문은 영추문이라 하며, 남문은 광화문이라 했는데, 누각 3간에 상·하층이 있고, 누각 위에 종과 북을 달아서, 새벽과 저녁을 알리게 하고 중엄中嚴을 경계하였다.

문 남쪽 좌우에는 의정부·삼군부·육조·사헌부 등의 각 관사의 건물들이 벌여 있었다. (『태조실록』 권8, 태조 4년 9월 29일)

이 기사만 놓고 보면, 1395년(태조 4) 경복궁이 완성되었을 때 광화문 밖 육조거리에 저러한 관청들도 모두 완성이 된 것처럼 보인다. 그러나 이는 사실과 다르다. 위 기사에도 나왔듯이 경복궁 전체를 에두르는 궁성도 나중에 건설된 것으로, 1398년(태조 7)에 쌓기 시작하여 그 이듬해 초에야 완성되었다. 그 궁성의 문에 이름을 붙인 것은 세종대였다. 더구나 위 기사에 등장하는 '의정부'의 경우엔 1400년(정종 2)에서야 도평의사사에서 개칭되었다. 1395년의 기록인데, 후대에서야 이루어진 일들이 섞여 기록되어 있는 것이다. 이러한 문제가 발생한 것은 기본적으로 『태조실록』이 태종대 편찬된 이후 몇 차례 개수를 거쳐 세종대에 최종적으로 완성되었기 때문이다. 그래서 이름은 "태조실록"이지만, 간간히 세종대 용어들까지 섞여 들어가 있다.

1395년(태조 4)에 종묘, 경복궁과 함께 관청 건물들이 모두 완성된

광화문 앞 육조거리 모습
고종대 광화문 육조거리를 서쪽에서 찍은 사진이다. 광화문 앞쪽으로 세 채의 건물 지붕이 나란히 솟아 있는 것을 볼 수 있는데, 이것이 삼군부 건물이다. 그 맞은편으로 지붕이 우뚝하게 보이는 건물이 의정부이다. 고종대에는 비변사를 폐지하고 의정부를 강화하며, 삼군부 건물을 초기의 기획대로 광화문 앞에 나란히 중건하였다. 이는 나라를 세울 당시의 권위를 회복하겠다는 의지였다. (버드 비숍 사진(이순우, 2012, 『광화문 육조앞길』에서 재인용))

것도 아니었다. 종묘와 경복궁의 입지를 결정한 후 1394년(태조 3) 12월에 관청 터를 나누어 주기는 했으나, 건물의 완공은 궁궐보다 한참 뒤에 이루어졌다. 관청 중에서도 가장 중요한 삼군부와 도평의사사만 하더라도 1397년(태조 6)~1398년(태조 7) 무렵에야 건물이 완성되었다. 대체로 1398년(태조 7) 무렵에는 육조거리의 관청 건물 대부분이 완성된 것으로 보이긴 하지만, 물력과 인력 동원에 한계가 있었기 때문에 모두 제 모습을 갖추는 데에는 이만한 시간이 소요될 수밖에 없었다.

이러한 한계가 있기는 하지만, 위 기사를 통해 관서 배치의 몇 가지 특징을 볼 수 있다. 먼저 궁궐 안에는 왕실의 수발을 드는 기초적인 관서들만 있었다는 점이다. 주방, 상의원, 사옹방, 등촉방, 상서사 등은 식사와 의류, 조명, 도장 등을 관리하는 기관이다. 승지방과 중추원은 왕명 출납과 관련이 있고, 내시다방은 이 시기 궁궐 숙위를 맡았다. 경흥부는 중궁, 즉 왕비 휘하 인원들을 관리하는 기관이었다. 정말 국왕과 그 가족의 궁궐 생활 및 정치행위를 위해 꼭 필요한 최소한의 기관들만이 경복궁 안에 있었다는 점을 볼 수 있다.

궁궐 안에는 최소한의 기관들만 들어온 반면, 의정부(당시에는 도평의사사)와 삼군부, 육조 등의 주요 관서들은 모두 궁성 남문 밖에 위치하였다. 우리가 여러 매체를 통해 이러한 모습을 익히 보았던 터라, 원래 관서들의 위치가 다 그러했을 것이라 생각할 수도 있다. 그러나 사실은 그렇지 않다.

고려의 경우 주요 관서들이 모두 본궐 안에 있었다. 12세기 송나라 사신이었던 서긍의 관찰에 따르면, 동궁의 남쪽이자 구정毬庭의 동쪽에 중서성, 문하성, 상서성, 추밀원 등의 관서들이 배치되어 있었다고 한다. 고려 본궐의 구정은 경복궁으로 따지면 흥례문과 광화문 사이쯤 된다. 그곳 동편에 주요 관서들이 모두 모여 있었던 것이다.

중서성과 문하성이 별도의 건물로 있었던 것은 고려의 관제와 관련해서 좀 논란이 있는 부분이다. 통설에서는 고려에서 당나라의 관제를 참조하여 중서성과 상서성을 설치했지만 얼마 후 통합되어 중서문하성이 되었다고 하였는데, 서긍은 건물이 별도로 존재한다고 하고 있기 때문이다. 관제에 대한 논란은 이 글의 범위를 벗어나니까 일단 접어두자. 중서문하성은 고려의 국정을 총괄하던 최고의 기구로서 재부, 즉 재상의 관부로 일컬어졌다. 특히 중서문하성의 2품 이상 고위 관원들인 '재신'은 왕명 출납을 담당했던 추밀원의 고위 관원들인 '추밀'과 함께 국정을 논의하였다. 이들을 합쳐 '재추'라고 하는데, 고려에서는 이 재추들의 합좌(회의)를 통해 각종 제도와 법, 국방 등의 문제를 결정하였다. 이렇게 재추들이 합좌했던 대표적인 기관이 도병마사였으며, 원 간섭기에 도평의사사로 개칭되면서 국정 총괄의 책무가 이곳에 집중되었다.

재상들을 위한 관부인 중서성과 문하성 뿐만 아니라, 정무를 집행하는 상서성도 궁궐 안에 배치되었다는 점은 매우 흥미로운 지점이다. 당이나 송의 상서성은 궁성 밖 황성 안에 있었기 때문이다. 상서성은 기본적으로 실무 관련 기관인 육부를 총괄하도록 되어 있었지만 고려에서는 유명무실해진 부분이 많았다. 그러나 재신들이 상서성의 실무를 겸하거나 상서성의 수장이 재상직에 임명된 사례가 많았기 때문에 궐 안에 배치된 것으로 보인다. 그에 비해 고려의 육부는 궁성 밖에 있었다. 이는 상서성과 육부의 위상 차이를 보여 주는 것이기도 하다.

그뿐 아니라 백관의 규찰과 탄핵을 담당하였던 어사대, 외국 사신 접대를 담당하던 예빈성, 국가적인 용도의 글을 짓는 한림원 등도 궁궐 안에 있었다. 어사대 같은 기관 역시 당이나 송에서는 대체로 황성 내지는 황성 밖에 위치하였으나 고려에서는 궁성 안에 배치된 것이다. 조선으로 따지면 의정부, 사헌부, 예빈시, 예문관 등의 기관들이 모두 경복궁 안에 있는 셈이다. 고려는 이러한 주요 핵심 관서들이 궁궐 안에 모두 배치됨으로써 국정의 전 과정이 하나의 공간에서 이루어질 수 있었다.

이처럼 주요 관서들이 궁궐 안에 모두 모여 있는 것은 일장일단이 있다. 국정을 결정하는 주요 구성원들이 궁궐 안에 모두 모여 있고 국왕을 접하기도 쉽기 때문에, 기밀이 잘 유지되고 의사결정이 빠르게 이루어질 수 있다는 것이 장점이다. 그러나 구성원들의 운영 방식에 따라서는 국정 운영이 매우 불투명하게 이루어질 수도 있다는 것이 단점이었다.

장점과 단점을 놓고 생각해 보면, 주요 관서들을 모두 궁궐 밖에 배치한 조선은 의사결정의 속도와 편리성보다는 투명성을 좀 더 중시했다고 평가할 수 있겠다. 후대의 사료이긴 하지만 정사의 투명성에 대한 집착은 조선 후기 비변사 건물을 배치하는 데에서도 드러난다. 비변사 건물은 원래 경복궁 인근인 육조거리 남단에 있다가 조선 후기에는 창덕궁과 경희궁 앞에 각각 마련되었다. 원래 비변사는 군사적인 변란에 빠르게 대응하기 위해 생겨난 제도인 만큼 기밀을 다루기 마련이다. 그런데 이렇게 관사가 궁궐 밖에 있다 보니 빠른 대응도 힘들고 문서 운송 중에 기밀이 유출될 가능성도 크다는 지적이 있었다. 창덕궁과 경희궁 앞에 각기 건물이 있었던 것도 그나마 임금과 가까운 곳에 있고자 하는 데서 비롯한 것일 터였다. 그럼에도 비변사는 끝까지 궁궐 안에 설치되지 못하였다. 국정 운영의 투명성을 더 중시했던 조선의 지향에 맞지 않았던 것이다.

없던 건물은 왜 만들었나: 도평의사사

고려 말 조선 초의 정치에서 가장 중요한 기관을 꼽으라면 바로 도평의사사를 꼽을 수 있다. 앞서 한양 천도를 공식적으로 건의하는 모양새를 띠려고 할 때 상서하였던 바로 그 기관이다. 후대 의정부로 개편된 이 관서는 육조거리에서도 경복궁에 가장 가까운 곳에 위치하였다. 원래 도병마사라 지칭되었던 것이 원 간섭기를 거치며 도평의사사로 관제가 격하되었다고 달달 외웠던 기억은 많은데, 흥미롭게도 이렇게 유명한 도평의사사는 고려 말까지도 독립된 건물을 갖고 있지 못하였다.

그러다 도평의사사만을 위한 건물이 건설되었으니, 바로 공양왕 즉위 직후였다. 이때는 이성계가 수문하시중을 맡았던 시절이었고, 정도전이 이 청사를 지은 내력을 담은 기문을 썼다. 이로 미루어 볼 때, 도평의사사 건물의 건립 자체가 조선 건국자들의 의사에서 비롯되었다는 점을 잘 알 수 있다. 그들은 재상들의 합의체를 위한 별도의 건물이 궁궐 밖에 ― 당시 주로 사용되었던 개경 수창궁 인근에 ― 독립적으로 있어야 한다고 생각했던 것이다.

그렇다면 이때 이들이 굳이 도평의사사 건물을 새로 지은 이유는 무엇이었을까? 정도전은 이 건물의 의미를 다음과 같은 비유로 대신하였다.

집은 비유하면 임금이요, 기둥은 비유하면 정승이요, 기초는 비유하면 백성입니다. 기초는 마땅히 그 터가 견고해야 하고 기둥은 안정되고 높아야 합니다. 그런 뒤에라야 집이 튼튼하게 될 것입니다. 기둥은 위로 지붕을 이고 아래로 기초에 의지하니, 마치 재상이 임금을 받들고 백성을 어루만지는 것과 같습니다. 『서경』에 '신하는 위를 위하여 턱을 펴고 아래를 위하여 백성을 위한다.'라고 한 것은 이것을 이르는 말입니다. 이 건물에 들어오는 사람들은 그 지붕을 보면 우리 임금 받들 바를 생각하고, 그 기초를 보면 우리 백성에게 후하게 할 것을 생각하고, 그 기둥을 보면 자신의 직책에 걸맞게 일해야 한다는 것을 생각하면 될 것입니다. (『삼봉집』 권4, 기 고려국신작 도평의사사청기)

정도전의 글은 재상급의 고위 관료들을 대상으로 한다. 관료들에게 이 건물을 드나들 때마다, 자신이 기둥처럼 위로 군주를 받들고 아래로 백성을 대해야 한다는 점을 늘 잊지 말라는 것이다. 백성(기초) ― 재상(기둥) ― 군주(집)의 삼층 구조에 대한 인식이 드러나 있는 이 글은 고위 관료가 가져야 할 주체성과 정치적 책임의식을 강조하고 있는 셈이다.

그런데 여기서도 그가 인용한 『서경』의 글이 예사롭지 않다. 여기서 인용된 문구는 「함유일덕」편에 나온 것으로서, 이 편은 재상인 이윤이 군주인 태갑에게 충고하는 내용이다. 이윤은 탕왕이 하나라를 정벌하고 상나라를 세우는 데 일익을 담당한 개국 공신이었다. 그는 탕왕의 사후 후사 임금들이 일찍 죽으면서 왕위 계승이 원만치 않자 탕왕의 손자인 태갑을 즉위시켰다. 문제는 태갑이 매우 방탕하기 그지없었다는 점이다. 그러자 이윤은 태갑을 다시 세자로 강등시키고는 한동안 자신이 섭정을 하였다. 이후 태갑이 뉘우치고 새 사람이 되자 이윤이 은퇴하며 남긴 충고 중 하나가 바로 「함유일덕」편이다. 자, 이 과정 자체가 여러 차례 국왕이 교체되었던 고려 말의 상황과 매우 유사하지 않은가? 이 글에 공양왕에 대한 정도전의 은근한 협박이 바탕에 깔렸다고 본다면 지나친 생각일까?

협박인지 아닌지는 일단 제쳐 두더라도, 정도전이 인용한 「함유일덕」편은 임금이 적절한 인재를 선택하여 덕정을 펼쳐야 하며, 백성이 있어야 임금이 있을 수 있다는 의식을 가지도록 강조하는 편이다. 근정전의 기문에서 그가 강조했던 임금의 역할, 바르고 능력 있는 인재를 기용하는 데 부지런하라는 인식은 여기에서도 동일하게 드러난다.

그렇다면 그러한 임금 밑에서 일하게 될 재상들은 무엇을 해야 하는가? 정도전은 기문의 마지막에서 재상들의 역할은 단순히 몇 가지 기예를 가지는 것에 그쳐서는 안 된다고 주장한다. 그러면서 진덕수의 『대학연의』를 인용하며, 다음과 같이 이야기하였다.

(진덕수는 정승의 할 일에 대해) '임금의 마음을 바르게 해야 한다(格君)', '자신을 바르게 해야 한다(正己)', '다른 사람을 알아야 한다(知人)' '일을 처리해야 한다(處事)'라고 하였습니다. 무릇 임금을 바루려고 하면 먼저 스스로가 바르게 되어야 할 것이요, 자신이 이미 바르게 되었다면 모름지기 다른 사람을 알아보는 현명함도 있게 되어 일을 처리하는 방법이 잘 이루어질 것입니다. (앞 글)

'격군, 정기, 지인, 처사' 이 네 가지는 정도전의 다른 저술인『경제문감經濟文鑑』에도 그대로 반복된, 그의 지론이다. 다만 '정기, 격군, 지인, 처사'로 앞 두 가지의 순서만 다를 뿐이다. 결국 그의 주장은 임금이 그래야 하는 것처럼 재상들 역시 자신의 수신을 바탕으로 임금이 바른 마음을 갖도록 이끌어야 하며, 이 두 가지가 바른 정치를 행하는 바탕이 된다는 의미였다. 이는 재상에게 그만큼의 책임의식과 정치적 주체성을 불어 넣는 글로서, 수신과 정사에 있어서 재상과 임금이 근본적으로 다를 게 없다는 사대부다운 자신감을 표출한 것이었다.

이러한 인식은 천도 이후 경복궁을 건설하고 그 앞에 도평의사사를 건설하면서 계승되었다. 경복궁의 정전인 근정전에서 정도전은 임금이 어진 인재를 찾고 그에게 위임하는 데 부지런할 것을 이야기하였다. 경복궁의 정문은 어진 이를 들이고 간사한 이를 끊어 내는 역할을 해야 하는 장소로서, 이는 재상의 책무였다. 그리고 바로 궁궐 앞에 위치한 도평의사사에서는 자신을 바로잡은 재상이 임금을 바로잡고, 그로부터 정치를 위임받아 훌륭한 정치를 꾸려 나갈 책임을 질 각오로 임해야 하는 것이다. 경복궁부터 도평의사사에 이르는 이 공간의 배치는 이러한 이념을 구현한 것이었다.

도평의사사의 위치는 다른 관서의 배치에도 영향을 주었다. 예전에 조선 후기 고지도에 태조대 육조거리의 관서를 배치해 보다가 계속 갸웃갸웃했던 부분이 있었다. 바로 예빈시의 위치였다. 예빈시는 일반적으로 사신들 접대를 맡는 기관으로, 예조에 소속되었다. 급이나 업무로나 이 거리에 다른 관서들과 나란히 있을 법하지 않았을 뿐만 아니라, 위치도 도평의사사 바로 남쪽이라는 점이 영 이해가 가지 않았다. 나중에 살펴보니 원래 정3품 아문이었다가 후기에 종6품 아문이 되었다 하니, 이 시기에 급 자체는 그렇게 떨어지지 않는다는 점은 알 수 있었다. 그래도 결국은 사신 접대에 편하도록 18세기 정조대에 남별궁 안으로 이전됐던 것을 보면, 이 시기 예빈시의 위치는 부자연스러웠다. 왜 중국 사신이 묵던 태평관 인근에 두지 않고 여기에 두었던 것인지 영 이해가 가지 않았다.

그러다 19세기에 편찬된 『한경지략』을 보고서는 무릎을 탁 치며 깨달음을 얻었다. 원래 예빈시는 사신 접대는 물론, 의정부의 재상들에 대한 대접을 담당했었다는 것이다. 『한경지략』에는 다음과 같은 일화가 인용되어 있다.

> 황희가 재상으로, 김종서가 공조판서일 때 공처公處에 모인 적이 있었는데, 공조판서가 공조에 술과 안주를 준비하여 바치도록 하였다. 상공(황희)

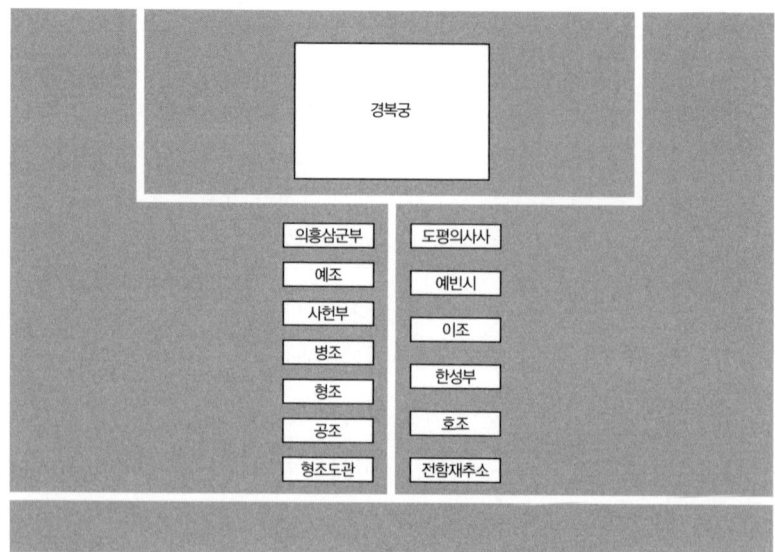

조선 초 육조거리 배치

이 어디서 난 것이냐고 묻자 공조판서 대감이 낮에 모인 여러 분들이 허기가 질까 하여 일단 관청의 비용으로 준비한 것이라고 하인이 대답하였다. 상공이 노하였다. "나라에서 의정부의 옆에 예빈시를 설치한 것은 삼공(재상)을 위해서이다. 만약 허기가 지면, 예빈시에서 마련해 오도록 하면 될 것인데, 어찌 제멋대로 관청 비용으로 마련하였는가?"라고 하며, 임금께 아뢰어 죄를 청하려고 하였다. 여러 재상들이 말리고 나서야 그만두고서는 공조판서를 준엄하게 꾸짖었다. (『한경지략』, 권2 궐외각사 예빈시)

조선 초 의정부와 재상들의 위상을 높게 잡으면서, 그들이 회의하려고 모였을 때 필요한 접대를 담당할 수 있도록 예빈시가 바로 그 옆에 위치하게 된 것이다. 황희黃喜(1363~1452)의 이야기를 보면, 이러한 관서의 배치가 그만큼 재상들을 잘 대우하려는 국가적인 의지와 관련되었다는 점을 잘 알 수 있다.

이처럼 단순한 합좌체가 아니라 '재상이 바른 정치를 행하는 기구'라는 큰 의미를 부여받은 도평의사사는, 재상권을 강화해야 한다는 이 시대의 인식을 잘 보여 준다. 이는 이후 의정부의 설치로 계승되었다는 점에서 고려 말부터 조선 초를 관통한 관제 개혁의 한 지향이었다. 황제의 전제적 권한이 강화된 명, 정치적 책임의식과 주체의식을 지닌 사대부가 존재하지 않았던 일본과는 확연히 비교되는 지점이다.

조선 건국 후 도평의사사는 이렇게 한양 경복궁 궁성 남문 밖 동편, 궁궐과 제일 가까운 위치에 자리 잡았다. 재상권을 강화하고 투명하게 정치를 운영하고 싶다는 조선의 지향이 담긴 그 위치였다.

문과 무는 양팔과도 같다:

도평의사사와 의흥삼군부,

융문루와 융무루

앞서 본 『태조실록』의 관청 완성 기록에서 눈치 챈 분들이 있을지 모르겠는데, 그 기록에는 궐 안에도 삼군부가 있고 궐 밖에도 삼군부가 있는 것으로 나온다. 삼군부는 도대체 무슨 관서이기에 궐 안팎에 모두 있었던 것이었을까?

  고려 말 이래 조선 건국 후까지 군사 제도의 정비는 매우 중요하였다. 군사 지휘권이나 군정 체제가 여러 차례 정비되었고, 이 과정에서 기존의 삼군도총제부를 개칭하여 1393년(태조 2)에 설치한 것이 의흥삼군부였다. 이를 통해 수도와 지방의 군사를 일원화하여 관리하고 종친이나 공신들이 사적으로 거느린 병력을 혁파하여 병권을 중앙으로 집중시키는 것이 목적이었다. 의흥삼군부는 판사를 장으로 하여 진무소와 중군·좌군·우군절제사로 구성되었는데, 아마도 군령이 나오는 진무소가 궁궐 안에 있었던 삼군부이고 궐 밖의 삼군부는 의흥삼군부 본 건물이었던 것으로 추정된다.

다른 관서의 건물들은 거의 그대로 위치가 유지되었던 것에 비해 의흥삼군부는 위치가 변경되었다. 제1·2차 왕자의 난, 사병 혁파를 비롯한 여러 변수들 때문에 태조대 이후에도 여러 차례 군제가 개편되면서 변화의 폭이 컸기 때문이다. 그 과정에서 의흥삼군부는 예조와 건물을 바꾸게 되어, 궁성 바로 바깥이 아니라 예빈시의 맞은편 즈음에 위치하게 되었다. 그러나 원래 의흥삼군부 자리는 동편 도평의사사의 바로 맞은편이었다. 도평의사사와 의흥삼군부는 마주 보고 있었던 셈이다.

이 시기 정도전은 물론이고 여러 관료들은 문과 무를 사람의 양팔에 비유하곤 하였다. 정도전은 군제 개편에 대해 상소할 때 이렇게 운을 뗀 적이 있었다.

"예로부터 나라를 다스리는 사람은 문文으로써 태평한 정치를 이루고, 무武로써 난리를 평정하니[文以致治 武以戡亂], 문무의 두 가지 관직은 사람의 두 팔과 같으므로, 한쪽만 둘 수 없습니다." (『태조실록』 권5, 태조 3년 2월 29일 기해)

정도전이 "문이지치 무이감란"이라고 하며 문무 양자가 다 중요하다고 한 어구는 다른 글에서 그대로 반복되기도 하였다. 바로 경복궁 근정전 인근에 있었던 두 누각의 기문에서였다.

앞서 3장에서 경복궁의 전각명을 살펴볼 때 이 두 누각의 기문은 설명하지 않았다. 여기에서 설명하는 것이 좀 더 유기적이어서였다. 근정전 주변에는 동루와 서루가 있었는데, 여기에 정도전은 문무를 융성하게 한다는 의미로 융문루隆文樓와 융무루隆武樓라는 이름을 붙였다. 이 기문에서 그는 "문文은 태평한 정치를 이룩하는 것이요, 무武는 난리를 평정하는 것이므로 이 두 가지는 사람에게 양팔이 있는 것과 같아서 하나라도 없어서는 안 되는 것"이라고 하였다. 같은 문구의 반복, 그리고 동일한 비유를 볼 때 이는 정도전의 일관된 생각이었음을 알 수 있다. 이런 점들을 볼 때 경복궁의 두 누각, 그리고 도평의사사와 의흥삼군부가 동서로 마주 보게 건설된 것은 문무를 양팔처럼 함께 중시했던 이 시기의 사고를 반영하는 공간배치였다.

    문과 무를 대등하게 보는 것은 인재에 대한 인식에서도 드러난다. 문뿐만 아니라 무의 분야에도 적절한 인재가 필요하다는 것이다. 융문·융무루의 기문에서는 문과 무를 중시하는 것을 통해 "문장과 도덕을 갖춘 선비와 과감하고 용맹한 무인들이 안팎에 포열하게 될 것"이라고 하였다. 문무에 대한 중시는 한발 더 나아가 문무 각 분야의 전문가뿐만 아니라 양자를 겸비한 인재가 필요하다는 주장으로 이어졌다. 이는 의흥삼군부에 사인소舍人所라는 건물을 지은 것에서 잘 드러난다.

    육조거리의 의흥삼군부 안에는 사인소라는 특별한 건물을 두어, 여러 관리의 자제들을 모아 학문을 익히게 하고 인재를 선발하였다. 이미 부학이나 향교, 성균관 등의 여러 교육 기구들을 갖추었음에도 이와 중복될 교육 기구를 또 설치한 것이다. 왜 이러한 건물을 지었는지는 권근이 작성한 글로 미루어 볼 수 있는데, 역시 정도전의 생각이 많이 반영되어 있는 것이기도 하였다. 그렇다면 이미 있는 여러 교육 기구 외에 사인소가 필요한 이유는 무엇이었을까? 아래 기문에서는 다음과 같이 문무를 겸비한 인재가 필요하기 때문이라고 하였다.

> 옛적에는 문文과 무武가 두 가지 길이 아니었다. 평상시에는 예악의 교화 속에서 (인재를) 양성하여 도의를 갈고 닦아 그 이치를 밝히고 덕을 이루게 하였다가, 변란이 있을 적엔 군대의 대오 속에서 등용하여 용맹을 떨치고 굳센 뜻에 힘써서 공을 이루게 하였다. 그러므로 전일에 양성한 의리가 바로 후일에 절의로 드러났다. (『양촌집』 권12, 기 의흥삼군부사인소청벽기)

평상시에는 학문을 닦고 있다가 위기에는 나가 전공을 세울 수 있는, 문무를 겸비한 인재가 필요하다는 주장이다. 요즘 특히 좋아하는 통섭의 인재 말이다. 그런데 후대에 가르치는 법이 무너지면서 한쪽에만 치우친 인재들이 나오기 시작하였다.

> 후세에는 가르치는 법이 폐지되고 해이해지면서 사람들이 각기 자기 자질에 가까운 것만을 하여, 문사는 오활하거나 고루하고 무사는 교만하거나 사나웠다. (그러다보니) 백성을 친근히 할 사람을 구하면 방어하는 일에 소루하고, 방어할 수 있는 사람을 구하면 더러 (민생을) 뒷받침하는 데에는 부족하였다. 대체로 평소 공부한 것이 각각 한쪽 편에만 얽매여서 서로 넘나

들지 못하였기 때문이다. (앞 글)

　평상시 인자하게 백성을 대하는 사람은 군사 문제에는 별로인 경우가 많고, 용맹한 군인은 평상시의 일반 행정에는 적합하지 않은 경우가 많다는 지적이었다. 전통적인 출장입상出將入相(변방에 나가서는 장군이 되고, 조정에 들어와서는 재상이 될 수 있는 인재)의 인재상을 그리는 것인 동시에, 지금의 우리도 충분히 동의할 수 있는 문제의식이다. 그러니 이제 '문무를 통섭할 수 있는 인재가 필요하다'는 것이 바로 사인소 설치의 목적이었다. 군정을 다스리는 의흥삼군부에 사인소를 설치하여 선비의 자제들이 무와 관련한 학습도 함께한다면 문무를 겸비한 인재를 키울 수 있을 것이라는 기대에서였다.
　문무의 겸비란, 사실은 이전에는 중시되지 못했던 무의 분야를 중시해야 한다는 의미이기도 하다. 그런 점에서 공양왕대 처음으로 무과가 시행되었던 것도 같은 지향선상에 있는 정책이었음을 잘 알 수 있다. 경복궁의 정전인 근정전 주변에 동서로 융문루와 융무루를 마주보게 두고, 육조 거리에서 경복궁과 가장 가까운 위치에, 동편에는 도평의사사를, 서편에는 의흥삼군부를 둔 것은 이러한 '문무 겸비'의 문제의식을 공간 속에서 상징적으로 구현한 것이었다.

문무의 겸비는
왜 중시되었나

당대 건국의 이데올로그들은 왜 이렇게 문무의 겸비, 정확히 말하자면 무를 강화하려고 하였던 것일까? 사실 이 사람들은 무신들 천시하기로는 조선보다 더하면 더했지 못하지 않았던 고려에서 태어나 자라 온 사람들이다. 오래 전이긴 하지만 오죽하면 무신정변이 일어났겠는가. 그런데 어떻게 그 사회에서 자란 문신 관료들이 이처럼 무를 강조했던 것일까?

여기에서 우리는 이 관료 세대의 공통된 경험을 생각해 봐야 한다. 정도전, 조준, 남은, 정탁, 윤소종, 권근, 하륜 등 이 시기 이데올로그들은 대체로 1340~1350년대에 태어났는데, 이들의 어린 시절에는 전란의 위협이 끊이지 않았다. 1356년 공민왕이 기철 등을 숙청하며 반원정책을 펼치자 원에서 80만 대군이 쳐들어온다는 소문이 퍼졌다. 이때 개경 사람 모두가 피난 짐을 싸느라 한바탕 난리가 나기도 하였다. 1359년에는 홍건적이 침입해 왔는데, 이때는 다행히 서경 즈음에서 막아냈지만 2년 후인 1361년 겨울 침입 때에는 개경까지 함락되었다. 이때 공민왕과 노국대장

공주는 서울을 지켜야 한다는 만류를 뿌리치고 안동까지 피난을 갔으며, 그 길은 지독히도 춥고 고생스러웠다고 한다. 국왕이 그 정도였으면 따라서 피난을 갔던 사람들은 어느 정도였을지 짐작하고도 남을 것이다. 어디 그뿐인가. 개경을 차지하고 있던 몇 개월 동안 홍건적은 소와 말을 잡아먹는 것은 물론이고 사람을 구워 먹고 임산부의 젖을 잘라 먹었다고 할 정도로 온갖 잔혹한 행위를 저질렀다.

이듬해 초에 홍건적은 격퇴가 되었지만, 이제는 요동 지역의 나하추가 쌍성총관부를 되찾겠다며 침입했다. 이때 이성계가 나하추를 물리친 일을 정도전이 노래로 만든 것이 「납씨가」이다. 한편 홍건적 침입의 상흔이 낫기도 전인 1364년에는 충선왕의 서자였던 덕흥군이 기황후 등의 세력을 업고 고려로 쳐들어오기도 하였다. 1350~1360년대 북방으로부터의 굵직굵직한 전란이나 위협만 꼽아도 이 정도였다.

북방만이 문제가 아니었다. 왜구 침입이 극심해진 것이 바로 1350년부터였다. 연해에 출몰한 왜구에게 노략질을 당하는 것은 물론이고 교동, 강화, 한양 등 수도 인근까지 왜구가 출몰하였다. 이들 때문에 남부 지역에서 바닷길을 따라 개경으로 조운하는 것이 불가능해질 정도였다. 거듭되는 왜구의 침입은 나라의 운명을 흔들어놓았다. 500척의 배를 끌고 온 왜구 선단을 격퇴한 진포대첩이 1380년이요, 거기에서 밀려나 내륙 지역을 약탈하던 왜구들을 이성계가 격퇴시킨 것이 바로 황산대첩이다. 당시 내륙 지역에서 왜구들이 죽인 고려인의 시체가 산과 들판을 덮고, 아이들을 베어 죽인 것이 산더미처럼 쌓였다는 이야기가 전한다. 돌쟁이 어린 여자애들을 사로잡아 머리를 깎고 배를 갈라 하늘에 제사지내는 데 썼다고도 한다. 황산 전투를 승리로 이끌고 개경으로 개선한 이성계의 손을 붙잡고 최영崔瑩(1316~1388)은 눈물을 흘렸으며, 조정의 관료들은 일제히 시를 지어 그를 칭송하였다. 이처럼 거듭된 위기 속에서 혁혁한 전공을 세우며 백성들을 구원할 영웅으로 떠오른 것이 이성계이기도 하다.

바로 이러한 시대를 살아온 사람들이 조선의 건국자들이다. 이들은 자신들의 성장기와 청년기를 이러한 위협 속에서 보낸 것이다. 이런 시대를 살아왔다면 누구라도 평화롭고 안정된 세계를 갈망할 수밖에 없지 않을까? 그리고 그러한 세계를 만들기 위해 모든 방법을 강구하려 들지 않았을까?

그런 점에서 조선 건국의 이데올로그들이 어떻게든 외교적 방법 — 우리가 흔히 '사대주의'라고 비하하는 — 을 활용하는 동시에 군사력 확보를 통해 전쟁 억제력을 갖추려고 한 것은 상호 모순된 행위가 아니었다. 이는 매우 명쾌한 방침이었는데, 도리어 근대 이후 이들을 제대로 이해하지 못하고 있는 것 같다. 근대 이후 사람들은 '사대'를 '강한 국가에 대한 굴종'으로 해석하였다. 그러다 보니 조선 건국자들의 외교적 노력이란 것들은 영 마뜩지 않은 것으로 비춰질 수밖에 없었다. 이쪽이 마뜩지 않으니 다른 어디에서라도 긍정적인 면모를 찾아내고 싶었던 사람들은, 이 시기의 군사력 확보 노력을 인제고 요동을 공격하여 옛 땅을 찾으려 한 진취적 혹은 자주적 기상으로 해석해 내려고 하였다. 그러나 두 가지 평가 모두 온당하지 않다.

조선 건국자들이 궁극적으로 추구한 것은 평화롭고 안정된 세계였다. 그를 위한 외교적 방법으로 당시 가장 이상적인 질서라고 생각했던 '사대자소事大字小', 즉 봉건제적인 질서를 추구하였다. 근대 이전의 세계에서 나라와 나라의 관계는 결코 평등하게 해석된 적이 없다. 나라 사이의 관계는 형식상으로는 차등적이었지만 실질적으로는 독립적인 관계를 유지해왔던 것이다. 그런 세계에서 '사대자소'는 작은 나라가 큰 나라를 섬기는 것만을 의미하지 않는다. 여기에는 큰 나라가 힘으로 작은 나라를 억압하거나 위협하지 않는다는 기본 전제가 깔려 있다. 즉 조선인들이 언급하는 '사대'는 '자소', 즉 '큰 나라라고 우리를 위협하는 게 아니라 잘 대한다'면 '우리도 그에 걸맞게 너희를 큰 나라로 잘 대할 것이다'라는 의미였다.

그렇다면 주변국들이 조선을 위협하지 않게 하려면 어떻게 해야 하는가? '사대'의 성의, 즉 진실성을 보이는 것과 함께 만만하게 보이지 않아야 한다는 점이 중요하였다. 이것이 바로 전쟁을 억제할 수 있는 무력이다. 이를 위해 조선 건국자들은 다방면으로 노력하였다. 무기를 고도화하고(화약무기의 제조), 전선을 축조하였으며, 각처의 성곽을 정비하였다. 군사 문제를 담당할 좋은 인재를 뽑기 위한 제도(무과)를 마련하고, 군사 동원과 훈련 체계를 정비하며, 전략 전술을 연습시킨 것은 다 그러한 맥락에 있었다.

이러한 군사적 준비가 영토 확장을 위한 준비, 더 나아가 전쟁까지 불사하는 상태로 이어져야 '진취적'이라고 보는 사고는 이제 재검토되어야 한다. 이는 진취적인 것이 아니라 군국주의일 뿐이며, 식민지 시기에 대한 열등감의 잔영일 뿐이다. 자존감은 "내가 알고 보면 센 인간이거든!" 하며 강변하는 데에서 생기는 것이 아니라, "난 원래 이런 사람인데, 그게 뭐 어때서?" 하는 태도에서 북돋아진다.

그런 점에서 이 시대 관료들의 외교와 군사적인 준비를 단순화하거나 만만하게 보지 않았으면 한다. 당대 동아시아 사회에서 새롭게 들어선 정권들과 비교해 보면 조선의 건국자들은 가장 엘리트 그룹에 속한다. 명 건국 초기에는 엘리트 그룹이 주원장과 함께 했지만 그들은 곧 숙청당하였다. 무사 집단인 일본의 무로마치 막부는 말할 것도 없다. 이런 상황에서 조선의 엘리트들이 상대해야 하는 대상들은 하나같이 만만치 않았다. 명의 주원장은 변덕스러웠고 사실 죽을 때까지도 조선에 대해 신뢰하지 않았다. 일본은 어떠하였나. 왜구를 금압하고 싶어도 금압시킬 주체가 일본에 통일되어 있지 않았기 때문에 조선에서는 누구를 어떻게 상대해야 할지부터 고민해야 했다. 이러한 온갖 문제를 헤쳐 나갔던 사람들이 조선의 건국자들이다.

물론 여기서 엘리트여야만 정치를 더 잘할 수 있다는 해묵은 관점을 들이대려는 것은 아니다. 적어도 조선 건국자들의 고민이 그렇게 단순한 차원은 아니었다는 점 정도는 짚고 넘어가자는 이야기다. 조선이 망한 이유는 지난 100년 동안 열심히 찾아 왔으니, 이제는 조선의 건국자들이 어떻게 전란의 세기를 헤쳐 왔는지도 제대로 평가할 필요가 있다. 그들이 살았던 시대와 짊어졌던 짐들은 그럴 만큼의 가치가 충분하다.

학문은 늘 임금의 곁에: 집현전

궁궐 밖 기관들은 이 정도로 소개하고, 이제 궁궐 안으로 들어온 기관들을 살펴보자. 경복궁 건설 초기에는 궁궐 내에 생활을 위한 기관과 왕명을 전하기 위한 기초적 기관만 설치되었다가 이후 여러 관서가 궁 안에 들어왔다. 그 과정에서 궁궐 생활과 관련된 기관 외에 예문관, 춘추관, 집현전 같은 문한文翰기관들이 궁궐 안에 자리 잡았다는 것이 특징이다. 문한기관이란 글 짓는 일에 관련된 기관이라는 뜻으로서, 구체적으로는 국왕의 교서나 외교문서, 제례를 위한 축문 작성, 사관으로서 국왕의 행실과 정사를 기록하는 일, 경전과 역사서 등을 통해 국왕에게 자문하거나 경연하는 일 등을 작성하는 일을 담당하는 기관들을 가리킨다.

고려 시기에도 한림원이 본궐 안에 있었으며 12세기 예종대에는 보문각을 지어 문사들이 머무르게 하고 경연을 펼치기도 했다. 이로 볼 때,

문한기관이 궁궐 안에 자리 잡은 것 자체는 크게 특이하거나 유래가 없던 일은 아니었다. 그러나 고려 말에는 본궐이 제 모습을 잃으면서, 문한기관들도 제 모습대로 궐 안에 위치하지 못하게 되었다. 그래서 1389년 (창왕 2) 1월, 임시로 문한기관들의 관원들을 1명씩 궐 안에 숙직이라도 하게 하자는 건의가 들어온 적이 있었다. 시점으로 보아 조선 건국자들이 정계에 있던 시기였으니, 문한기관이 궁궐 안에 위치해야 한다는 인식은 조선 건국자들의 것이었다.

그럼에도 태조대 경복궁 건설 당시부터 문한기관이 바로 궐 안에 건설되지는 못하였다. 도평의사사나 삼군부 같은 주요 관서, 심지어는 궁성도 기본 전각 건설 이후에야 건축이 시작되었던 것을 보면, 아마도 문한기관 건설은 순서상 뒤로 미루어진 것이 아닌가 싶다. 그 이후 태종대까지는 복잡한 정치적 상황 때문에 국왕이 경복궁에 거주한 기간이 짧았기 때문이기도 하다. 경복궁 안에 문한기관들이 들어온 것은 세종대 이후인데, 어느 관서가 정확히 언제 들어왔는지 일일이 확인되지는 않는다. 그래도 16세기 기록인 『신증동국여지승람』과 지도를 통해 대체적인 틀을 확인할 수 있다.

이들 중에서도 주목할 만한 기관은 집현전이다. 집현전이라고 하면 바로 세종대가 연상될 만큼, 이는 세종대 '학문의 심화 – 인재의 양성 – 문물의 발달'이라는 특징을 보여 주는 결정적 기관이다. 그런데 집현전이 세종의 지극한 관심 아래 중시된 기관인 점은 분명하지만, 이를 설치하자는 주장이 세종대 갑자기 나온 것은 아니었다. 다른 문한기관들에 대해서도 그러하였듯이 집현전을 설치해야 한다는 주장 역시 이미 고려 말부터 나오고 있었다.

고려에도 국왕의 경연이나 자문과 관련된 보문각, 수문전, 집현전의 제도가 있었다. 다른 관직에 있는 문신들이 이러한 기관의 관직을 겸했는데, 사실상 명예직에 가까웠던 데다 원 간섭기 이후에는 그나마 거의 유명무실해졌다. 그러나 국왕의 경연이 중요하다는 인식이 대두되면서, 이들 기관에 대한 관심 역시 높아지게 되었다. 어린 나이로 즉위한 충목왕대에 국왕의 서연을 강화하겠다고 하자 보문각 제도가 잠깐 반짝했던 것도 그러한 맥락에서였다. 그러나 이는 지속되지 못하였다.

고려 말 이후 조선 건국 후까지 유신들은 경연을 계속 강조해왔으므로, 이를 준비하고 문풍을 진작할 기관이 필요하다고 생각하는 것은 당연한 일이었다. 정종대 대사헌 조박趙璞(1356~1408)은 다음과 같이 상언하였다.

"집현전은 한갓 그 이름만 있고 실체가 없습니다. 청컨대 옛 제도를 회복하여 서적을 많이 비치하고 예문관과 교서관으로 주관하게 하십시오. 문신 4품 이상 관직자 중에 문한기관의 직책을 겸하고 있는 사람들은 날을 번갈아 모여서 경적經籍을 강론하게 하여 자문에 대비하게 하소서."(『정종실록』 권1, 정종 1년 3월 13일)

문신 중 문한기관의 직책을 겸직하고 있는 사람들이 모여 경적을 강론하고 국정 운영에 대한 자문을 할 수 있도록 하자는 조박의 상언은 이후 집현전을 설치한 의도와 거의 동일하다. 이러한 건의에 따라 정종대 처음으로 문신들을 집현전에 불러 모아 제조와 교리, 설서, 정자 같은 관직 체계를 갖추었다. 그러나 이러한 조처가 태종대까지 이어지지는 않았다.

태종은 경연을 자주 시행하지 않아서 신하들로부터 비판을 받곤 하였다. 태조와 정종은 모두 무신 출신에 늦은 나이에 왕위에 올랐지만, 경연을 비교적 열심히 실천했던 것에 매우 대비되는 행태였다. 집안 유일의 과거 급제자 출신으로서 아버지와 형제들 중 가장 문신적 소양을 지니고 있었던 태종이 경연을 게을리 하였다는 것은 매우 아이러니한데, 어떤 면에서는 바로 그러했기 때문에 경연에 소홀할 수 있었을지도 모른다. 본인이 고려 말 문과 급제자 출신이라는 자신감이 있기에 굳이 경연의 모습을 연출할 필요를 느끼지 못한 것이다. 그러한 배경이 없었던 태조나 정종은 경연을 거절할 수 없었던 것이 아닐까. 경연을 건의하던 관료들도 태종에게는 "당신의 학문이 정밀하다는 것은 안다."고 운을 떼었던 점을 보아도 이를 짐작할 만하다.

경연을 소홀히 했던 태종대에는 집현전을 설치하자는 주장이 여러 차례 나왔지만 실천되지 못하였다. 태종은 경연을 자주 시행하지 않았고 경전 관련 자문은 주로 재상급 신하들 몇몇하고만 논의하였기 때문에, 사실상 집현전과 같은 기구가 없더라도 큰 문제가 없었을 것이다. 그러다 호학의 군주 세종이 즉위하자, 문제(?)가 발생하기 시작하였다.

세종이 첫 경연을 열었던 책은 앞서도 자주 등장하였던 『대학연의』

경현당 어제어필화재첩
경희궁 경현당에서 영조가 관료들과 함께 『춘추』의 강독을 마친 것을 치하하면서 술상을 내리고, 이를 기념할 목적으로 1741년(영조 17) 제작한 그림이다. 가운데 영조의 자리고, 오른쪽에 세자의 자리가 마련되어 있으며, 그 앞으로 승정원, 홍문관의 관원들이 앉아있다. 기둥 바깥쪽에 앉아있는 세 사람이 사관 2명과 승정원 주서이다. (서울역사박물관 소장)

였다. 그가 경연을 열었던 시기는 태종이 상왕으로서 건재하고 거의 모든 정사를 주도하고 있어 세종이 눈치만 본던 시절이었다. 그러나 적어도 경연의 시작과 주도는 전적으로 세종의 의사에 따라 진행되었던 듯하다. 세종은 경연을 시작한지 6개월 만에 이 책을 다 뗐는데, 실록에서는 "임금이 정사에 부지런하고 천성이 글 읽기를 좋아하여, 날마다 편전에서 정사를 보고 나면 경연을 열었고, 상왕(태종)의 외유나 연회를 받드는 일이 아니면 폐한 적이 없었다."(『세종실록』 권3 세종 1년 3월 27일) 하고 평하였다. 사실이다. 정말 세종은 거의 매일 경연을 열었다. 참고로 그의 형 양녕대군은 세자 시절 이 책을 떼는 데 6년이 걸렸다. 물론 능력의 문제는 아니었고, 의욕의 문제이기는 하였다.

　진짜로 원칙에 따라 매일 경연을 열기 시작하자 문제가 발생하였다. 경연관은 겸직이었기 때문에 자신의 실무를 수행하다가 경연에 들어온다. 그런데 이렇게 매일 경연을 여니 과부하가 걸리게 된 것이다. 예를 들자면, 교육부장관이나 국무총리가 매일 몇 시간씩 대통령과 독서 토론 세미나를 해야 하는 상황인 것이다. 본래의 업무가 소홀해지던지 경연이 소홀해질 수밖에 없는데, 나름 문신이 경연에서 버벅거리다가는 정말 수치스러울 테니 겸직을 소홀히 할 수도 없는 노릇이었다. 이건 정말 수치스럽다. 조선의 사관들은 임금이 경전 어느 부분을 갑자기 읽으라고 했더니 모모가 띄어 읽기도 제대로 못했다는 사실을 정성스럽게 기록하는 사람들인지라 이 '흑역사'가 만대 뒤까지 전해질 상황인 것이다.

　한번은 이런 일이 있었다. 경연관 상당수가 일이 있어 못 나오게 되자 관료들이 그날은 경연을 쉬자고 청하였다. 그런데 세종이 어찌하였느냐면, 왕명을 출납하는 좌부대언(훗날 관제로는 좌부승지) 윤회尹淮(1380~1436)와 『대학연의』를 읽었다. 니들이 못 오면 나는 누구와 함께라도 경연을 하겠다는 의지의 표명이라고나 할까. 하겠다고 마음먹은 것은 아무리 오래 걸려도, 무슨 난관이 있어도 끝까지 한다는 세종의 성격을 참 잘 드러내주는 시례라 할 수 있다.

　또 한 번은 이러한 건의가 들어왔다.

동지경연사 탁신이 아뢰기를, "근래에 경연관이 차례를 나누어 나아와서 강의합니다. 그런데 모두 다른 사무를 맡고 있기 때문에 많은 글의 깊은 뜻을 강론할 여가가 없으니, 나아와서 강의할 때에 상세하게 논의를 다 할 수가 없습니다. 원컨대 지금부터는 한 차례로 합하고, 강의한 후에는 경연청에 물러가서 종일토록 토론하게 해주시옵소서." 하니, 임금이 그 말을 따르고, 또 점심밥을 주도록 명하였다. (『세종실록』 권2, 세종 즉위년 12월 17일)

경연 때 강의를 하려면 공부를 먼저 해야 하는데, 경연관들이 자기 업무는 업무대로 하다 보니 혼자 준비하는 데에는 한계가 있었다. 그러니 순번을 나누지 말고 합쳐서 모두가 경연에 참여하고, 끝난 뒤에는 예습과 토론을 할 수 있는 시간을 달라는 것이다. 세종은 점심밥까지 주며 이들을 격려하였다. 이 건의를 한 다음에도 경연은 거의 매일 이어졌다.

이처럼 경연의 본격화와 함께 이를 전담할 관서의 필요성이 확고해지면서, 드디어 1420년(세종 2) 집현전 제도를 마련하고 경회루 남쪽에 건물이 건축되기에 이르렀다. 집현전에는 정1품의 영집현전사, 정2품의 대제학, 종2품의 제학 등을 두었는데, 이들 관직은 다른 관직자가 겸직하게 하였다. 예를 들면 정1품 영의정이 영집현전사를 겸직하는 형태인 셈이다. 그 아래 정3품 부제학부터 정9품 정자까지는 모두 녹관으로 설치하면서 동시에 모두 경연관을 겸임하게 하였다. 정3품 이하가 녹관이라는 것은, 집현전 관직으로 녹봉을 받는다는 뜻으로서 명예직 같은 겸직이 아니라 전임관으로 일하라는 뜻이다. 거기다 이들이 모두 경연관을 겸하게 하였으니, 실질적으로 집현전관으로 경연을 전담할 팀을 꾸린 셈이다. 종2품 이상의 집현전 관직을 다른 관직자가 겸직하는 것은 집현전의 격을 높이는 조처이다. 쉽게 설명하자면, 집현전이 정1품 영의정이 겸직할 만한 급의 관서라는 의미이다. 이러한 관제만 봐도 집현전을 상당히 중시했다는 점을 알 수 있는데, 이에 그치지 않고 관청 건물까지 궁궐 안에 건설하였다는 점도 매우 의미가 있다. 조선 건국 후 처음으로 경연과 자문을 담당하는 관서가 법궁 안에 들어오게 된 것이다.

집현전의 설치는 아직 아버지 태종이 상왕으로 건재했던 시절에 세종이 의미 있게 추진한 첫 번째 사업이었다. 세종의 강력한 의지나 꼼꼼한 실천이 없었다면 경연을 위한 전담 기관은 설치되기 힘들었을지도 모른다. 그러나 경연을 강화해야 한다는 강력한 지향은 고려 말 이래 일관된 것이었다. 이는 정도전이 사정전에 담은 뜻, 『대학연의』 강론을 요청했던 이 시대 문신들의 바람이 결실을 맺은 것이었다.

지식은 널리 보급되어야 한다: 주자소

경복궁 안에 들어온 관서 중 흥미로운 기관이 있다. 바로 주자소이다. 주자소는 1403년(태종 3) 활자를 주조하고 책을 인쇄하겠다며 태종이 설치한 관서이다. 왕명 출납을 담당하는 승정원 소속으로 두었다는 점에서, 태종이 직접 관리하겠다는 강력한 의지 아래 만들어졌음을 알 수 있다.

 이 관서는 승정원 소속이었으나 남부 훈도방에 건물이 있었다. 주자소가 있었다고 해서 그 동네가 나중에 '주자동'이라 불리기도 했는데, 지금의 서울 지하철 4호선 충무로역과 명동역 중간 즈음에 해당한다. 궐 밖에 있던 주자소가 궁궐 안에 설치된 것은 1435년(세종 17)이다. 이때 경복궁 안에 주자소가 설치되면서 궐 안의 주자소를 내관, 원래 남부 훈도방에 있던 것은 외관이라 부르게 되었다.

 세종대 궐 안에 주자소를 설치한 이유는 이 무렵 명에서 『성리대전』

등 수많은 책을 하사하자, 훈도방 주자소에 책판을 보관할 자리가 부족했기 때문이다. 이 무렵 훈도방에는 업무를 보는 대청 3칸, 그 주변에 목판을 보관하는 판당 건물이 세 채나 있었다. 그래도 이미 판당에 여유가 없는 상태였는데, 세종대 『성리대전』 등 많은 책을 받아 새로 목판을 파고 나자 포화상태에 이르게 된 것이다. 인쇄를 하려고 해도 목판을 찾기 힘들고, 찾는다 하여도 서로 막 부딪혀서 부서지거나 글자가 마멸되는 경우도 적지 않았다. 그래서 4칸짜리 판당 건물을 추가로 더 세웠지만 여전히 공간이 부족하였다.

이처럼 수납 장소가 부족해진 것이 직접적인 계기이기는 하였지만, 세종은 원래부터도 주자소는 궐 안에 있어야 했다고 이야기하였다.

> "주자소는 처음 설립할 때부터 궐내아문으로 삼았고, 관원을 보내어 역사를 독려하게 하는 것도 모두 승정원이 주관하게 했는데, 관사가 대궐 밖에 있어서 왕래하며 보고하느라 일이 지체되는 경우가 많았다. 이미 (주자소를) 대궐 안에 옮기게 하였고, 그대로 승지 2인이 주관하게 하였다. 예전 주자소에는 목판만 남겨 두고 교서관에서 관장하게 하라." (『세종실록』 권70, 세종 17년 10월 19일)

세종대 설치 당시부터 승정원 직속으로 두었을 만큼 주자소는 궐내에 설치해야 하는 관청이니 경복궁에 옮겨 짓는 것이 마땅하다는 이야기였다. 수납 장소가 부족하다는 것도 이유이지만, 주자소는 국왕 직속으로 관리하는 게 당연하다는 아버지 태종의 생각은 아들 세종에게로 계승되었다.

그런데 주자소 설치 당시 태종의 이야기를 보면 흥미로운 점이 있다. 책을 펴내는 것이 매우 중요하다고 하면서도 그 재원을 백성들의 세금에 의지해서는 안 된다고 보았다는 점이다.

전하(태종)께서 좌우 신하에게 말씀하시길 "무릇 나라를 다스리려면 반드시 널리 경전과 서적을 보아야 한다. 그런 뒤에야 이치를 철저히 연구하고 마음을 바르게 하여 수신, 제가, 치국, 평천하의 효과를 이룰 수 있다. 우리나라는 해외에 있어 중국의 서적이 드물게 이르고, 목판본은 쉽게 훼손된다. 또한 천하의 서적을 다 출간하기도 어려우므로, 내가 동활자를 만들어 책을 얻는 대로 꼭 가져다가 인쇄하게 하여, 널리 전파함으로써 진실로 무궁한 이익을 삼고자 한다.
그러나 거기에 소요되는 비용은 백성에게서 거두어 들여서는 안 된다. 내가 종친·훈신들 중에 뜻이 있는 자와 함께 하면, 거의 성취할 수 있으리라."라고 하였다. 그리고서 내탕금을 다 내놓으셨다. (『양촌집』 권22, 발어류 주자발)

1403년, 이 이야기에서 언급되는 '동활자'가 바로 조선에서 만든 최초의 금속활자인 계미자이다. 태종은 목판본으로는 한계가 많으니 동활자를 만들어 서적을 최대한 많이 찍어 내야 한다면서도 그 소요 비용을 백

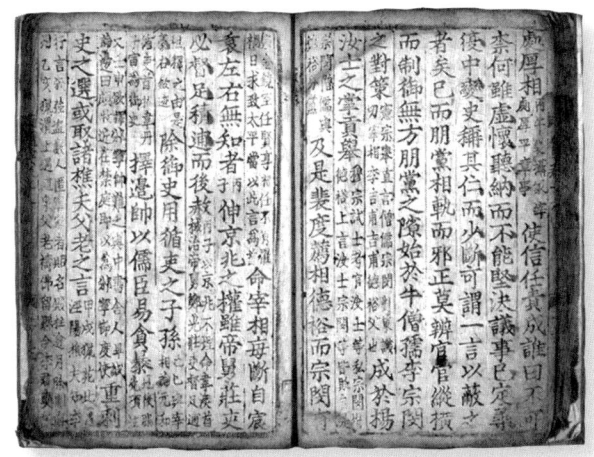

「십칠사찬고금통요」(국보 제148호)
조선 건국 후 최초로 만들어진 계미자로 찍은 책이다. 계미자는 기술적으로 미흡한 점들이 있었지만, 이후 금속활자 제작의 모태가 되었고 지식 확산에 중점을 두겠다는 국가의 의지가 표명된 사례라는 점에서 큰 의미가 있다. (국립중앙도서관 소장)

성에게서 거두어서는 안 된다고 하고 있다. 그래서 종친이나 공신들의 사재와 왕실의 내탕금(임금의 사적 재산)을 내어 활자를 주조하였다.

왜 활자 만드는 비용을 백성들로부터 걷어서는 안 되는 것일까? 이는 그렇게 만들어진 서적을 향유하는 사람들이 지극히 극소수이기 때문이다. 이 시기 문자를 깨우친 인구가 전체의 5퍼센트는 되었을까? 그중에서도 학문의 정수를 담고 있다고 하는 주요 경전들을 제대로 이해할 사대부는 더욱 적었을 것이다. '사대부'는 글을 읽고 학문을 닦아 이를 바탕으로 통치의 책임을 지지만, 구체적으로 먹고살 수 있는 무언가를 생산해 내는 사람들은 아니다. 그런 의미에서 통치자란 근본적으로 '좌식자坐食者', 즉 앉아서 남이 생산해 준 산물을 받아먹는 사람들이다. 그런 좌식자들이 읽을 책을 만드는 비용까지 백성들에게 전가할 수는 없다는 인식이 윗글에 드러나 있다.

이러한 인식은 세종에게서도 볼 수 있다. 명에서 하사받은 『성리대전』 등의 책들을 기껏 판목에 잘 새겨서 인쇄하여 신료들에게 나누어주는 것까지는 했는데, 지방까지 보급하기는 힘들었다. 그러자 세종은 각 도의 감사에게 다음과 같은 명을 내렸다.

"지금 동봉한 각 책의 권수를 각 고을에 알려서, 만약 백성의 힘에 관계하지 않고 피해 주지 않고 자기가 준비하여 향교에 인쇄하여 두고자 하는 사람이든지, 고을 사람 중에 인쇄하기를 자원하는 자가 있어서, 그 (책을 찍을) 종이를 거두어 보낸다면 모두 인쇄해 보내도록 하라. 만약 원하지 않는다면 반드시 강제로 시켜 할 것은 없다. 그 자원하는 사람도 반드시 한꺼번에 여러 책을 다 인쇄할 수도 없을 것이니, 경전 하나, 책 하나라 할지라도 그 준비한 종이 수효대로 수납하여 올려 보내게 하라." (『세종실록』 권70, 세종 17년 10월 25일)

책 목록을 각 지방마다 보낼 테니, 이를 인쇄하겠다는 자원자가 종이라도 거둬 보낸다면 인쇄해서 주라는 이야기였다. 그러면서 "백성의 힘에 관계하지 않고 피해 주지 않"아야 하며, "강제로 시켜 할 것"도 없다고 강조하였다.

태종과 세종은 지식 보급이 반드시 필요하고 중요하다는 점을 잘 알고 있었으면서도, 그것을 소화할 계층이 지극히 적다는 사실 또한 알고 있었다. 아마도 이러한 생각은 당대 모든 관료들이 공유하고 있었을 것이다. 책을 펴낸다고 다 읽을 것도 아니며, 다 읽을 수도 없기 때문에 이는 지극히 상층부들을 위한 작업일 수밖에 없었던 것이다.

지식은 상층부만의 것이며 백성은 통치를 받는 사람일 뿐이므로 그들에게는 지식을 보급할 필요가 없는 것일까? 세종은 그렇게 생각하지 않았다. 어떻게든 널리 지식을 보급하려는 세종의 의지는 매우 창의적인 스타일의 책을 만들기에 이르렀다. 바로 『삼강행실도』였다. 충·효·열의 윤리를 뜻하는 삼강은 유교에서 가장 기초로 삼는 것이어서 아주 오래 전부터 중시되어 왔다. 이를 널리 보급하기 위해 역사 속의 여러 사례들을 모아서 책을 만들었던 것 역시 이전에 중국이나 고려에서 여러 차례 시도된 바 있었다. 그런데 이때의 책은 삼강을 아우르지 않았고, 또 그림을 함께 붙이지도 않았다. 삼강을 아우르고 사례들을 엄선하여, 글과 함께 그림까지 붙인 것은 세종의 창안이다. 거기다 운문인 시까지 붙여서 읊조리며 외울 수 있기를 기대하였다.

이처럼 그림도 붙이고 시도 붙여서 『삼강행실도』를 제작하였지만, 여전히 이 책은 전달자가 있어야 했다. 집안이나 마을의 어른(글을 조금이라도 아는 사람들)이 이 책의 글을 읽고서는, 그림을 짚어 가며 까막눈이들에게 설명해 주는 것을 전제로 한 구성이었기 때문이다. 세종은 거기에 만족하지 않고 쉬운 문자로 번역을 붙이면 백성들이 더욱 교화될 수 있지 않을까 하는 희망을 품었다. 세종은 그렇게 "어리석은 백성이 제 뜻을 실

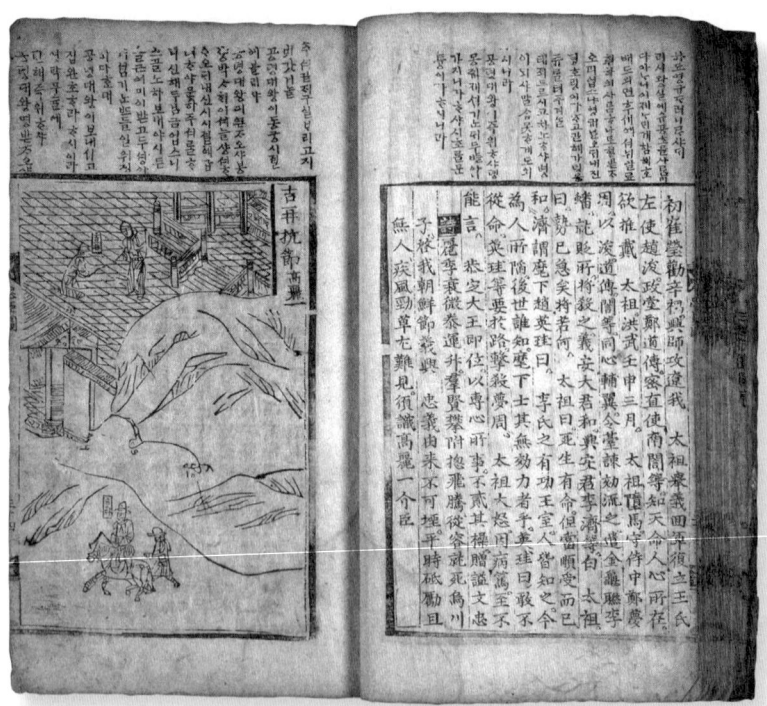

언해본 「삼강행실도」

세종대 제작된 「삼강행실도」는 성종대에 이르러 수록 사례를 줄인 후 언해를 붙여 다시 간행되었다. 각 사례별로 한 장씩 구성되었는데, 한쪽 면에 그림을 배치하고 뒷면에 한문으로 된 글과 시를 수록하였다. 그리고 한글 번역은 앞면 그림 위에 배치하였다. 그림과 한문의 배치는 세종대의 원형을 그대로 따르고 있는데, 이는 이 책이 어떻게 활용될 것인지 예상하고 만들어졌음을 보여 주는 지점이다. 바로 한문을 아는 사람이 뒷면의 글을 보면서 앞면의 그림을 해설해준다는 콘셉트이다. 여기에 성종대 덧붙인 한글 번역이 그림과 함께 배치되었다는 점도 흥미롭다. 한문은 모를지라도 한글을 아는 계층이 성장하고 있음을 알 수 있기 때문이다. 한글의 창제 목적에 충실했던 후대의 계승 사례이다.

(국립중앙박물관 소장)

어 펴지 못하는" 처지임을 고심하며, 배우고 쓰기 쉬운 문자를 창제하기에 이르렀다.

『삼강행실도』얘기를 하다가 왜 갑자기 훈민정음 얘기가 나오는지 의아해하는 사람이 있을지도 모르겠다. 이를 이해하려면 훈민정음 반대론을 살펴볼 필요가 있다. 세종의 훈민정음 창제에 대한 반대론이 상당했다는 점은 사람들이 잘 알고 있을 터인데, 흔히 간과하는 부분이 있다. 훈민정음에 대한 반대 상소의 대표자는 최만리崔萬理(?~1445)로 되어 있지만, 이때 가장 센 처벌을 받았던 이는 최만리가 아니라 정창손鄭昌孫(1402~1487)이었다는 점이다. 다들 하루 정도 의금부에 갇혔다 다음 날 석방되었건만 정창손만은 이때 파직되었다. 그가 이런 소리를 했기 때문이었다.

> "『삼강행실도』를 반포한 후에 충신·효자·열녀의 무리가 나오는 것을 볼 수 없는 것은, 사람이 행하고 행하지 않는 것이 사람의 자질이 어떠한가에 달려 있기 때문입니다. 어찌 꼭 언문으로 번역한 후에야 사람이 모두 본받을 것입니까?" (『세종실록』권103, 세종 26년 2월 20일)

예전에 세종은 정창손에게 언문으로 『삼강행실도』를 번역해서 반포하면 어리석은 남녀가 모두 깨달아서 충신, 효자, 열녀가 우루루 나올 것이라고 한 적이 있었다. 그런데 정창손이 바로 이 말을 이렇게 꼬집은 것이다. 『삼강행실도』를 반포했다고 어디 충신, 효자, 열녀가 나오더냐. 사람 타고난 건 못 바꾼다, 저 무식한 일반 백성들은 가르친다고 되는 게 아니다."라는 뜻이다. '서민 개돼지론'과 크게 다를 바 없는 발언이었다. 세종은 이 이야기에 큰 충격을 받고 "이따위 말이 어찌 이치를 아는 선비의 말이겠느냐."라며 격노하였다. 정창손의 말은 모든 사람이 본성의 선함을 깨달으면 성인군자가 될 수 있다는 성리학의 기본 전제를 철저히 부정하였기 때문이었다.

흔히들 세계 최초로 금속활자를 만들면 무엇 하느냐, 구텐베르크의 성경이 불러온 만큼의 효과도 안 일어나지 않았느냐고 묻곤 한다. '위대한 민족문화'라는 국가적 찬양에 거부감을 느끼고 '그래 봐야 별 것 아니었다'라는 태도를 보이며 자신이 '객관성'이라는 상위 가치를 획득했다고 여기는 것이다. 하지만 이는 전형적인 교왕과직의 오류이다. 금속활자에 과다한 자부심을 가질 필요도 없지만, 그렇다고 굳이 그 의의를 깎아 내릴 필요도 없다.

여기서 생각해 볼 지점은 당시 조선에서는 금속활자를 통한 지식의 양적 팽창만이 아니라 지식의 대중화를 위한 또 다른 질적 도약을 준비하였다는 점이다. 무리한 활자본 제작은 백성의 부담으로 전가될 뿐이다. 이때의 통치자들은 지식의 양적 확대에 그치지 않고 한계를 냉정하게 인식하면서, 그를 돌파할 창의적인 방법을 찾아냈다. 지금 우리는 이 시대의 고민과 실천에 큰 빚을 지고 있다.

공과 사의 경계, 편전에 사관이 들어가기까지

"임금이 두려워할 것은 하늘이요, 사관의 붓입니다. 하늘은 푸르고 높은 것을 이르는 것이 아니라 천리天理를 말하는 것뿐입니다. 사관은 임금의 착하고 악한 것을 기록하여 만세에 남기니, 두렵지 않을 수 있겠습니까?"
(『정종실록』 정종 1년 1월 7일)

"만세 후대까지 임금의 잘잘못을 기록할 것이니 사관의 기록을 어찌 두려워하지 않을 것이냐." 이 말은 조선 시대 사람들이 상투어처럼 쓰던 말이다. 그만큼 왕의 언행을 기록한다는 것은 통치자의 도덕성과 정치의 부녕성을 확보하는 데 필수적이었으며, 이와 관련한 제도를 강화한 것은 조선 정치 제도의 중요한 특징 중 하나였다. 고려 말 임금이 관료들을 멀리하고 사관들을 멀리했던 것에서 정치가 무너졌다는 문제의식으로부터 비롯한 것이었다.

　사관이 중요하다는 전제에는 모두가 동의했지만, 구체적으로 사관이 정말 수행할 수 있는 지점이 어디까지인가에 대해서는 국왕과 신하 사이에 이견이 있었다. 일단 공식적인 정치 의례가 펼쳐지는 정전에 사관들이 참여한다는 것에 대해서는 쉽사리 동의가 되었다. 그리하여 건국 초기인 1392년(태조 1)부터 정전에 사관이 참여하는 것으로 결정되었다. 반면 침전에는 사관이 들지 않는다는 점도 동의가 된 것으로 보인다. 정도전의 강녕전 기문을 보면 이 침전에서도 편히 놀지 말라고 잔소리를 하기는 하였으나, 어찌되었건 그곳은 왕이 혼자 머무는 곳이라는 전제가 깔려 있다. 침진은 사관이 굳이 수행하지 않는 장소였다.

　그 중간에서 애매한 경계가 된 곳이 바로 편전이다. 경연과 관료들을 접견하는 장소인 편전에서 이루어지는 행위들은 다분히 정치적이다. 정도전도 사정전 기문에 그러한 의미를 담뿍 담지 않았던가. 그러나 다른 한편으로는 이 전각이 꽤히 편한 전각, '편전'이라고 칭해지던 것도 아니었다. 경연의 의미를 축소하자면 임금의 독서 토론 세미나에 불과하고, 당장 정치에 써먹는 것도 아니다. 관료들과 국방 문제나 기밀 사항을 논의해야 하는 때도 있는데, 그런 것까지 일일이 사관 손으로 기록이 된다는 것은 불편한 일이기도 하다. 어차피 회의 참여자들이 모두 사초로 남길 것이기도 하기 때문이다. 그런 점에서 초기 국왕들은 편전까지 사관이 들어온다는 것에 대해서 동의하지 못하였다. 특히 이를 두고 집중적으로 갈등이 벌어졌던 것이 태종대였다.

당시 사관이던 민인생閔麟生은 임금을 따라다니느냐 마느냐를 놓고 태종과 꽤나 줄다리기를 했던 인물이다. 어느 날 그가 편전에 들었을 때, 둘 사이에 이런 대화가 오갔다.

> 민인생 : "비록 편전이라 하더라도, 대신이 일을 아뢰고 경연에서 강론을 하는데, 신 등이 만일 들어오지 못한다면 어떻게 갖추어 기록하겠습니까?"
>
> 태종 : (웃으며) "이곳은 내가 편안히 쉬는 곳이니, 들어오지 않는 것이 가하다." (잠시 후) "사필史筆은 곧게 써야 한다. 긴물 밖에 있다 하더라도 어찌 내 말을 듣지 못하겠는가?"
>
> 민인생 : "신이 만일 곧게 쓰지 않는다면 위에 하늘이 있습니다."
>
> (『태종실록』 권1, 태종 1년 4월 29일)

이 대화를 보면, 태종은 기본적으로 편전을 편히 쉬는 곳으로 인식하고 있는 것을 볼 수 있다. 그에 비해 민인생은 경연과 정사가 논의된다면 공적인 정치 행위가 이루어지는 곳이니 자신이 배석해야 한다고 주장하였다. 후자는 조선 사관들의 기본 입장이기도 하였다.

위 대화는 마지막 마무리도 재미있다. 태종이 "사필은 곧게 써야 한다."고 운운한 것은, "이런 것 우기는 데 힘 빼지 말고 네 일이나 똑바로 하라."는 뜻이다. 거기에 민인생도 결코 물러서지 않는다. "내 일이 얼마나 중요한지는 내가 잘 알고 있으니, 네가 걱정 안 해도 내가 알아서 똑바로 한다."는 대답. 한갓 말단 관원이 사관이라는 자부심 하나로 임금에게 맞서는 당당함을 잘 볼 수 있다. 우리는 누가 성리학자라 하면 세상 근엄하고 점잖은 모습만 상상하는데, 이들은 원래 이런 '똘아이' 기질이 농후한 사람들이기도 하다.

    태종대 여러 차례 번복이 되기는 하였지만, 우여곡절 끝에 결국 경연에는 사관이 배석하게 되었다. 그러나 신하들과 정사를 논의할 때 사관이 들어오는 것에는 아직 저항이 있었다. 이 부분은 대신들도 모두 동의하지는 않았다. 민인생과 태종이 아웅다웅한 지 한 달 만에 사관이 경연에는 배석하게 되었지만, 여전히 정사를 논의할 때는 참여하지 못하였다. 그러자 민인생은 다시금 사관이 배석할 수 있게 해 달라고 요청하였다. 이에 태종이 경연에 들어왔던 관료들에게 의견을 물었는데, 이첨·박신朴信(1362~1444)·조용趙庸(?~1424)·김과金科가 모두 사관이 정사를 듣는 때 들어오는 것은 불가하다고 하였다. 그러면서 "신 등도 역시 전조(고려) 신씨(우왕과 창왕)의 사관이었는데, 두렵고 위축되어 감히 뵐 수가 없었습니다."라고 하였다. 사관이 들어와도 분위기에 눌려서 제대로 기록할 수 없을 것이라는 이야기인데, 이 논거는 좀 미심쩍다. 이첨은 1370년(공민왕 19)에만 하더라도 사관이 배석하게 하여야 한다는 열렬한 상소를 올렸던 인물이기 때문이다. 여하간 이 시기 대신들도 그다지 사관의 배석을 원하지 않았던 분위기는 여기에서 읽을 수 있다.

    편전에서의 정사 논의 때 사관이 들어가지 않는다 하더라도 그 논의가 전혀 기록되지 않는 것은 아니었다. 참여자 중 춘추관을 겸임한 사람

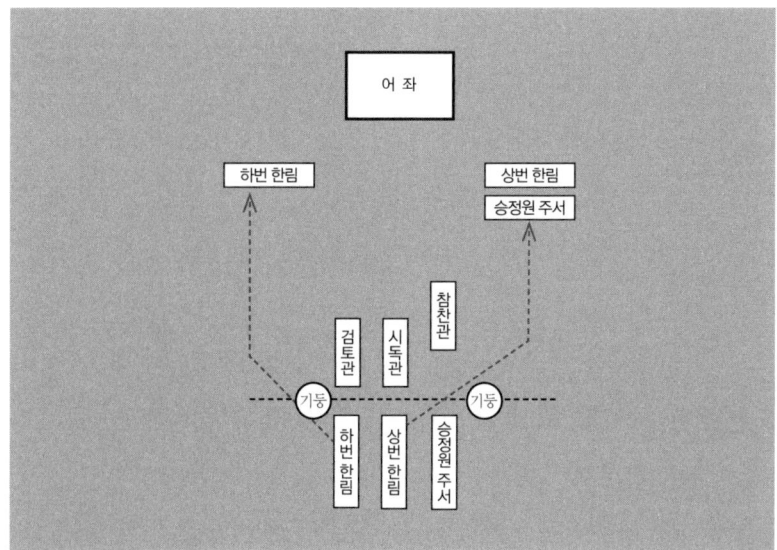

소대 중 사관의 위치
소대는 부정기적으로 열리는 경연을 말한다. 정기적으로 열리는 법강은 물론이고 소대에도 사관인 한림이 빠짐없이 참여하였다. 사관은 늘 두 명이 들어가는데, 이는 한 명은 임금의 말씀을, 한 명은 임금의 행동을 기록한다는 옛 원칙에 기인한 것이었다. 소대 때 상번·하번의 두 한림은 전각 안 기둥 뒤에서 지필묵을 가지고 대기하고 있다가 의논이 오가는 것이 있으면, 임금 가까운 자리로 가서 이를 기록하였다.

들, 특히 승지와 같은 관료들은 기록의 의무를 지고 있었기 때문이다. 그럼에도 기밀 사항에 대한 논의들이 많이 이루어질 회의까지 사관에게 공개하는 것에 대해서는 심리적 경계가 있었던 듯하다. 결국 육조의 조계, 즉 정기적으로 벌어지는 정규 회의 때에는 사관이 입시하게 하였지만, 태종대에는 이 문제를 놓고 여러 차례 결정이 번복되기도 하였다.

그럼에도 당이가 현실을 압도하면서 결국 경연뿐만 아니라 육조의 조계 때에도 사관이 참여하게 되었다. 그렇다고 현실이 무작정 압도만 당하지는 않는다. 국왕이나 대신들 입장에서 보면, 여전히 기밀을 유지하며 회의를 해야 하는 경우가 있을 수밖에 없다. 그러자 이제는 경연이 끝나고 사관이 나간 뒤에 대신들과 승지만 모아서 더 길게 회의를 하거나, 사관은 못 오게 하고 자기들끼리 회의를 하는 등의 일이 생기곤 하였다. 정치의 이념적 원칙이 아무리 숭고해도 현실 적용에는 힘든 부분이 있음을 잘 보여 준다.

편전이 공간적으로 사관의 출입에 미묘한 경계였다는 점은, 그 건물의 어디에 사관을 위치하도록 할 것인가를 두고 오랫동안 갈등이 있었다는 점에서도 알 수 있다. 처음에 저항이 있기는 하였지만, 경연의 경우에는 비교적 일찌감치 사관의 위치가 결정이 되었다. 전각 안에 들어와 배석하도록 한 것이다. 그렇지만 조계의 경우에는 사관이 전각 안에 들어오는 것으로 결정될 때까지 상당한 논란이 있었다.

처음에는 사정전 밖 계단 위에 사관이 자리하게 하였다. 명목상으로는 사관이 배석하는 것이지만 건물 밖에 있는 셈인데, 진정한 배석이라 할 수 있겠는가. 안에서 말하는 소리는 어떻게 듣는다 하더라도 얼굴을 못 보니 누가 무슨 소리를 하는지 확인도 잘 안 되는 매우 난감한 상황인 것이다. 더구나 비라도 오면 어떻겠는가. 문종은 선심이라도 쓰듯이 비가 오면 사관이 전각 안으로 들어오게 했다고 하는데, 이것으로 충분할 리가 없다.

사관이 입시하여 어느 공간에 머무느냐만 문제였던 것이 아니다. 종이와 붓을 가지고 들어오게 할 것인가, 엎드리지 않고 앉아서 바로 기록하게 할 것인가 하는 문제도 상당히 논란이 되곤 하였다. 우리가 사극에서 익숙하게 보던, 누군가 구석에서 책상을 놓고 앉아 무언가를 열심히 기록하고 있는 모습은 조선 건국 직후부터 볼 수 있던 풍경이 아니었다. 이 문제의 결론이 난 것은 1489년(성종 20)이었다. 사관 2명이 전각 안 좌우에 ― 전각 안에서도 어디 앉힐지에 대해 지난한 논란이 있었다 ― 자리 잡고 종이와 붓을 가지고 앉아서 기록할 수 있도록 하였다. 조선 건국 후 근 100년이 걸린 셈이다. 물론 이때 결정이 되고 끝까지 그대로 간 것도 아니다. 모든 원칙을 뒤집어 엎어버릴 수 있는 연산군 같은 폭군도 있기 때문이다. 다만 그런 폭군은 오래가지 못하고 '바로잡아[反正]'졌다.

지금 우리 눈에는 별 것 아닌, '사관이 종이와 붓을 지참하고 전각 안에 들어와 기록하게 한다'는 원칙이 정립되는 데 왜 이렇게 오래 걸렸는지 의문을 품을 수도 있다. 그만큼 기록관의 영역을 넓혀 온 것 자체가 쉽지 않은 여정이었으며, 당위에 안주하지 않고 현실에서 계속 요구를 해 온 사관들의 행동 때문에 가능했던 것이다. 생각해 보면 저 원칙이 자리 잡기 이전의 사관들은, 추우나 더우나 비가 오나 눈이 오나 전각 밖 차가운 돌계단 위에 엎드려 한두 말이라도 더 들으려고 했던 사람들이다. 때로는 병풍 뒤에 숨어서 기록하기도 하고, 어떤 때는 무리해서 들어가다 매를 맞을 뻔하면서도, 사관이라는 '자부심' 하나로 버텼던 사람들이었다.

편전의 경연과 조계까지 영역을 확대한 사관들은, 이제 그곳에서 국왕이 종친들과 연회를 할 때에도 참여해야 한다고 주장했다. 또한 대신들과 임금의 독대는 불가하며 윤대할 때에도 늘 사관이 동행해야 한다고 주장했다. 국왕이 궁 밖으로 행차할 때에도 따라다녀야 하는 건 물론이다. 이러한 노력의 결과, 조선 후기 사관들은 임금이 내시와 있을 때건 관료와 있을 때건 그 어느 때도 함께 하지 않은 때가 없다며 자랑스러워할 수 있게 되었다. 임금의 사적 영역은 최소화되고 정치는 최대한 투명해야 한다는 당위 아래에서, 편전은 '편한 전각'이 아니라 공적인 공간으로 포섭되었다. 그러한 위치는 처음부터 그냥 주어진 것이 아니었다.

권력을 어떻게 승계할 것인가: 동궁

창건 초기 경복궁에 최소한의 건물들만이 있었다는 것은 앞서 여러 차례 거론한 사실이다. 당시 기록을 보면 세자의 거처인 동궁도 경복궁 안에 있지 않았다. 이 점도 약간은 특이한 지점인데, 고려의 경우 본궐 안에 동궁이 있었는데도 조선 건국 직후에는 동궁을 궁궐 안에 마련하지 않은 것이다. 아마도 고려 후기 어느 시점부터는 본궐 안에 동궁이 위치했던 이전의 공간 구조가 무너졌기 때문일지도 모른다.

세자가 자신의 독립적인 공간을 갖는 것은 케이스별로 달랐던 것으로 보인다. 태조의 세자였던 방석은 1394년(태조 3) 가례를 올렸고, 그로부터 며칠 시나지 않아 조선은 한양으로 천도하게 되었다. 이로 볼 때 한양 천도 후에 세자궁을 별도로 건축하였을 것으로 추정되고, 잠깐이지만 정종의 세자였던 태종은 이미 장성한 처지였으니 당연히 따로 자신의 집을 가지고 있었다. 태종은 정종의 동생인데 왜 세제가 아니라 세자라고 하는지 의문을 품을 수도 있는데, 이 시기에는 왕위의 계승자라는 측면에서 그대로 '세자'라고 하였다.

태종의 세자였던 양녕대군은 한양으로 재천도한 이후에 자신의 궁을 가지게 된 것으로 추정된다. 1404년(태종 4) 아직 개경에 있었을 때에는 세자의 거처가 궐 안에 있었던 것이 확인되는데, 1406년(태종 6) 선위 파동 때 옥새가 움직인 동선을 보면 창덕궁 밖 동편에 세자궁이 있었던 것으로 확인되기 때문이다.

처음 세자 시절 양녕대군의 궁은 창덕궁 인근인 연화방에 있었다. 별도의 궁이기는 하지만 담장 하나만 트면 창덕궁과 연결될 정도로 가까운 곳이었다. 창덕궁을 태종 자신의 궁궐로 건설한 것에 맞추어서 세자궁도 바로 그 근처에 마련한 듯하다. 여기까지는 지극히 상식적인 입지였다.

그런데 1411년(태종 11) 태종이 동궁의 위치를 바꾸어 버렸다. 자신이 옛 제도에 걸맞게 1빈 2잉의 정식 후궁을 들이겠다면서 연화방의 동궁을 자신의 가례 장소로 삼고서는, 대신 남재의 집을 새로운 동궁으로 삼았다. 이 조처는 매우 기이한데, 국왕이 왕후를 들이는 정식 가례도 아닌 후궁을 들이는 장소가 필요하다며 동궁을 차지한 것이기 때문이다. 더구나 당시는 이미 장성한 세자와 대군들이 줄줄이 있어서 후궁이 필요하지도 않았을 뿐더러, 원경왕후 민씨도 버젓이 살아 있었다. 주목되는 건 이때가 1410년 원경왕후의 형제인 민무구閔無咎(?~1410), 민무질閔無疾

(?~1410) 형제를 자결하게 한 후 한창 원경왕후와 갈등하던 시절이라는 점이다. 태종이 요란하게 후궁을 들이고, 동궁을 빼앗은 행위는 그러한 갈등에 대한 시위로 해석할 만하다.

세자궁이 새로 위치하게 된 남재의 집은, 지금의 장충동 인근에 있었다고 전한다. 후대 기록에 나온 얘기라 그 위치 자체는 정확하지 않을 수 있지만, 여하간 이제 동궁이 태종이 거주하던 창덕궁으로부터 멀어졌을 뿐만 아니라, 여염집 사이에 위치하게 됐다. 그리고 이러한 공간적 조건이 다시 양녕대군의 일탈을 증폭시키기에 이르렀다. 악순환이었다. 옮긴 지 1년이 지난 1412년(태종 12) 세자의 스승인 이래李來(1362~1416)는 다음과 같이 건의하였다.

"지금 우리 세자가 …… 동궁이 대궐에 가깝지 못하여 반드시 호위의장을 갖추고서야 행차하게 되는 까닭에 어쩌다가 하루에 세 번 뵈옵는 예[三朝之禮]를 빠뜨리는 때도 있으니, 어찌 아들 된 도리에 결함이 있지 아니하겠습니까? 또 호위를 갖추고 대궐에 다녀온 뒤에는 어떤 때는 날이 저물어버렸고 어떤 때는 (몸이) 편치 못하여 항상 휴강하시니, 이것도 작은 실수가 아닙니다. …… 이를 가지고 본다면 동궁이 대궐에 가깝지 못한 것은 실로 편안하지 못합니다. 하물며 앞에는 여염집이 있고, 담장도 낮아서 (안이) 다 드리나니, 이 역시 존귀한 이가 거처할 곳이 못 됩니다."(『태종실록』 권24, 태종 12년 12월 5일)

그의 건의는 당시의 상황을 잘 드러낸다. 동궁이 대궐에 가깝지 않다 보니, 한번 행차하려면 준비가 거창해져서 자주 움직이지를 못하게 되었다. 그러다 보니 부자간의 관계가 점점 소원해질 뿐만 아니라, 어쩌다 한번 갔다 오면 하루가 허비되어 아무것도 할 수 없다는 이야기였다. 그는 대궐 가까이에 세자궁을 지어서 세자가 매일 문안도 하고 국정에도 참여할 수 있게 하고 중간중간 국왕이 불시에 점검도 해 달라며, 간곡히 부탁하는 말로 마무리를 지었다.

동궁을 가까이 짓자는 건의는 세자의 스승만 한 것이 아니었다. 이날 사헌부에서도 같은 건의를 했고, 태종은 이를 받아들이기로 하였다. 그러나 옮기려는 새 터가 좁다는 이유로 결국 중단하였다. 이후에도 양녕대군의 일탈이 전혀 나아질 기미가 없자, 이듬해에는 사간원에서도 같은 건의를 했다. 새 동궁의 입지는 신료들에게 심각하게 받아들여지고 있었다. 그러나 태종은 이미 다 큰 애를 옆에 끼고 있다고 좋아지겠냐는 냉정한 말로 세자궁을 가까이 두는 것에 지극히 회의적인 태도를 보였다.

결국 1418년(태종 18) 양녕대군이 폐위되고 셋째였던 세종이 즉위하였다. 흥미롭게도 세종을 즉위시키고 난 태종은 창덕궁 바로 인근(지금의 창경궁 자리)에 수강궁을 건설하였다. 창덕궁에 머무는 세종과 가까이 있겠다는 의미였다. 폐세자 양녕에 대한 태도와는 사뭇 달랐던 것인데, 이는 그만큼 태종이 세종과의 거리가 상호 관계에 중요하다는 점을 잘 알고 있었다는 것을 역으로 보여 주는 것이기도 하다.

태종은 수강궁에 그치지 않고 무악 명당에 연희궁을, 포천과 풍양

근정문과 영제교
조선 임금의 즉위 의례는 크게 두 부분으로 나누어 볼 수 있다. 상복을 입고 전왕의 빈전 앞에서 유언교서와 대보(大寶)를 받는 것이 첫 부분이며, 이후 면복으로 갈아입고 백관에게 하례를 받는 것이 두 번째 부분이다. 의례서에 따르면 이 중 두 번째 부분은 근정문에 어좌를 마련하고 그 앞에서 행해지도록 규정되어 있었지만, 이를 처음으로 준수한 것은 단종이었다. 문종은 세종의 빈전이 마련된 영응대군 사저의 문 앞에서 즉위하였는데, 실록에서는 진하를 받는 그때 문종이 슬퍼하며 너무 울어 옷소매가 다 젖었다고 전한다. 문에서 즉위례를 거행하는 것은 선왕을 돌아가시게 한 불초자식이 왕위에 오르는 의례를 '전'에서 편하게 치를 수 없다는 의미였다. 즉위례 때는 악대를 배치하지만 연주는 하지 않도록 하였고, 진하례 때만 잠시 상복을 벗을 뿐 곧 다시 상복으로 갈아입었다. 이처럼 조선에서는 즉위의례를 통해 효를 실천하는 진실한 덕성을 계승한다는 점을 표방하였다. (CCL BY SA Isageum)

에 새로운 이궁을 건설하고는 자주 나들이를 하였다. 그뿐 아니라 한강 광나루 인근의 낙천정에도 자주 행차하곤 하였는데, 상왕인 태종이 어디에 있건 간에 세종은 문안을 빠뜨리지 않았다. 같은 한양 도성 안에서도 호위 갖추는 게 번거롭다며 아버지 문안을 빼먹었던 형과는 상반된 태도였다. 초반에 태종은 세종을 시험이라도 하듯이, 며칠마다 머무는 궁을 바꾸었는데도 세종은 아버지 문안을 거르지 않았다. 그의 지극한 정성은 아버지를 감동시켰다. 한번은 포천 이궁에 머물렀던 태종이, 그곳까지 문안을 오는 세종의 모습을 먼발치에서 보며 자신이 나라를 맡길 사람을 제대로 얻었다며 기뻐하기도 하였다. 양위한 지 약 1년 남짓 지난 1420년(세종 2) 태종은 자기 생일잔치 때 술에 흠뻑 취하여 기뻐서 아들과 같이 춤을 추었다. 그는 세종의 부축을 받고 내전에 들어가며 "주상이 효성으로 봉양하며, 입고 먹는 것이 넉넉하니 무엇을 근심하고 무엇을 더 얻으려고 하겠는가."라고 이야기했다. 후계에 대해 확신을 얻은 아버지의 기쁨이었다.

　세종은 아마도 이러한 경험을 절실한 교훈으로 수용한 듯하다. 그는 세자(훗날의 문종)의 가례를 앞두고 경복궁 안에 동궁을 짓기 시작하였다. 조례를 받을 곳도 미리 정하고, 세자가 공부하는 서연당도 넓게 마련하였다. 이처럼 세종대 동궁이 경복궁 안에 건설된 것은 이유 없이 갑자기 행해진 일이 아니었다. 이전 세대의 구체적 경험들이 깔려 있었던 것이다.

　후계를 결정하는 것에는 사실 정답이 없다. 청나라처럼 미리 결정을 안 하고 있다가 자손 중 가장 똑똑해 보이는 사람을 선택할 수도 있고, 큰아들로 미리 결정을 하고 교육을 잘 시키는 것에 중점을 두는 방법을 선택할 수도 있다. 후자는 후계 구도가 일찌감치 안정화됨으로써 권력이 흔들리지 않을 수 있는 장점을 지닌 반면, 후계자의 성품에 따라 오히려 위험 요소가 될 수도 있다. 전자는 완성된 자질을 놓고 평가한다는 점에서는 안전하지만, 누가 새 권력을 차지할지 모르는 소모적인 경쟁과 불안정성을 감수해야 한다.

조선에서는 후자를 선택하였으나, 세종의 즉위 때까지 그 이상은 실현될 수 없었다. 명분이 부족한 즉위를 했던 태종은 큰아들인 양녕대군에게 잔뜩 기대를 걸었으나 파국을 맞았을 뿐이었다. 그러나 드디어 세종 대에 이르러 이상이 실현될 기미를 보였다. 세자는 세종의 기대에 걸맞게 똑똑하고도 점잖게 잘 자랐으며, 부자의 사이도 원만하였다. 말년에 각종 질병으로 고생하던 세종을 대리할 때에는 자신의 정치력도 잘 보여 주었다. 사실 훈민정음 창제에도 세자의 공이 컸다고 한다.

이제껏 전 국왕의 훙서 후 정상적으로 왕위가 계승된 적이 없던 조선에서, 세종 훙서 후 처음으로 정식 사위례(왕의 계승 의례)가 펼쳐졌다. 조선의 사위례는 전왕의 장례를 치루는 중에 벌어지는 흉례의 일환이었다. 새 왕은 새로운 권력을 과시하는 것이 아니라, 아버지의 죽음을 지극히 슬퍼하는 효자의 모습을 구현함으로써 왕위의 계승이 혈통이 아니라 덕성의 계승임을 표방하였다. 이제 드디어 건국 초 갈팡질팡했던 모든 불완전함이 채워지는 것처럼 보였다. 그만큼 문종의 시대는 철저히 준비된 것이었으나, 현실은 불안한 미래를 예고하고 있었다.

에필로그 :

기획과 현실 사이에서

공양왕대부터 태조대까지 과거의 미란다가 가졌던 권위를 해체하고 새로운 크레덴다를 제시했던, 그 치열한 투쟁은 '우아한' 펜을 통한 이념의 전쟁만으로 성취되었을까? 사실은 그렇지 않았다. 조선 건국 직후만 해도 옛 왕조의 마지막 왕을 보호하고 그 제사를 계승하게 하려는 듯하였으나, 결국은 공양왕은 물론 남아 있던 왕족들 대부분이 숙청되었다. 하나하나 사약을 먹이기도 힘들었는지, 섬으로 귀양을 보낸다고 꼬드겨서는 배에서 밀어 수장해 버렸다. 이 잔인한 조처는 설화의 형태로 조선 내내 민간에서 떠돌았다. 이는 처음부터 기획되었던 것이었을까, 아니면 현실의 흐름 속에 불가항력적으로 일어난 사건이었을 뿐일까? 여하간 펜만으로 변화가 가능했던 것은 아니었고, 펜의 기획과 날것의 현실은 항상 그만큼의 거리가 있었다.

한양 천도 후의 첫 기획이 그대로 관철되었다면, 지금의 사대문 안은 어떤 모습이었을까? 아마도 한양 도성 안에는 궁궐이 지금만큼 많지 않았을 것이다. 이 점은 제일 먼저 꼽을 수 있다. 규모가 작은 이궁 몇몇은 있었을지 모르지만, 지금처럼 규모와 격식을 갖춘 궁궐들이 이만큼이나 여럿 존재하지는 않았을 것이다. 태종이 창덕궁을 만든 선례가 아니었다면, 당시 분위기를 보았을 때 별 명분 없이 새로이 이궁을 만드는 행위는 분명히 대단한 비판에 직면했을 것이기 때문이다.

태종이 창덕궁을 지었던 것은 한양의 도시구조에도 상당한 영향을 주었다. 태조대 기획에 따르면 한양의 확실한 남북 중심축은 경복궁과 그 앞의 육조거리였다. 그러나 태종이 창덕궁을 짓고 돈화문부터 종로까지 관서들이 들어올 조방을 건설하면서, 중심축이 두 개가 되었다. 사실 대지의 규모를 놓고 보면, 창덕궁은 경복궁에 댈 것이 못 된다. 그냥 놓고 보면 구릉지까지 후원의 영역으로 포괄되어 전체 영역이 경복궁 못지않아 보이지만, 실제 규모와 격식 있는 전각들이 입지할 만한 평탄한 대지는 형편없이 좁다. 세종대 초반 어떻게든 인정전 영역을 확대해 보고자 하였음에도, 결과는 90도 각을 못 만드는 찌그러진 평면이었다는 점은 이 대지의 한계를 잘 보여 준다. 그렇다고 창덕궁이 경복궁보다 못하다는 건 아니다. '못하다', '낫다' 등외 평가 자체가 이미 큰 의미가 없고, 그냥 건조하게 지형의 조건만 놓고 볼 때 그렇다는 얘기다. 이렇게 억지로 만들어 넣은 창덕궁은, 그럼에도 결국 조선을 대표하는 유적으로 남았다. 아이러니라면 대단한 아이러니이다.

　태종만 처음의 기획을 흐트러뜨린 것은 아니었다. 경복궁을 비로소 진정한 조선의 법궁답게 만들었다고 평가받는, 한양에서 태어난 조선의 첫 임금 세종이 끼친 "해악(?)" 역시 만만치 않았다. 임진왜란 후 경복궁이 270년 동안이나 중건되지 못하고 빈 터로 남아있게 된 것, 쓸 데 없이(?) 광해군이 인경궁과 경덕궁(경희궁)을 건설하여 도시 축이 또다시 틀어지게 된 것 등도 따지고 올라가면 세종대에 그 기원이 있었다.

　세종은 말년에 우울하였다. 세자의 나이가 꽤 되었음에도 아들이 없어 걱정하던 차 1441년(세종 23) 단종이 태어났으나, 다음 날 왕세자비 권씨가 졸하였다. 세자의 혼인 생활이 원만하지 않아 두 명의 빈을 퇴출하고 세 번째 빈에게서 드디어 원손을 본 순간이었는데, 며느리의 사망을 접하게 된 것이었다. 그러자 혹시라도 동궁이 문제인가 해서, 그 옆에 새로이 전각을 지으라고 명하였다.

　1444년(세종 26)에는 다섯 째 아들인 광평대군이, 1445년(세종 27)에는 일곱 째인 평원대군이 졸하였다. 세종은 광평대군이 위독했을 때 밤을 새웠다가 그가 죽자 하루 종일 식음을 전폐할 정도로 큰 충격을 받았다. 엎친 데 덮친 격으로 1446년(세종 28)에는 평생을 의지하던 소헌왕후 심씨가 훙서하였다. 그뿐 아니라 세종 본인의 몸도 고단하였다. 격무에 시달렸던 세종의 몸은 이미 움직이는 종합병원이라 할 정도였다. 20대 후반에 두통과 이질이, 30대 중반에는 풍병과 종기가, 40대 중반에는 안질과 당뇨 등으로 온 몸이 아팠던 차였다.

이러한 우울함에서 세종은 불교에 빠져들었다. 죽은 아내의 명복을 빌기 위해 석가모니의 전기를 엮은 『석보상절』을 제작하고, 『월인천강지곡』을 지었다. 그에 그치지 않고 1448년(세종 30) 격렬한 반대를 무릅쓰고 경복궁 안에 있었던 원묘인 문소전에 불당을 건설하였다. 원래 고려 시기의 관습대로 국초부터 존재했던 문소전의 불당을 없앤 것이 바로 15년 전 세종 본인이었다. 그러나 이때 이르러 그는 과거 자신의 조치를 후회한다며 내불당을 짓기로 하였다.

　　내불당 건설에 대해서는 세종의 예상을 훌쩍 뛰어넘을 정도의 격렬한 반대가 쏟아졌다. 몸이 아파 집에서 요양 중이던 황희는 물론이고 성균관의 유생들까지 한 목소리로 격렬하게 반대하였던 것이다. 문제는 이때 불당 건설에 대해 풍수적인 비판까지 쏟아졌다는 점이다. 문득겸文得謙, 목효지睦孝智는 모두 이 불당이 경복궁의 내맥을 상하게 할 것이라며 굳이 지어야 한다면 다른 곳에 지어야 한다고 주장하였다. 이런 모든 반대에도 세종이 전위까지 시사하면서 내불당의 건설은 예정대로 진행되었고, 내불당이 경복궁의 내맥을 파괴했다는 혐의는 잠복할 수밖에 없었.

　　내불당에 대한 풍수적 의구심은 몇 년 안 가 사실처럼 굳어지게 되었다. 내불당 건설 후 2년이 되지 않아 세종이 훙서하였다. 그리고 몸이 약하던 문종이 또 2년 만에 훙서하였다. 연이어 국왕들이 훙서하고, 어린 나이의 새 국왕이 즉위하면서 경복궁이 불길하다는 소문은 걷잡을 수 없이 퍼질 수밖에 없었다. 더구나 그로부터 또 몇 년 후 단종은 경복궁에서 수양대군에게 왕위를 선양하기까지 하였다.

한편 1433년(세종 15)에는 최양선崔揚善이라는 사람이 한양의 주산이 백악이 아니며, 창덕궁 서쪽 승문원으로 내려오는 맥이 주산이라는 주장을 제기하였다. 이 사람은 풍수를 좀 안다며 온갖 군데에 풍수적인 문제가 있다고 상소를 해대던, 이슈 만들기를 좋아하던 인물이었다. 그러나 그가 처음 문제를 제기했을 때 신하들의 반대에도 불구하고, 세종은 특유의 성실함과 진지함으로 한양의 주맥을 찾아서 풍수서 공부를 해 보고 답사도 해 보자며 논의의 장을 열었다.

지금 눈으로 보면 상당히 합리적인 조처였던 것 같지만, 적어도 이

백악과 근정전
한양 주변에서 중심이 되는 지형적 요소는 삼각산, 목멱산, 한강이다. 특히 삼각산의 주맥이 어디로 오느냐가 이 터를 결정하는 중요한 기준이었다. 조선의 건국자들은 이 맥이 백악으로 온다고 보았고, 그 아래 경복궁을 잡았다.

문제에 있어서는 그래서는 안 되는 것이었다. 한양의 주산이 백악이 아니라 한들 국초에 정한 경복궁의 입지는 바꿀 수가 없다. 시조인 자기 할아버지가 한 일이 다 틀려먹었다고 하게 되는 셈인데, 이는 실천될 수가 없는 방안이다. 태종이 한양 재천도를 정당화하기 위해 얼마나 고생했는지를 상기해 보라. 더구나 풍수적 판단은 근본적으로 논란의 여지가 많은 해석적인 지식이다. 조선 시기 풍수 비판론자들이 늘 하던 얘기 중 하나가 풍수는 "귀에 걸면 귀걸이, 코에 걸면 코걸이"라는 얘기였다. 결론이 정해져 있는 논의의 장은 열어봐야 논란만 증폭시킬 뿐이다. 결국은 세종도 이 사람의 의견을 막고, 한양의 주산은 백악이라고 결정을 내렸다.

문제는 최양선이란 사람이 세조대까지 계속 살아서 잊을 만하면 한 번씩 주산 문제를 거론하였다는 점이다. 성종대 승문원 터에 공주의 집을 지으려고 했을 때에도 이 사람의 이름이 거론된 것을 보면, 3, 40년 동안 한양의 주산이 잘못 정해졌다는 얘기가 장안에 떠돈 셈이다.

이러한 조건들은 경복궁 자리가 불길하다는 인식으로 이어졌다. 그래도 그냥 이 정도였다면, 시간이 지나면 자연히 사라질 이야기였을지도 모른다. 그러나 1592년(선조 25), 건국 후 초유의 전란을 맞으면서 경복궁에 대한 이 모든 의구심들이 폭발하게 되었다. 정말로 내맥이 파괴되었는지도 모르고, 정말로 한양의 주산은 잘못 정해진 것일지도 모른다. 그것 때문에 이 참혹한 전란이 발생한 것일지도 모른다는 의구심. 물론 전혀 합리적인 설명은 아니었지만, 불확실성이 극대화되었을 때 사람들은 이성보다는 신앙을, 논리보다는 감정을 택한다.

그렇다면 초기의 기획이란 아무 의미가 없었던 것이었을까? 그렇지는 않다. 구체적인 공간의 상은 달라졌지만, 정치인이 자신부터 도덕적으로 모범이 되어야 하며 권력은 투명하게 운영되어야 한다는 원칙은 확고하였다. 통치는 힘이 아니라 덕성에 기초해야 한다는 점도 분명하였으며, 그 덕성은 확장 가능성이 무한하였다. 그러므로 사대부는 세상의 다스려짐에 대해 스스로 주체의식과 책임의식을 가져야 했으며, 백성들은 비록

"현재" 매우 어리석을지 모르지만, 언제고 "교화되고 성인이 될 수 있는" 존재라는 점을 부정할 수 없었다. 그들의 마음은 곧 하늘의 뜻이므로, 늘 공경하고 조심해야 했다.

초기의 문제의식, 적어도 이 원칙들 자체는 왕조를 관통한 사고였다. 그리고 이후의 다양한 제도와 공간의 구성을 통해 실현되곤 하였다. 물론 어느 시대, 어느 사회나 그렇듯 누군가는 진심으로 이를 실천하기 위한 방법들을 현명하게 고민하였지만, 누군가는 명분을 취하기 위해 번드르르한 수사 어구로만 이 원칙들을 사용하였다. 또 어떤 이들은 현실과 원칙을 제대로 조화시키지 못했고, 어떤 이들은 원칙의 숭고함에만 취해 있기도 하였다.

모든 이데올로기가 그렇듯이, 조선 초기의 기획 역시 그 수명을 다한 때가 도래하였다. 천하가 급변하면서 사람들은 이전처럼 생각하고 행동하지 않았으나, 국가는 이에 효과적으로 대응하지 못하였다. 그러다 조선의 말기, 초기 기획으로 돌아가자고 강력히 주장하며 경복궁을 중건했을 때, 그 고민이 당시의 시대정신과 현실의 문제에 대한 제대로 된 개혁의 방향을 담고 있었다면 좋았을 것이다. 그러나 냉정히 평가할 때 그 중건은 470여 년 전의 공양왕의 연복사 중수와 그다지 다르지 않았다. 시대정신에 어긋나는 미란다는 권위에 균열을 가져올 뿐이다. 그 당시에는 미처 *깨*닫지 못했을지라도.

참고문헌

이 책의 기본적인 내용은 이전에 발표한 본인의 논문을 바탕으로 재구성하였다. 때문에 일일이 논문 전거를 밝히지 않는 대신, 집필 과정에서 별도로 참고한 도서나 논문들만 간략히 소개한다. 좀 더 많은 관련 연구들이 궁금하다면, 여기에 밝힌 필자 본인의 논문에 소개된 참고문헌을 참조하기 바란다.

『고려사』, 『고려사절요』

『태조실록』, 『정종실록』, 『태종실록』, 『세종실록』(조선왕조실록 http://sillok.history.go.kr)

『삼봉집』, 『양촌집』, 『동문선』, 『신증동국여지승람』(한국고전번역원 http://db.itkc.or.kr)

『한원고사』

한국금석문종합영상정보시스템(http://gsm.nricp.go.kr)

김영수, 2006, 『건국의 정치』, 이학사

김지영 외, 2013, 『즉위식, 국왕의 탄생』, 돌베개

나인호, 2011, 『개념사란 무엇인가』, 역사비평사

오항녕, 2009, 『한국 사관제도 성립사』, 일지사

이순우, 2012, 『광화문 육조앞길』, 하늘재

이익주, 2013, 『이색의 삶과 생각』, 일조각

한충희, 2007, 『조선초기 관아연구』, 국학자료원

서울학연구소 엮음, 2015, 『한양의 탄생』, 글항아리

제임스 탈리 편, 유종선 역, 1999, 『의미와 콘텍스트 – 퀜틴 스키너의 정치사상사 방법론과 비판』, 아르케

C. E. 메리엄 저, 신복룡 역, 2006, 『정치권력론』, 선인

퀜틴 스키너 저, 황정아·김용수 역, 2012, 『역사를 읽는 방법』, 돌베개

하워드 웨슬러 저, 임대희 역, 2005, 『비단같고 주옥같은 정치』, 고즈윈

김대식, 2012, 「고려전기 중앙관제와 당송제」, 『역사와현실』 86

김버들·조정식, 2014, 「고려 말 조선 초 건축가 김사행 조명」, 『대한건축학회 논문집: 계획계』 Vol.30 No.11

김웅호, 2017, 「조선초기 중앙군 운용 연구」, 서울대학교 국사학과 박사학위 논문

최연식, 2014, 「신돈의 불교 신앙과 불교 정책」, 『불교학보』 68

장지연, 2015, 「고려 조선 국도풍수론과 정치이념」, 신구문화사

_____, 2014, 「고지도에 투영된 역사도시 개성의 발견」, 『한국고지도연구』 제6권 제1호

_____, 2013, 「조선 전기 한양의 지세 인식과 풍수 논란 및 설화」, 『역사문화연구』 46

_____, 2013, 「고려~조선 초 『書經』「無逸篇」과 「洪範篇」 이해의 변화」, 『사학연구』 113

_____, 2008, 「태조대 경복궁 전각명에 담긴 의미와 사상적 지향」, 『한국문화』 39

_____, 2006, 「고려후기 개경 궁궐 건설 및 운용방식」, 『역사와현실』 60

_____, 2000, 「개경과 한양의 도성구성 비교」, 『서울학연구』 15

_____, 2000, 「여말선초 천도논의에 대하여」, 『한국사론』 43

.

감사의 말

고려, 조선의 수도와 권력의 관계에 대해 공부하기 시작한 지 어언 20여 년이 되어 간다. '이런 책을 써 볼 수 있을 것 같은데?'라는 생각이 든 것도 근 10년이 되었다. 그러나 이때까지만 해도 나 혼자만의 생각이었다. 이 생각을 구체화할 수 있도록 바람을 넣어주신 것이 너머북스의 이재민 대표였다. 박사논문을 막 쓰고 홀가분해진 기분을 만끽하고 있을 때, 뭐든지 하나 써보지 않겠냐고 제안해 주셨다. 무척 기뻤지만, 일단은 박사논문을 정리하는 게 우선이라 생각해서 다음을 기약하였는데, 박사논문 출간을 마무리 짓고 이제서야 이 책을 저술하게 되었다. 헛 약속 안 하고 빚 하나를 던 기분이라 일단은 안심하는 마음이 크다.

이재민 대표에 이어 이 글을 읽고 꼼꼼하게 편집해주신 최일규 편집자께도 감사드린다. 나는 교정지의 빨간 글씨가 꼭 진보의 흔적 같아서 좋아하는 편이다. 아니나 다를까 편집자의 수많은 빨간 글씨에서 배운 바가 많았다. 출판이란 저자와 출판사의 2인 3각이라 생각하는데, 양질의 책을 내려는 좋은 출판사와 꼼꼼한 편집자를 만나 무척 기쁘다.

    이외에도 이 책을 쓰는 데 도움을 준 분은 이루 다 거론할 수 없을 것이다. 그러나 적어도 이 책에 관해서는 한 사람에게 감사하고 싶다. 바로 한국 역사를 공부하겠다고 열혈 의지를 다지던 30여 년 전의 내 자신이다. 타임머신이 가능하다면 책 읽기도, 글쓰기도 좋아하던 중학생인 나에게 이 책을 선물로 주고 싶다. 너의 꿈이 이루어졌노라고. 그러면 아마도 왜 고대사 책이 아니냐고 의아해하겠지만, 기획이란 원래 현실을 만나 변화하기 마련이다.

찾아보기

[ㄱ]

강녕전 132, 135, 146~147, 149~151, 158, 175, 222, 274
강안전 216
강회백 27, 45
개념사 128~129
「개태사화엄법회소」 64
건덕전 160, 164, 166, 190
건원릉 77, 205, 207
격군 242
격물 150, 158, 175
경덕궁 134, 238, 260, 290
경순궁주 183
경연 25~26, 96~97, 153~154, 156~158, 256, 258~263, 274~279
『경제문감』 242
경회루 147, 211~212, 221~225, 228~229, 262
경흥부 133, 234, 236
경희궁 ⇒ 경덕궁
계미자 266, 269
계지술사 191, 228

계지술사 191, 228
공민왕 32, 39, 52, 91, 108, 165~166, 251
공암 117
광연루 224
광통교 194, 207, 213
광통교 194, 207, 213
광화문 147, 211, 233~236
광흥창 218
구정 236
궁궐수보도감 215
권근 17~19, 22~23, 25, 40, 87~88, 90, 93, 101~102, 107, 164, 167, 193, 199, 248, 251,
권중화 22, 99~102, 107, 124~125, 127~128, 130
근정 159, 167, 226~228
금천교 211
기달산 100, 118
기철 42, 251
김과 276
김구령 65

김사행 183
김자수 48~49
김전 50~51
김정희 79
김종연 22~26
김종연의 옥사 22, 25~26
김주 124, 128
김초 51, 53~55, 59~60, 83
김훈 25
김희선 198

[ㄴ]
나옹 78~79, 82
나하추 252
낙읍 189
낙천정 284
남경 24, 31, 39, 41, 71~72, 74~76, 107, 111~112, 130~131, 136~137, 165, 194
남경 궁궐(명) 136~137
남은 50, 57, 93, 102~104, 107, 124, 182~183, 251
남재 190, 282~283
남지 219
「납씨가」 252
내시다방 133, 234, 236
『논어』 96, 175
『논어』「안연」편 174
『논어』「위정」편 174

[ㄷ]
단묘 290
달자 42, 44, 86
담선법회 42, 200~201, 203
「답산기」 202~203
당파성론 28
대중지도 148
『대학』 95~96, 148, 150, 175
『대학연의』 95~98, 150, 160, 241, 259, 261, 263
덕흥군 252
도라산 107~108, 112
도병마사 237, 239
도선 30, 33, 35, 38, 40, 65, 72~73, 75~76, 79, 83, 87
『도선기』 116~117
『도선밀기』 38, 117~118, 202~203
『도선비기』 117~118
「도성형승지곡」 214
「도인송도지곡」 214
도평의사사 55, 102, 114~117, 155, 201, 234~237, 239~240, 242~243, 245, 247~248, 250, 257
돈화문 210~213, 289
동궁 236, 281~284, 286, 290
등촉방 234~235

[ㅁ]
메리엄, 찰스 29

면악 72, 117, 130
모니노 87
모화루 219, 225
목효지 291
묘청의 난 66
무과 250, 254
무로마치 막부 255
무악 106~108, 110, 117~118, 193~195, 197~198, 216, 284
무일전 167
무학대사 자초 72~83, 89, 102
문득겸 291
문묘 209
문수회 85~87, 95
문종 278, 285~287, 291
문하성 236~237
민무구 282
민무질 282
민인생 275~276

[ㅂ]
박석명 198
박술희 28
박신 276
박위 24
박자량 55
박초 55, 61~63, 65
배극렴 24, 180
백문보 154~155

백악 74, 108, 112, 130, 136, 165, 292~294
법예 44, 79
변계량 79, 81~82, 212
변안렬 22, 57
보문각 256, 258
보우 41~42
보평청 132, 134, 153, 155, 157~158, 166, 175
『보한집』 62~65
본궐 84, 131, 134, 142, 190, 216, 229, 236, 256~257, 281
봉건제 254
부아악 117, 130
비변사 235, 238
비보사사 202~204
비보풍수 200

[ㅅ]
사대자소 254
사옹방 133, 234~235
사위례 287
사을한 207
사인소 248~250
사정전 132, 135, 147, 152~153, 158, 175, 263, 274, 278
사직 123~128, 190~191
사헌부 51, 55, 234, 237, 244, 284
삼각산 130, 194, 293
『삼강행실도』 268, 269~271

삼군부 133, 234~236, 246~247, 257
상서사 133, 234~235
상서성 236~237
상의원 133, 147, 234~235
서거정 75~76, 116, 131
『서경』 54, 160, 168, 240
『서경』「무일」편 37, 160~167, 169, 171
『서경』「순전」편 173
『서경』「입정」편 169~171
『서경』「함유일덕」편 241
『서경』「홍범」편 145~146, 148~149
서궁 236
서루 135, 222,
서연 258
서연당 286
선농단 214
선왕성헌 29, 54
선잠단 214
『성리대전』 264~265, 268
성석린 17, 19, 93, 111, 215
성의 150, 158, 175
성조성헌 29
성조유훈 29
손변 64
수강궁 284
수문전 258
수신 67, 96, 150, 158, 175~176, 242, 266
수창궁 184, 187, 189, 240
숙종 71~72, 76, 112, 124, 130
순주 24~27, 30~33, 35, 38~39, 41,
44~45, 51, 113, 118, 123, 160, 163, 165, 200, 203~204
스키너, 퀜틴 59~60, 65, 137~138
승정원 147, 260, 264~265, 277
승지방 133, 234, 236
『시경』 141~142
신도안 100
「신도팔경시」 214
신돈 42, 46, 52, 86~87, 166
신비 염씨 91
심덕부 24~25, 124
심효생 182~183
『십칠사찬고금통요』 267
쌍성총관부 252

[ㅇ]
안극인 93
양경제 189~190
양녕대군 192, 228, 260, 282~284, 287
어사대 237
연복사 17, 24, 27, 30~32, 39~42, 44~45, 48~51, 60, 67~68, 79, 85~88, 91, 95, 112, 160, 183, 200, 295
연복사 5층탑 17, 40
「연복사탑 중창기」 40, 87
연복사탑 중창비 17~20, 88
연화방 282
연흥전 113, 130~131
연희궁 116, 284

염제신 91
영견방 본궁 219, 224
영녕전 209
영안군 180
예문관 147, 237, 256, 258
예빈성 237
예빈시 237, 243~245
예종 163, 165, 256
오문 133, 139, 172
오사 146, 148, 158
오사충 22
왕건 28~31, 38, 43, 55, 67, 83~85, 89, 126, 160~163, 167~168, 198
왕방 22
왕심리 79~80
왕심촌 79
왕십리 73, 79~80
왕안덕 51
왜구 252, 255
요동 공격 181
『용재총화』 76
우인렬 23, 25~26, 93
우현보 22, 48~50, 55, 57, 99
원경왕후 민씨 282
유한우 107, 109, 193~196
육부 237
육유 29
윤귀택 25
윤소종 22, 45, 62, 89, 96~97, 251
윤신달 107, 193, 195

윤이 22
윤이·이초의 사건 22~24, 99
윤택 165~166
윤회 261
윤회종 27, 45
융무루 133, 135, 147, 248, 250
융문루 133, 135, 147, 248, 250
음양산정도감 107
의정부 조방 211
의흥삼군부 244, 246~248, 250
이궁조성도감 215
이래 283
이림 22~23
이마니시 류 28
이무 215
이방간 187
이방번 180, 183
이방석 179~183, 281
이방원 58, 179, 181~182, 186~187
이색 22~23, 25~26, 44~45, 48~52, 55, 79
이성계 21~26, 47, 50, 57~58, 71~72, 74, 76, 78, 81~85, 87~95, 97~104, 107~108, 110~111, 123~124, 138, 156, 171, 179~185, 187~188, 190~191, 205, 219, 239, 252~253
이숭인 22, 25~26, 52
이양달 79, 116·117, 130~131, 193~194, 196
이제 183
이제현 91, 155

이종학 51
이직 77, 107, 124, 128
이천우 198
이첨 53, 276
이초 22
인종 66, 163, 165
일월오봉병 164

[ㅈ]
자제위 91
장단 107~108, 112, 165
장단 백악 108, 112, 165
재신 237
재추 237
적경원 23
적성 107~108, 112
전조후시 좌조우사 127
『정관정요』 96, 160
정기 242
정도전 21, 23~24, 26, 45, 49~51, 55, 57, 73~74, 77~78, 93, 95, 107, 111, 118, 124, 127, 130, 138, 140~141, 143, 145~146, 149~151, 157~160, 167~172, 174~176, 179~183, 214~215, 226~228, 239~242, 247~249, 251~252, 263, 274
정릉 184, 206~207
정몽주 23~25, 45, 47, 51~52, 55~58, 96, 179
정비 안씨 91~93

정습인 45~46
정심 150, 158, 175
정지 22
정창손 271~272
정총 107
정탁 51, 54~55, 59~60, 83, 160
제1차 왕자의 난 179, 181, 183, 197, 220, 247
제2차 왕자의 난 187, 247
제가 150, 175, 266
제릉 184, 205~206
조계 277~279
조계종 44, 79, 201
조구 89
조민수 22, 57
조박 258~259
조반 22
조방 209~212, 289
조사의 190
조사의의 난 190, 192
조영무 215
조용 276
조유 24
조준 21, 24, 45, 57, 93, 109, 180, 190, 193, 197~198, 215, 251
조휴 198
종묘 123~128, 132, 138~142, 189~192, 197~198, 209, 213, 216, 234~235
『주례』 126~130
『주례』「고공기」 125~127

주방 234~235
주원장 255
주자동 264
중서문하성 236~237
중서성 236~237
중추원 125, 133, 234, 236
『지리비록촬요』 106~107
『지리신법』 104
지용기 24
지인 242
진덕수 95~97, 241~242
진도 182
진무소 246
진선문 211, 219
진포대첩 252
집현전 256~259, 262~263

[ㅊ]
찬영 62, 89
창경궁 134, 144, 284
창덕궁 75, 134, 135, 144, 153, 198, 205, 209~213, 216, 218~219, 224, 238, 282~284, 289, 292
처사 242
척전 198
천도 25, 39, 71, 73~74, 79~83, 86, 95, 98~102, 105~112, 115~117, 123~124, 165, 180, 184~185, 188~189, 191~193, 197~201, 203~204, 206, 212, 215~216,

239, 242, 281~282, 289, 293
천리 151, 273
철원 100
청운교 213
청화정 224
최만리 271
최승로 175
최양선 292, 294
최영 253
최응 61~64, 66
최자 62, 64
최질 25
추동 본궁 224
추밀 237
추밀원 236~237
춘추관 147, 256, 276
충렬왕 43, 216
충목왕 155, 258
충선왕 216, 252
충숙왕 154, 216~217
충혜왕 216
치국 96, 150, 175, 266
치지 150, 158, 175
친제(태조) 138, 140~142

[ㅌ]
태실 100, 102
태조유훈 27~30, 39, 44, 54~55, 60~61, 66, 85, 164, 165

태평관 207, 243

[ㅍ]
평천하 96, 150, 175, 266
포천 이궁 284, 286
표전 181
풍양 이궁 284
풍저창 218
『필원잡기』 75~76, 117, 131

[ㅎ]
하륜 25, 104, 106~107, 116, 118, 167, 171, 193~194, 196, 214, 224~228, 251
한림원 237, 256
한상경 225
한안 91
해온정 224
향교동 216
『향약간이방』 100
현비 강씨 78, 102~103, 181, 184, 206~207

혜비 이씨 91
호경 189
호국 백두악 태백선인 87
호순신 104, 106
호안국 208
혼수 90~91, 93
홍건적 251~252
홍륜 91
홍범구주 146, 149, 158
홍영통 22, 93
황극 146, 148~151, 158
황산대첩 252
황희 243, 245, 291
회경전 164, 166
회암 100
회암사 20, 26, 82, 102, 108
훈도방 264~265
훈민정음 271, 287
훈요십조 28~29, 31, 33, 160~161, 164, 202
흥례문 172, 236
흥천사 183, 207~209, 218